정치의 원점과 인권의 영속혁명

인권과
인권들

인권과 인권들—정치의 원점과 인권의 영속혁명

초판 1쇄 발행 _ 2014년 3월 10일
초판 2쇄 발행 _ 2017년 4월 30일

지은이 정정훈
펴낸이 유재건 | **펴낸곳** (주)그린비출판사 | **주소** 서울시 마포구 와우산로 180, 4층
전화 02-702-2717 | **이메일** editor@greenbee.co.kr | **등록번호** 제2017-000094호

ISBN 978-89-7682-781-4 03300
이 도서의 국립중앙도서관 출판시도서목록(CIP)은 서지정보유통지원시스템 홈페이지(http://seoji.nl.go.kr)와 국가자료공
동목록시스템(http://www.nl.go.kr/kolisnet)에서 이용하실 수 있습니다.(CIP제어번호: CIP2014006440)

나를 바꾸는 책, 세상을 바꾸는 책 www.greenbee.co.kr

HUMAN RIGHT

정치의 원점과 인권의 영속혁명 정정훈 지음

인권과
인권들

human

rights

B
그린비

서문

이 책은 어떤 '휘말림'에 대한 기록이다. 원래 나의 계획된 의도에는 없었으나 어떤 우발적 만남에 의해 촉발되어 그동안 속해 있던 흐름으로부터 이탈하여 이전과는 전혀 다른 흐름에 연루되어 가는 과정. 그를 통해 나를 규정하던 기존의 생각과 감각을 벗어나 새로운 생각과 감각을 형성하게 되는 예기치 못한 이탈과 접속을 휘말림이라는 말로 표시할 수 있다면, 인권의 정치를 다루는 이 책은 정확히 휘말림의 산물이다. 인권의 정치라는 문제계로 내가 휘말려 들어가게 된 것은 생각지 못한 어떤 초대로부터 시작되었다.

2008년 초 한 통의 전화를 받았다. '한국인권재단'으로부터 걸려 온 전화였다. 그 해 초여름 개최되는 '제주인권회의'에 토론자로 참여해 줄 수 있겠느냐는 전언을 담은. 평소 인권이라는 주제에 별다른 관심이 없었을 뿐만 아니라 그것이 매우 진부하고 소박한 개념이라고, 보다 솔직히 말하자면 인권이란 도덕론자들의 허울 좋은 명분이나 근대 부르주아 이데올로기에 불과하다고 치부하고 있던 내게 '제주인권회의'에서의 '인권'은 그다지 끌리는 테마는 아니었다. 하지만 대신 '제주'는 매우 끌리는 테마였다. 한 번도 가 본 적이 없던 제주를 '공짜'로 갈 수 있는 기회였으니. 그래서 초대에 응하기로 하고 제주에 '놀러갈' 날을 기다렸다.

하지만 정작 '제주인권회의'가 시작된 이후 제주에서 놀겠다는 꿈은 그야말로 한낱 꿈에 지나지 않았음을 곧 알게 되었다. 아침부터 밤까지 이어진 빡빡한 학술회의와 토론으로 인해 회의장을 도무지 벗어날 수 없었다. 정작 '제주인권회의'에서 내게 '제주'는 없었다. 하지만 그 회의에는 '인권'이 있었다. 그 회의 자리에서 토론된 인권은 내가 생각했던 진부하고 소박한 부르주아적 관념에 불과한 것이 아니었다. 인권은 내가 생각했던 것보다 훨씬 더 급진적이고 포괄하는 범위가 넓은 개념이었다. 제주에서의 회의를 통해 인권에 대해 가지고 있었던 나의 선입관은 흔들리기 시작했다.

하지만 인권의 정치라는 문제계에 나를 보다 급격하게 휘말리게 만든 계기는 그곳에서 토론된 내용이라기보다는 그 자리에서 만난 사람들, 즉 인권활동가들이 제공하였다. 제주인권회의가 끝난 이후 여러 집회 현장에서 그들을 종종 만나게 되었고, 인권운동에 대한 관심도 보다 커져갔다. 그리고 2009년 벽두 용산참사가 벌어졌다. 생존권을 위해 철거가 예정된 건물에서 농성을 하던 철거민들이 경찰특공대에 의해 무참하게 죽임을 당한 사건. 용산참사가 벌어진 이후 투쟁 과정에서 인권활동가들의 정말 치열하게 싸우는 모습을 보았다. 용산참사뿐만이 아니었다. 쌍용자동차 해고노동자들의 복직투쟁 과정에서도, 강정마을 해군기지 건설 반대운동의 현장에서도 인권활동가들은 최전선에서 투철하게 투쟁하고 있었다.

그들 가운데는 2008년의 '제주인권회의'에서 만났던 활동가들도 있었고, 그 회의가 인연이 되어 인권활동가들과 가진 술자리에서 처음 만났던 활동가들도 있었다. 얼굴과 이름을 알게 되어서였을까? 한국 사회의 가장 절박한 투쟁의 현장에서 치열하게 일하는 인권활동가들을 보면서 나는 인권의 의미에 대해서 되묻지 않을 수 없었다. 그렇게 한국의 인권운동은 한국의 다른 어떤 사회운동보다 더 관심을 가지고 알아 가고 싶은 운동이 되어 갔다. 더불어 한국의 인권운동과 활동가들을 보다 구체적으로 알아가게 되면서 인권에 대해 내가 가지고 있었던 '관념'에 대해서 의심해 보지 않을 수 없었다. 인권이 진부하고 소박한 것이 아니라 인권에 대한 나의 통념이 진부하고 소박했던 것은 아닐까? 그저 인권이란 아름답고 좋은 이야기, 하지만 하나마나한 '도덕적 이상론'이라거나 '부르주아지의 이데올로기'라고 치부해 버리기에는 내가 만난 이 땅의 인권운동은 어떤 사회운동 못지 않게 급진적이었고 치열하였던 것이다. 그렇다면 나는 인권에 대해서 처음부터 다시 생각해 보고 따져 보아야 하는 것은 아닐까? 그렇게 인권에 대한 공부가 시작되었다.

내가 한국의 인권활동가들로부터 배운 것이 있다면 그것은 무엇보다 인권이 '정치적인, 너무도 정치적인 것'이라는 점이다. 물론 이때의 정치는 정당에 의해 매개되어 법과 제도를 수립하거나 정비하고 운용하는 대의제 정치를 뜻하는 것은 아니다. 오히려 인권의 정치에서 정치란 인민이 직접적인 활동을 통해 권리들의 창출하고 쟁취해 가는 과정 일반을 의미한다. 이 과정에서 필요에 따라서는 정당이라는 권력조직의 형식을 활용할 수도 있으며, 그 과정이 법과 제도의 형태로 구체화될 수도 있다. 하지만 권리의 창출과 쟁취의 과정으로서 정치는 결코 정당정치로도, 법과 제도의 틀로도 제한되지 않는다. 일차적인 것은 인민의 직접적인 권리 창출과 쟁취의 행동이다.

이와 같은 정치의 과정에서 인권은 이중적 의미를 가진다. 그것은 인권이 정치, 즉 모든 권리들의 창출과정이 시작되는 원점(原點)이 된다는 뜻과 동시에 그 권리가 쟁취된 구체적 권리 형태, 즉 정치적 행동의 결과 물을 뜻하는 것이다. 평등이라는 인권은 불평등한 관계를 시정하는 과정의 시작점이 될 뿐만 아니라(가령, 이런 요구: "여성들은 남성들과 동일한 정치적 권리를 가지고 있지 않다. 여성과 남성 사이의 평등을 실현하라!"), 이 평등에의 요구가 관철되어 현실에서 구현되면 구체적인 권리 형태라 는 결과물이 된다(가령, 이런 제도: "남성과 동일한 정치적 권리로서 여성에 게도 평등한 선거권과 피선거권을 법적으로 보장한다").

그러나 현실에서 구현된 평등의 구체적인 법적·제도적 형태는 결코 평등이라는 인권의 이념에 담긴 요구를 모두 담아낼 수는 없다. 다시 여 성과 남성의 정치적 평등이라는 문제로 돌아가 보자. 온전한 의미에서 여성과 남성이 정치적으로 평등하기 위해서는 그저 여성이 남성과 동일 한 참정권을 형식적으로 보유하는 것만으로 불충분하다. 가부장적 제도 와 문화가 지배적인 현실에서 여성은 정치적 자원을 남성보다 훨씬 적게 소유하고 있기 때문에 단지 선거권과 피선거권을 보장한다고 하여 두 성 사이의 정치적 평등이 보장되는 것이 아니다. 이때 실질적으로 정치적 평 등을 보장하기 위해서는 또 다른 제도적 형태를 통해 여성에게 더 많은 자원을 제공하는 조처가 필요할 것이다. 이를 편의적으로 형식적 평등에 서 실질적 평등으로의 전환이라고 부른다면, 형식적 평등의 권리형태에 서 구체적 평등의 권리형태로의 전환과정 역시 이념으로서 인권이라는 원점으로부터 시작되어 제도라는 구체적 권리형태로 귀결된다고 할 수 있다. 평등이라는 인권의 이념은 이미 제도화된 평등의 구체적 권리형태 를 변형하고 전환하는 활동의 출발점으로 호출되며 이 이념에 의거하여 이루어지는 정치적 행동을 통해 형식적 평등을 보장하던 권리의 구체적 형태는 실질적 평등을 보장하는 또 다른 권리 형태로 변환되는 것이다. 즉 인권의 새로운 구체적 형태가 정치의 결과물로서 등장하는 것이다. 그리고 이 과정은 끝이 없는 영속적인 과정이다.

현실의 권리체제를 변형시키는 시작점으로서 인권을 나는 정치의 원점이라고 생각한다. 그리고 정치의 원점으로서 인권은, 서양식 문자의 표기법을 참조하자면 '대문자 인권/인권'(HUMAN RIGHT)이라고 쓸 수 있을 것이다. 그리고 그 인권의 이념을 현실 속에 기입한 결과물, 즉 구체화된 권리 형태로 인권은 '소문자 인권/인권들'(human rights)이라고 표시할 수 있다. 인권의 정치란 바로 인권을 현존하는 권력관계를 변화시킴으로써 인권의 현실적 형태인 '인권들'로 구체화해 가는 과정임과 동시에 그렇게 구체화된 권리의 형태들, 즉 '인권들'을 변형하고 개선해 가는 과정 전체를 뜻하는 것이다. 그러므로 현실의 구체적인 인권들은 항상 영속혁명의 과정 속에 있을 수밖에 없다.

이 책은 그러한 인권의 정치라는 개념을 보다 명확하게 규명하는 작업의 일환이다. 이를 위해서 나는 이 책에서 정치철학적 사유의 전통에서 인권이 어떻게 개념화되었고 그것이 역사적으로는 어떤 모습으로 나타났는지를 살펴보았다. 또한 오늘날 당대 한국 사회의 현실을 인권의 정치라는 관점에서 파악해 보려는 문화정치적 시도를 이 책은 담고 있다.

이 책에는 총 10편의 글이 실려 있다. 1장부터 6장까지의 글들은 인권의 정치에 대한 이론적 논의를 담고 있으며 프롤로그, 간주곡 1과 2, 그리고 에필로그는 문화적 코드와 사회현상에 대한 인권적 관점에서 행해진 문화정치적 분석을 담은 글로 이루어져 있다. 기본적으로 모든 글들은 그 자체로 완결된 글이기 때문에 어디서부터 읽든지 무방할 것이다. 하지만 1장부터 6장의 글들은 일련의 흐름 속에서 배치된 것이니 가급적 1장부터 읽어나가는 것이 좋을 듯하다. 반면 구체적인 사회적 현상에 대한 문화정치적 분석을 담고 있는 프롤로그와 에필로그, 간주곡들은 흥미 있는 글들부터 읽을 것을 권한다.

마지막으로 감사의 말을 쓰지 않을 수 없을 것 같다. 무엇보다 먼저 감사의 인사를 전해야 할 이들은 이 책의 '가능성의 조건'을 제공했던 인권활동가들이다. 참으로 좋은 이들을 많이 만났고 그 분들의 이름을 일일이 언급해야 도리이겠으나 그러기엔 지면이 너무 모자랄 것 같다. 다만 최초로 인권운동의 현장과 접속의 기회를 제공했던 세 분의 이름만 적시하고자 한다. 나와 동명이인이어서 가끔씩 그를 찾는 전화를 나로 하여금 받게 만드는 전국공무원노동조합의 정정훈 변호사, 인권운동 및 사회운동의 현장과 손쉽게 접속하도록 도와주는 절친한 친구 천주교 인권위원회의 김덕진 사무국장, 한국인권운동에 대해 궁금한 점들이 있을 때면 언제나 물어볼 수 있는 선배인 인권중심 사람의 박래군 소장. 이 세 사람을 통해 나는 인권의 정치라는 문제계에 휘말려 들어가기 시작했다. 뿐만 아니라 그들을 통해 인권을 글로만 배우지 않을 수 있는 기회를 제공받았다. 고마운 인연에 머리 숙여 감사드린다.

'2012년 생명평화대행진'과 '함께 살자 농성촌'에서 한국 사회의 참담한 현실을 생생히 알려주었던 이들, 그러나 그 참담함이 절망으로 끝나지 않을 이유를 명백하게 보여 주었던 쌍용자동차의 노동자들, 강정마을의 주민들, 용산참사 유가족들, 밀양의 주민들, 그리고 투쟁하는 사람들과 함께 한 활동가들에게 감사의 인사를 드린다. 그 경험이 없었더라면 인권의 정치에 대한 나의 공부는 결코 활기 있는 과정이 되지 못했을 것이다.

　마지막으로 서교인문사회연구실 동료들에게 감사의 인사를 전하고
싶다. 예기치 않은 상황에서도 좌절하지 않고 함께 공부하는 공간을 꾸리
고 또 즐겁고 흥미로운 연구를 새로이 시작할 수 있는 기반을 만들어 준
서교인문사회연구실의 동료들은 앞으로도 내 연구를 위한 가장 소중한
자원이다.

차 례

왕의 법이 금지한 오빠의 매장을 그 법보다 더 상위에 있다고 믿는 법에 호소하여 끝까지 요구하였던 안티고네의 고집. 자신의 생명조차 포기하면서도 현실을 지배하는 법들보다 더 근본적인 법적 정의의 실현을 호소하였던 그녀의 집요한 고집……. 한국 인권운동의 고투가 보여 주는 바가 바로 안티고네적 집요함이 아닐까? 이렇게 인권의 정치란 (불)가능한 것을 가능화하려는 집요한 고집, 현행화된 권리들로 결코 다 포괄될 수 없는 (불)가능한 권리의 잔여들에 대한 철저한 고집의 실천이다.

프롤로그 _ 좀비, 신자유주의의 어떤 악몽

1. 좀비라는 글로벌 대중문화의 아이콘

2010년 미국 폭스 텔레비전(FOX TV)에서 방송을 시작한 좀비 드라마, 「워킹 데드」 시즌 1은 그해 전미 케이블 텔레비전 프로그램 시청률 1위를 기록했다. 이 드라마는 한국에도 상륙하여 케이블 텔레비전 시청자들을 열광시켰다. 「워킹 데드」는 당시 인터넷 미드 검색어 1위를 기록하였으며, 19세~35세의 연령대에서 동시간대 케이블 텔레비전 시청률 1위에 오르는 등 많은 인기를 누렸다.

좀비는 원래 영화라는 시각문화의 특정 분야에서 인기 있던 소재였다. 가령 조지 로메로 감독의 「살아 있는 시체들의 밤」, 「시체들의 새벽」, 「시체들의 낮」과 같은 작품들은 6, 70년대 미국 공포영화의 가장 빛나는 성취 가운데 하나로 평가되며, 좀비 영화 시리즈인 「레지던트 이블」은 최근 5편까지 제작되며 인기 시리즈로 자리 잡았고, 2007년 개봉한 윌 스미스 주연의 「나는 전설이다」 역시 흥행과 화제성에서 성공을 거두었다. 심지어 「웜 바디」에 이르게 되면 뱀파이어나 늑대인간 정도에 국한되었던 꽃미남 괴물이 좀비 장르에도 등장하게 된다.

이러한 좀비물의 인기는 단지 영화에만 국한하지 않는다. 영화 「레지던트 이블」의 원작인 게임 '바이오 해저드'도 꾸준히 시리즈로 제작되고 있으며 역시 좀비 게임인 '데드 아일랜드'는 2011년 최고의 게임에 선정되었다. 국내에서도 좀비 관련 대중문화 콘텐츠들이 만들어지고 있다. 「지금 우리학교는」, 「좀비트러블」, 「당신의 모든 순간」, 「웨이크업 데드맨」 등의 웹툰이나 「나는 살아 있다」와 같은 텔레비전 드라마도 좀비를 소재로 한 작품들이다.

그런데 이제 좀비는 영화, 게임, 드라마, 만화와 같은 대중문화라는 상상적 공간의 밖에서도 출현하기 시작했다. 2011년 전세계의 이목을 집중시켰던 '뉴욕점령운동'(Occupy New York Movement)에서도 많은 젊은 시위자들이 좀비 복장을 하고 거리 행진을 했고, 2011년 11월 멕시코의 수도 멕시코시티에서 인권 캠페인의 일환으로 개최된 '좀비 걷기 대회'에는 1만 명 이상의 참여했다. 현실을 바꾸려는 사회운동 영역에서도 좀비가 등장하기 시작한 것이다. 1954년 리처드 메드슨의 소설 「나는 전설이다」(제목에서 알 수 있듯 이 소설이 영화 「나는 전설이다」의 원작이다)의 출간으로 부두교의 전설에 머물러 있던 좀비는 서구 대중문화의 영역에 진입했고 이후 어느덧 세계 곳곳에서 통용되는 글로벌 대중문화의 한 아이콘이 되었다.

특수한 문화권 안에서만 그 의미가 이해되고 공감되던 어떤 상징이 그 문화권의 자장을 넘어서 다른 문화권에서도 통용된다는 것은 매우 중요한 문화적 현상이다. 그것은 특수한 문화적 의미체계의 경계에 국한되어 있던 상징이 그 경계를 넘어서 다른 문화권 내에서도 이해되고 공감될 수 있는 어떤 종류의 보편성을 획득하게 되었다는 것을 의미한다. 하지만 이때 기존의 문화권에 제한되지 않고 다른 문화권에서도 통용 가능한 것이 된 그 상징은 더 이상 자신을 탄생시킨 문화권에서 부여받은 의미에 제한되지 않는 또 다른 의미를 얻게 된다. 다시 말해, 부두교 문화에서 시작된 좀비라는 상징이 이제 세계 여러 곳에서 통용되는 글로벌한 상징이 되었다는 것은 좀비가 부두교라는 문화적 맥락에 입각해서만 이해될 수 있는 특수성의 한계를 넘어섰다는 것이며 그것에 부두교적 맥락에 한정될 수 없는 또 다른 의미들이 덧붙여졌음을 뜻하는 것이다.[1] 그렇다면 그와 같은 글로벌 좀비의 보편적 의미란 무엇일까?

2. 단순한 삶과 훌륭한 삶

대중문화, 좁게는 영화의 역사에서 좀비가 시대적으로 중요한 의미를 띠게 된 계기는 앞에서 언급한 조지 로메로의 '시체 시리즈'에 이르러서이다. 미국의 영화 연구자 로빈 우드는 로메로의 좀비 영화에는 당시 미국 사회의 가부장제와 소비자본주의에 대한 비판이 담겨 있다고 평가한다. 로메로의 좀비 영화가 근본적으로 미국 사회가 정상적인 것으로 상정하고 있던 화기애애한 핵가족의 삶과 소비자본주의의 풍요로운 생활방식 내에 깃들어 있는 어떤 억압과 공포를 뚜렷하게 드러내며 그러한 질서의 붕괴를 극명하게 시각화하고 있다는 것이다.[2]

하지만 나는 최근 좀비의 글로벌화라는 현상은 1970년대 조지 로메

---

1) 부두교적 맥락에서 좀비는 죽어서도 죽지 못하고 주인의 명을 따라 농장에서 일해야 하는 영원한 노동의 운명에 굴레에 갇힌 노예를 의미했다고 한다. 즉 죽은 노예에게 주술을 걸어 살려놓고 일을 시켰다는 것이다. 좀비의 의미론적 계보학에서 대해서는 다음 글을 참조하라. 문강형준, 「비인간적 고찰—좀비의 비/존재론과 윤이형의 '큰 늑대 파랑'」, 『파국의 지형학』, 자음과 모음, 2011.
2) 로빈 우드, 『베트남에서 레이건까지』, 이진순 옮김, 시각과 언어, 1995.

로의 좀비 영화와는 다른 맥락에 위치하고 있다고 생각한다. 그의 좀비 영화가 소비자본주의 사회라는 상품들의 질서 속에서 사람들이 그저 수동적 소비자, 혹은 맹목적 소비자로서 주체화되는 시대를 배경으로 하고 있다. 하지만 2000년대 이후 급격하게 많아진 이 시대의 좀비물들은 빈곤한 인구가 증가하고 경쟁이 삶의 원칙이 되는 전지구적 신자유주의라는 삶의 조건과 관련이 있다. 그리고 이러한 맥락에서 좀비물에 접근할 때 그것이 글로벌 대중문화로서 획득해 내는 '보편성'의 함의를 보다 정확하게 이해할 수 있을 것이다.

인간 역시 생명체인 이상 먹어야 산다. 생존을 위해서 인간은 다른 모든 생명체처럼 무엇인가를 먹어야만 한다. 하지만 인간이 여타의 생명체와 다른 점은 그 삶이 단지 먹는다는 것, 즉 생존과 번식의 본능을 충족하는 것을 지상의 과제로 설정하고 있지 않다는 데에 있다. 그래서 아리스토텔레스는 인간이 단지 먹고사는 삶, 즉 '단순한 생존'(zēn)이 아니라 '훌륭한 삶'(eu zēn)을 살아가는 존재여야 한다고 말한다.[3] 고대 그리스인들은 동물과 인간 모두에게 공통되는 단지 살아 있음, 즉 생물학적 생명을 조에(zoe)라고 불렀고 인간을 동물과 구별하게 만드는 인간만의 독특한 삶을 비오스(bios)라고 불렀다고 한다. 아리스토텔레스가 말하는 '훌륭한 삶'이란 바로 비오스로서의 삶을 말하는 것이었다.

인간을 인간으로 만드는 훌륭한 삶, 비오스란 바로 먹어야만 살 수 있다는 필연성, 먹을 것을 확보하기 위해서 '노동'해야 한다는 필연성으로부터 벗어나서 공동체의 공적 업무에 참여하는 정치를 할 수 있고 선과 악, 삶의 의미를 사유할 수 있다는 가능성에서 찾아진다.[4] 이로써 인

---

3) 아리스토텔레스, 『정치학』, 천병희 옮김, 도서출판 숲, 2009.

간은 동물과 구별된다. 인간은 단순한 생존이 아니라 정치와 사유라는 행위(praxis)를 통해서 필연성의 영역이 아닌 자유의 영역으로 들어간다. 이것이 바로 인간을 인간이게 만드는 근본적 특성이다.

반면 먹고사는 문제에만 매달린 삶, 오로지 생존을 위해 먹을 것을 확보하는 것만이 유일한 활동이 된 삶은 인간의 삶이라 할 수 없다. 생존만을 위해 살아갈 때, 그 형상이 인간과 똑같더라도 그는 인간이 아니라 동물과 같은 존재라고 아리스토텔레스는 말한다. 그래서 생존을 위한 활동인 노동에 전적으로 얽매인 존재인 노예는 아리스토텔레스에게 길들인 동물과 다를 바 없었다. 인간이 정치와 사유라는 활동, 즉 행위를 하지 못할 때 그는 단순한 생존, 필연성에 얽매인 삶을 사는 동물적 존재에 불과할 뿐이라는 것이다.

삶의 모든 차원이 오로지 먹고사는 문제로만 환원된 인간이란 사실상 비(非)인간이다. 생존만을 위해 살아갈 때 인간의 삶은 의미와 자유를 가진 삶으로서 비오스가 아니라 단지 동물적 삶인 조에에 불과하다. 그런 의미에서 무한한 식욕에 의해 규정되는 좀비의 '삶'(그것을 삶이라고 할 수 있다면)은 단지 '삶'의 유지만을 위해 모든 활동이 집약되는 '조에'에 가깝다. 하지만 동물과 달리 좀비는 살아 있는 존재, 즉 생명체가 아니다. 사실 좀비는 이미 생물학적 생명이 끝나 버린 존재다. 그럼에도 좀비는 움직인다. 그리고 생명체의 특징인 먹는 활동을 한다. 그런 의미에서 좀비를 완전히 죽어 있는 존재라고 할 수도 없다. 좀비의 '삶'은 비오스는 물론이고 조에조차 아니다. 그 삶은 단순히 생물학적으로 살아 있음을 의미하는 조에에도 미치지 못하는 기괴한 삶이다.

---

4) 아리스토텔레스, 『니코마코스 윤리학』, 이창우·김재홍·강상진 옮김, 이제이북스, 2006.

3. 절대화된 생존, 삶과 죽음의 전도

조에, 즉 동물적 삶에도 미치지 못하는 좀비의 삶이란, 그렇다면 어떤 삶인가? 자, 다시 한번 생각해 보자. 좀비란 무엇인가? 좀비를 규정하는 중요한 특성은 그것이 인간의 형상과 매우 닮아 있다고 하더라도 더 이상인간은 아니라는 점이다. 좀비의 신체적 이미지나 물리적 행동의 원리는인간과 다를 바 없더라도 그것은 인간이 아니다. 인간의 형상에 한없이가까운 비인간, 이것이 좀비의 중요한 특성이다.

또한 좀비는 먹는다는 것을 위해 그 모든 신체적 기능과 에너지가정향된 존재, 모든 활동이 곧 먹는 것으로 환원된 존재다. 좀비는 의식은없지만 항상 움직이고 있다. 살아 있는 것을 먹기 위해 찾아 헤매면서. 팔이 하나 없어지거나 다리가 잘려 나가거나 심지어 상체와 하체가 절단되어도 좀비의 움직임은 멈추지 않는다. 그래서 좀비에게 먹는 활동을 멈출수 있는 것이 아니라면 신체적 손상은 아무런 의미가 없다. 그것의 신체는 오로지 먹고자 하는 비(非)의식적 의지에 의해서만 유의미성을 획득한다. 좀비의 활동이 끝나는 순간, 즉 죽은 자가 다시 죽는 순간은 그 신체가 더 이상 먹고자 하는 의지를 실행할 수 없을 때다. 신체의 모든 차원이오로지 먹는다는 기능을 위해 존재하는 것. 먹는다는 것으로만 환원된 존재. 이것이 좀비의 또 다른 특성이다.

인간을 무한히 닮았지만 그 존재 전체가 오로지 먹는다는 활동으로환원되어 버린 상태에 처한 비인간의 형상이 바로 좀비이다. 그런데 이러한 좀비의 특성은 고유한 어떤 역설을 보여 준다. 살아 있는 시체(living dead)라는 좀비의 또 다른 이름 자체가 이 역설을 보여 준다. 좀비에게는살아 있다는 의미(sense)와 죽음이라는 의미(sense)가 동시에 체현되어 있는 것이다. 서로 다른 방향(sense)으로 뻗은 길이 하나의 길 안에 존재하는 것과 같은 역설이 살아 있는 시체로서 좀비의 역설이다.

그러나 좀비의 역설은 여기에 그치지 않는다. 인간에게, 아니 생명체에게 먹는다는 것은 무엇을 의미하는가? 그것은 무엇보다 생명의 유지, 다시 말해 생존을 위한 활동이라는 점이다. 먹는다는 것은 생명체의 고유한 활동이다. 살아 있는 것만이 무엇인가를 먹으며 죽어 있는 것은 아무것도 먹을 필요가 없다. 즉, 먹는다는 것은 곧 생명체의 생존을 나타내는 대표적인 메타포다. 그러나 좀비는 생명체가 아니다. 비생명체가 생명체의 고유한 활동인 먹는다는 것을 유일한 욕망으로 가지고 있다는 사실이 좀비의 가장 근본적인 역설이다. 죽어 있는 존재의 유일한 욕망이 삶을 유지하기 위한 활동이라는 것, 비생명체의 의지가 생명의 유지를 위한 활동인 먹는다는 것에만 집중되어 있다는 사태의 역설.

즉 좀비는 먹는다는 것으로 표상되는 생존에의 의지만이 유일한 의지가 되어 버린 삶을 말한다. 동물은 배를 채우기 위해 먹지만 좀비는 배를 채우기 위해 먹지 않는다. 아무리 먹어도 좀비의 허기는 채워지지 않는다. 좀비가 시체와 구별되는 지점, 분명 죽은 자(dead)임에도 불구하고 좀비에게 '살아 있는'(living)이라는 수사가 붙을 수 있는 것은 그것이 생명의 특성인 무언가를 먹는다는 활동을 하기 때문이다. 그러나 좀비에게는 오로지 먹는다는 것만이 유일한 절대적 활동이다. 그 외의 움직임은 먹는다는 활동을 위한 수단에 불과할 뿐이다. 그렇게 먹는 것만을, 단지 생존의 유지만을 절대시하는 존재가 될 때 좀비는 아무리 '살아 있는'(living) 자라고 하더라도 역시 그것은 죽은 자(dead)가 될 수밖에 없다.

좀비의 역설은 오로지 생존에의 의지만이 절대화된 인간의 삶, 그의 모든 의지와 힘이 생존을 위한 활동으로 환원된 인간의 형상이 어떤 것인지를 보여 주고 있다. 인간이라는 생명체의 활동이 생존이라는 단 하나의 절대적 목적으로 환원되어 버릴 때 사실상 그 삶이란 살아 있는 상태가 아니라는 역설을 좀비는 나타내고 있는 것이다. 인간의 유일한 욕망이 생존의 지속이고 인간의 모든 의지가 생명을 유지하는 것만을 향할 때 인간의 삶은 삶이 아닌 것이 된다는 역설. 그러한 역설이 보여 주는 것은 결국 삶과 죽음의 전도 현상이다. 절대적 위치에 오른 생존은 사실상 죽음과 다를 바 없게 된다는 기이한 전도 현상.

4. 좀비, 신자유주의의 악몽

잘 알다시피 오늘 우리가 살아가는 신자유주의 사회의 활동 원리는 경쟁이다. 그리고 경쟁에서 도태된 자들은 '먹고살기'가 너무나 힘겹다. 경쟁에서 승리해야 소위 인간다운 삶이 가능하며 경쟁에서 패배한 자들은 생존 자체가 극도로 힘겨운 상황에 처하게 된다. 하지만 신자유주의 사회에서는 무한경쟁에서 승리하는 이들보다 패배하는 이들이 훨씬 많고, 사회 경제적 불평등은 매우 심각한 상태이다. 가령 "세계 인구 중 극빈층 20%는 지난 30년간 세계 총 GDP 중 그들의 몫이 2.3%에서 1.3%로 줄어들었다. 한편 같은 기간 극부층 20%의 GDP 몫은 70%에서 85%로 증가했다. 세계 극부층 20%의 극빈층 20%에 대한 소득 비율이 1960년의 30대 1에서 1997년 74대 1로 벌어졌다."[5] 신자유주의가 본격화된 시기인 1970년대에서 2000년대에 이르는 동안 전 지구적으로 빈곤층과 부유층의 소득 격차는 시간이 경과할수록 심화한 것이다. UNDP(국제연합개발계획)의

---

5) 마누엘 카스텔, 『밀레니엄의 종언』, 박행웅·이종삼 옮김, 도서출판 한울, 2003, 104~105쪽.

1999년 인간개발보고서에 의하면 1998년 세계 최고 부자 3인의 재산 총합은 48개 저개발 국가 6억 인구의 GNP 총계보다 많았다. 하루에 1달러 이하로 살아가는 극빈층의 인구는 13억 명이고, 하루 2달러 이하로 살아가는 인구를 포함하는 전세계의 극빈층 인구는 23억 명에 달한다.

신자유주의라는 이윤 창출 시스템의 구조적 성격으로 인하여 발생하는 가난한 인구는 거대한 쓸모없는 집단이 된다. "이들은 소위 고부가 가치를 창출하지 않으며, 쉽게 대체될 수 있는 노동을 수행하며, 시장에서 상품을 구매할 수 있는 소비능력도 없는 자들이다. 즉, 체제가 작동하는 데 그다지 필요하지 않는 잉여 인간들인 것이다."[6] 경쟁에서 패배한 자들은 이러한 '쓸모없는 인간', '잉여 인간'의 모습으로 나타난다. 지그문트 바우만의 지적대로 지금의 사회는 이와 같은 잉여 인간을 사실상 '인간 쓰레기'로 취급하면서 그들을 위한 어떠한 자리도 남겨 놓지 않고 있다.[7]

경쟁에서 패배한 자들에게 생존은 매우 힘겨운 과제이자 살아가는 절체절명의 이유가 된다. 이들에게 삶은 생존의 유지 그 자체로 환원될 가능성이 매우 높다. 단지 먹고사는 삶이 이들에게는 그 자체로 최고의 정언명령이라 할 수 있다. 단지 생존을 위해 존재하는 삶, 생존이라는 과제가 절대적 가치가 된 삶, 생의 에너지가 남김없이 전부 생존의 유지에 투여되어야 하기에, 그래서 생존을 위한 활동과는 다른 활동을 할 수 있는 가능성이 모두 소진되어 버린 삶이 오늘날 배제된 인구, 잉여 인간에

6) 정정훈, 「헤게모니에서 시큐리티로—신자유주의 통치체제는 어떻게 작동하는가?」, 『부커진 R』 4호(휘말림의 정치학), 그린비, 2012, 250쪽.
7) 지그문트 바우만, 『쓰레기가 되는 삶들』, 정일준 옮김, 새물결, 2008.

게 주어진 삶의 양상이다.

이런 삶의 양상은 바로 좀비의 삶을 규정하던 특성들과 근본적으로 닮지 않았는가? 오늘날 좀비가 글로벌 대중문화의 아이콘이 된 상황은 바로 전지구의 신자유주의화가 조장한 극한적인 경쟁 상태와 심각한 불평등 그리고 배제된 인구에게 강요된 비참한 삶의 형상과 맞물려 있는 것이 아닐까? 즉, 좀비는 신자유주의체제가 양산하는 '쓸모없는 인간', 배제된 인구의 삶을 극단적인 방식으로 표현하는 상징이 아닐까? 생존 그 자체가 삶의 절대적 이유이자 과제가 되어 버린 삶, 삶의 에너지를 단지 살아남기 위해 먹을 것(생존수단)을 구하는 데 사용해야 하는 배제된 인구의 삶과 좀비의 삶은 그렇게 멀리 떨어져 있지 않다.

이런 맥락에서 좀비 장르물이 인기를 얻는 현상은 신자유주의 사회를 살아가는 많은 사람들의 어떤 무의식적 공포감과 연결이 되어 있다. 무한경쟁의 게임에서 아직은 탈락하지 않고 살아가는 사람들도 언제 이 게임에서 패배하여 쓸모없는 인간들의 지대로 떨어질지 모른다는 불안감에 시달리고 있다. 자신도 단지 생명의 유지 그 자체만을 위해서 시간과 노력을 투여해야 하는 삶을 살게 될지 모른다는 불안감, 즉 자신 역시 좀비와 같이 생존만이 절대화된 신체로 전락할지도 모른다는 불안감이 좀비의 형상과 공명하고 있는 것은 아닐까? 많은 좀비 영화의 기본 서사는 아직 좀비가 되지 않은 인간이 자신들을 공격하는 좀비를 물리치며 인간으로서 살아남고자 하는 싸움에 관한 것이다. 좀비에게 물려 좀비가 될 수 있다는 공포와 무한경쟁에서 패배하여 자신도 좀비와 같은 배제된 인구의 일원이 될 수 있다는 공포는 과연 무관할까?

좀비는 많은 사람을 무한경쟁으로 내모는 자들, 경쟁 게임에서 승리하여 그 경쟁을 더욱 조장하는 이들이 가지고 있는 무의식적 공포를 보여 주는 형상이기도 하다. 알다시피 좀비는 모든 사회질서를 파괴하는 존재다. 좀비에게는 더 이상 경찰이나 군대도 두려움의 대상이 아니며, 그 어떤 부유한 자본가나 유명한 권력자도 존경의 대상이 아니다. 배제된 자들이 더 이상 포함된 자들을 부러워하지 않게 될 때, 강자의 도덕을 흠모하지 않게 될 때, 지배자들의 이데올로기와 무관한 존재가 되어 버릴 때, 저 많은 수의 무리들이 그저 무조건적 생존충동에 의해 살아 있는 것들을 맹목적으로 공격하고 파괴할지도 모른다는 공포. 좀비는 모든 살아 있는 인간을 공격한다. 이런 맥락에서 좀비는 신자유주의 경쟁 사회가 양산한 패배자, 잉여 인구, 배제된 인간에 대한 승리자와 지배자의 공포와도 연결된다.

미국이나 멕시코처럼 신자유주의 질서에 의해 운영되는 국가, 빈부격차가 극심한 나라에는 게이티드 커뮤니티(gated community)라는 부자들이 모여 사는 타운 하우스가 있다. 게이티드 커뮤니티 주위에는 고압 전류가 흐르는 철망이 쳐 있고, 진입로에는 무장한 사설 경비요원이 철저하게 검문을 하며 외부인의 출입을 엄격하게 통제한다. 게이티드 커뮤니티는 가난한 자들과 범죄자로부터 부유한 자들이 스스로를 보호하기 위해 만든 일종의 요새다. 이 요새가 보여 주듯 신자유주의 사회에서 승리한 자들, 그래서 이 사회를 지배하는 이들 역시 자신들이 만들고 옹호하는 질서에 의해서 패배하고 배제된 다수의 인구에 대한 공포에 시달리고 있는 것이다. 영화 「나는 전설이다」의 마지막 장면에는 좀비의 공격으로부터 아직 인간으로 남아 있는 자들이 모여 사는 공간이 나온다. 그 공간은 거대한 벽으로 둘러싸인 요새와 같다. 좀비의 공격으로부터 자신들을 지키기 위해 만든 요새는 게이티드 커뮤니티와 너무나 닮았다.

좀비는 이렇게 신자유주의 사회의 어떤 무의식적 불안감과 연관되어 있다. 발리바르가 스피노자의 『정치학』에 나오는 "대중들은 공포를 느끼지 않으면 사람들을 공포에 떨게 만든다"는 문장을 해석하며 제시한 "대중들의 공포"(la crainte des masses)[8]라는 정식, 즉 대중들이 권력에 대해 느끼는 공포와 대중들에 대해 권력이 느끼는 공포의 동시성이 좀비의 공포에도 스며들어 있는 것이다.

좀비라는 아이콘은 신자유주의에 대한 배제된 자들의 공포와 배제된 자들에 대한 신자유주의 지배체제의 공포를 동시적으로 보여 주는 징후가 아닐까? 신자유주의적 경쟁 사회가 조장하는 불안감과 공포에 시달리던 대중이 좀비 마스크를 쓰고 미국 신자유주의 핵심부 월스트리트를 점령하여 신자유주의 엘리트들을 불안하게 하는 모습은 정확히 이런 두 가지 공포를 표현하는 것 아닐까? 좀비라는 글로벌 대중문화의 상징은 신자유주의 사회의 무의식이 꿈꾸는 악몽이 아닐까? 대중의 악몽과 지배자의 악몽…….

---

8) 에티엔 발리바르, 「스피노자, 반오웰 : 대중들의 공포」, 『스피노자와 정치』, 진태원 옮김, 이제이북스, 2005.

1장_ 인권의 위기와 그 세 가지 계기에 대하여
시큐리티 통치체제, 인권담론의 위기, 인권 감성의 쇠퇴

1. 위기에 처한 인권

2012년 12월 19일 치러진 대선에서 박근혜 새누리당 후보의 18대 대통령 당선이 확정되던 순간을 잊기 힘들 것 같다. 소위 묻지마 야권단일화 기조를 불편하게 여겼고, 더욱이나 당시 야권단일후보였던 문재인과 그의 소속 정당을 결코 지지한 적이 없던 나였지만 도저히 박근혜 정권의 등장이 심정적으로 용납되지 않았다. 그날 나는 망연자실함과 절망감을 안은 채 거의 뜬 눈으로 밤을 지샜다. 18대 대선 이후 집단적 '멘붕'으로부터 나 역시 자유롭지 못했던 것이다.

박근혜의 대통령 당선 이후 정권교체를 열망해 온 소위 '진보개혁' 진영의 지지자들은 '멘붕'에 빠졌다. 이명박 정권이 출범한 이후 장구한 투쟁의 결과로 확보한 정치적 민주주의가 쇠퇴하고 한국 사회가 과거로 퇴보하는 상황을 극복할 길이 요원해 보이기 때문이다. 한국 민주주의를 급속하게 후퇴시킨 이명박 대통령이 물러난 자리를 한국 정치사상 최악의 독재자였던 박정희의 딸이 차지한 것이다. 비록 경제민주화를 중요한 국정목표로 내세우고 있지만 자기 아버지의 정치적 노선에 대한 근본적

비판과 절연의 의지가 없는 박근혜가 대통령이 된 정부는 이명박 정권에 의해 시작된 한국 민주주의의 쇠퇴 경향을 이어가고 있다. 대한민국이 수립된 이후 60여 년간 민주화운동에 기반한 정부가 집권한 것은 단 10년 정도뿐이었으며 독재정권에 그 정치적 뿌리를 둔 세력이 다시 5년간 집권하게 된 상황은 민주정부의 수립을 열망해 온 이들로 하여금 깊은 좌절감과 무기력감을 느끼게 하고 있는 것이다.

물론 이러한 좌절감과 무기력감에 이유가 없는 것은 아니다. 김대중, 노무현으로 이어졌던 소위 '민주정부' 집권 이후 들어선 이명박 정권은 민주화투쟁을 통해 이뤄 낸 민주적 제도들 및 관행들과 시민의 권리를 심각하게 훼손하고 위협하였기 때문이다. 이명박 대통령이 취임한 2008년 전 국민적 저항운동으로 벌어진 미국산 쇠고기 수입 반대 촛불시위에 대한 폭력적 진압과 참여 시민들에 대한 고발, 인터넷에서 대한민국에 심각한 경제위기가 일어날 것을 경고한 인터넷 논객 '미네르바' 구속과 같은 일들이 정권에 의해 자행되었다.

2009년 겨울 용산에서는 강제철거에 맞서 농성 중이던 철거민들이 경찰특공대의 진압과정에서 죽임을 당했고, 같은 해 여름에는 정리해고에 옥쇄파업으로 저항하던 쌍용자동차 노동자들이 공장에서 경찰특공대에 의해 무참히 폭행당하며 끌려나왔다. 그 이후 23명의 쌍용차 노동자들과 그 가족들이 정리해고와 옥쇄파업 폭력진압의 영향 가운데 목숨을 잃는 일이 일어났다. 박근혜 대통령은 대통령 선거운동 당시에는 쌍용자동차 정리해고 사태에 대한 국정조사를 약속했지만 집권한 이후는 이에 대해 침묵으로 일관하고 있다. 뿐만 아니라 박근혜 정권은 대한문 앞에서 농성 중이던 쌍용자동차 해고노동자들의 농성천막을 경찰을 동원하여 해체하였다. 이뿐만이 아니다. 유성기업, 만도기계, SJM, 콜트콜텍, 현대

자동차 등 수많은 공장에서 노동자들이 정리해고, 비정규직 차별, 노조파괴 공작에 맞서 투쟁하면서 경찰과 용역깡패에 의한 폭력적 탄압을 현재에도 견디고 있는 상황이다.

제주 강정마을에 들어서는 해군기지 건설에 반대하는 주민들과 지킴이들의 활동에 대한 대응은 어떠한가? 해군기지에 저항하는 이들 역시 매일같이 경찰과 용역깡패의 물리적 폭행과 극심한 모욕을 견디며 어려운 싸움을 이어가고 있는 실정이다. 이러한 상황은 고압송전탑 건설에 대항하는 밀양과 청도의 주민들과 활동가들의 싸움에서도, 강원도 곳곳에서 일어나고 있는 골프장 막개발에 대한 주민들과 활동가들의 투쟁에서도 똑같이 발생되고 있다. 이명박 정권 출범 이후 가히 전국에서 경찰병력과 용역깡패의 연합군을 내세운 정권과 자본의 폭력에 의해 평범한 시민들과 노동자들의 권리가 심각하게 침해되고 박탈되었고 그와 같은 상황은 박근혜 정권에서도 이어지고 있다.

이와 같은 사태는 명확하게 이명박 정권과 박근혜 정권에서 한국의 인권 상황이 매우 열악해졌음을 의미한다. 물론 그러한 인권과 민주주의의 위기는 두 정권의 성격으로부터 기인하는 것이라는 점은 분명하다고 할 수 있다. 그러나 나는 냉정하게 되물어야 할 지점 역시 있다고 생각한다. 이 모든 것이 다 '이명박 때문'이라고 말할 수 있을까? 또한 박근혜 정권 하에서 벌어지는 민주주의의 후퇴와 인권 탄압 역시 단순히 박근혜라는 개인과 그 주변의 권력자들의 문제로 환원되는 것이기만 할까?

그들의 권위주의적 캐릭터나 그들이 속한 정치세력 및 그 세력이 대변하는 기득권 집단의 반인권적 성격이 현재의 심각한 인권의 위기를 규정하는 현상적 요소임은 부인할 수 없을 것이다. 하지만 우리나라보다 인권을 법과 제도를 통해 폭넓게 보장해 온 역사가 더 길고, 민주주의가 훨

썬 더 안정된 서구의 경우를 보더라도 일정한 역사적 계기에 의해 그 나라의 민주주의와 인권이 쇠퇴하고 위기에 처하게 되는 경우가 적지 않았다. 또한 소위 민주정부라고 평가되던 김대중 정권이나 노무현 정권에서도 치안예산이 꾸준히 증가해 왔고 집회시위의 자유가 심각하게 침해되었다. 이러한 경우들을 살펴보더라도 민주화 이후 대한민국에서 국가에 의해 인권이 침해되는 사태가 단지 이명박 정권과 박근혜 정권에 국한된 특수한 현상이라고 할 수는 없다.

이명박 대통령의 경우 대통령으로 선출될 당시 상당한 지지를 받았지만, 곧 국민적 조롱과 비난의 대상이 되었다. 앞에서 열거한 수많은 반인권적이고 반민주적 지배행태에 더하여 집권기간 끊임없이 벌어진 측근인사 및 직계가족의 부정부패와 권력남용으로 인해 그 자신과 정부에 대한 비난 여론이 매우 높았다. 그러나 SNS 공간이나 술자리 등에서 이명박 대통령에 대한 비난이 비등했던 것에 반하여, 이명박 정권에 의해 자행되는 실제적인 인권유린에 대한 대중적 저항은 촛불집회 이후에는 생각보다는 강렬하게 전개되지 않았던 것이 역시 사실이었다.

끊임없이 이런 폭력이 이 정부 끝날 때까지, 이와 유사한 정부가 온다면 또 오겠죠. 이게 너무나 무서워요. 그런데 우리가 언제까지 이런 것에 대해서, 그야말로 시민들이 관용할 건지, 저는 참 궁금해요.

용산참사를 다룬 다큐멘터리 「두 개의 문」에 등장하는 어느 인권운동가의 말이다. 그의 말대로 이러한 정부의 반인권적 행태를 국민이 '관용'하는 한 용산참사는 계속될 것이다. 이명박 정권, 그리고 박근혜 정권 하에서 한국 사회의 인권이 심각하게 퇴행하고 있는 인권의 위기라는 상황은 비민주적이고 반인권적인 정부 못지않게 그 정부를 관용하는 대중의 무감함에 의해서도 조성되고 있는 것은 아닐까?

현재 인권의 위기는 단지 '반인권적 독재세력의 집권'으로만 조성되는 것은 아니라는 말이다. 민주화 이후 벌어지고 있는 국가와 자본에 의한 인권의 침해는 사회경제적 조건과 관련되어 있는 것이며 인권담론이 처한 이론적 위기와 관련된 것이라고 생각한다. 이러한 두 가지 상황의 효과 속에서 인권에 대한 대중적 감수성이 현저히 약화되는 차원까지 고려해야 비로소 현재 한국 사회에서 나타나는 인권의 위기를 보다 입체적으로 이해할 수 있다고 나는 생각한다. 다시 말해 현재 인권의 위기는 사회경제적 조건, 인권담론의 이론적 위기, 인권에 대한 대중적 감수성의 쇠퇴라는 삼중적 계기에 의해 규정되고 있다는 것이다. 인권의 위기를 규정하는 각각의 계기에 대한 성찰이 있어야 그것을 극복하기 위한 이론적·실천적 지점 또한 비로소 주어질 수 있다고 나는 생각한다. 오늘날 인권의 정치에 주어지는 과제 역시 지금의 인권의 위기를 극복하기 위한 모색과 무관할 수 없다. 다시 말해 지금의 국면에서 인권의 정치는 일차적으로 인권의 위기를 넘어서서 다시 인권의 이념과 가치, 그리고 그것의 제도화와 대중적 내면화를 위한 이론적·실천적 활동과 강력하게 결부되어 있다는 것이다.

2. 시큐리티 통치[1]

현재 인권의 위기 국면을 조성하고 있는 첫번째 계기는 무엇보다 한국 사회의 사회경제적 조건에 의해 구축되어 있으며 이러한 조건으로부터 국가의 통치 권력에 의한 일상적 인권침해와 억압 역시 발생하고 있다는 것이 나의 생각이다. 그리고 현재의 사회경제적 조건은 넓은 의미에서 신자유주의라는 자본의 축적방식에 의해 관통되고 있다.[2] 그리고 축적체제로서 신자유주의가 오늘날 한국뿐만이 아니라 인권에 대한 제도적 보장과 민주적 질서가 비교적 오래된 서구의 여러 선진국에서 인권의 위기를 불러오는 핵심적 계기라고 나는 생각한다.

헤게모니와 포드주의체제

20세기 초반 활동하였던 이탈리아의 맑스주의자 안토니오 그람시는 자본주의가 발전된 나라들에서의 사회주의 혁명의 길을 헤게모니라는 유명한 개념을 통해 제시한 바 있다. 그람시는 국가의 권력을 경찰과 군대와 같은 폭력기구의 강제적 지배력뿐만 아니라 지배집단의 통치에 대한 피지배 대중들의 동의를 구축할 수 있는 능력의 결합으로 파악한다. 즉 국가란 '정치사회+시민사회'[3]로 구성되어 있다는 것이다. 정치사회가 강제적 지배력이 행사되는 장이라면 시민사회는 동의가 구축되는 장이다. 그리고 이러한 동의의 구축을 그람시는 헤게모니라고 부른다. 그리고 선

---

1) 이 부분은 필자의 다음 글을 인권의 관점에서 재구성하여 요약, 작성한 것이다. 정정훈, 「헤게모니에서 시큐리티로─신자유주의 통치체제는 어떻게 작동하는가?」, 『부커진 R』 4호(휘말림의 정치학), 그린비, 2012.
2) 이러한 입장이 한 국가의 통치 권력은 그것의 경제적 조건으로부터 일방적으로 규정당하는 철저히 피동적인 것임을, 즉 경제결정론을 주장하는 것은 아니다. 소위 고전적 맑스주의에서 말하는 경제적 토대와 정치적 상부구조의 관계라는 틀에서 국가의 통치권력과 사회경제적 조건의 관계에 대해 말하자면, 스튜어트 홀이 주장하듯 경제는 '최종심급'은 아닐지라도 사회적 활동을 규정하는 '최초의 조건'의 역할을 한다는 것이 나의 생각이다. 이에 대해 보다 자세한 것은 다음 글을 참조하라. 스튜어트 홀, 「이데올로기의 문제 : 보증없는 맑스주의」, 『스튜어트 홀의 문화이론』, 임영호 옮김, 한나래, 1996, 58~59쪽.
3) "국가 = 정치사회+시민사회, 다시 말해 국가 = '강제의 철갑에 의해 보호되는 헤게모니'". 안토니오 그람시, 『옥중수고』, 이상훈 옮김, 거름, 1997, 288쪽.

진 자본주의국가들에서는 강제의 계기보다 동의의 계기가, 즉 폭력적 강압보다는 헤게모니가 더욱 중요한 통치의 방식이 된다고 그는 말한다.

그람시는 지배세력과 피지배세력 사이의 역관계에서 지배세력의 상대적 우위가 잠정적으로 유지되는 국면을 헤게모니라는 개념을 통해 파악한다. 그에 의하면 헤게모니란 지배세력의 지적·도덕적 우월성에 대한 피지배집단의 상대적인 승인과 인정이라는 측면에서의 동의의 계기와 피지배세력에 대한 지배세력의 일정한 물질적 양보라는 계기를 통해서 구축된다. 그리고 이 글의 맥락에서 중요한 지점은 바로 경제적 이해관계에서도 지배세력이 피지배세력을 완전히 배제하지 않는다는 것이다. 그람시는 헤게모니에 대한 논의를 전개하면서 이렇게 쓴 바 있다.

> 국가는 한 특정한 집단의 기관으로서 그 집단의 극대 팽창을 위해 유리한 조건들을 조성하게끔 되어 있다고 보는 것이 옳다. 그러나 주의하여야 할 것은, 이 특정 집단의 발전과 팽창이 **보편적** 팽창, '국민적' 에네르기의 발전으로 파악되고 또 그렇게 제시된다는 점이다. 다시 말해 지배집단은 종속적 집단들의 일반적 이익과 구체적으로 통합되어 있고, 국가의 삶은 기본적 집단의 이익과 종속적 집단들의 이익 사이의 불안정한 균형 ——지배집단의 이익이 우세하기는 하지만 그것은 어느 한계 내에서, 다시 말해 지배집단의 이익이 인색한 조합주의적·경제적 이익으로까지 나아가지는 않는 범위 내에서의 균형 ——을 끊임없이 새로 형성하고 폐기하는 과정이라고 파악된다.[4]

---

4) 그람시, 『옥중수고』, 191쪽. 강조는 인용자.

두 집단 사이의 세력관계에서 이러한 불안정한 균형이 형성될 수 있을 때 헤게모니가 가능한 것이다. 물론 헤게모니가 작동하는 상태는 궁극적으로 지배세력의 이익이 관철되는 관계, 지배세력이 우위에 서는 관계를 뜻한다. 그렇다고 피지배세력이 완벽하게 무기력하게 된 상태이거나 일방적으로 착취당하고 억압당하는 관계는 아니다. 헤게모니를 구축하고 유지하기 위해서는 지배세력은 자신의 단기적이고 즉각적인 경제적 이익을 일정하게 양보할 필요가 있다.

헤게모니에 대한 이해들 가운데서 지배세력의 지적·도덕적 우위에 대한 피지배세력의 동의라는 측면을 강조하여 헤게모니를 이데올로기와 사실상 동일한 것으로 파악하는 입장이나 헤게모니가 피지배세력에 대한 지배세력의 우위의 불안정성과 잠정성을 뜻함을 강조하여 정치의 역동성과 실천의 중요성을 강조하는 것으로 이해하는 입장들이 적지 않다. 이러한 입장들은 그람시의 헤게모니 개념과 무관한 것은 아니지만 헤게모니에 대한 그람시의 강조점 가운데 놓치는 것이 있는 이해방식이기도 하다. 앞의 인용문에서도 보았듯이 그람시가 강조하는 것 가운데 빼놓을 수 없는 부분이 바로 헤게모니의 경제적 차원이다. 그에 의하면 헤게모니는 "비록 윤리적·정치적이기는 하지만, 그것은 또한 경제적이지 않을 수 없으며 경제적 활동의 결정적 핵심에서 지도적 집단이 수행하는 결정적 기능에 근거하지 않을 수 없는 것"[5]이다.

그람시가 말하는 헤게모니란 그것이 피지배집단에 대해 지배집단이 '인색한 조합주의적 이익'을 포기하고 일정하게 피지배집단에 경제적 양보를 함으로써 자신들의 통치에 대한 그들의 동의를 끌어낼 수 있는 물

---

5) 같은 책, 167쪽.

적 토대를 형성함으로써 구축되는 것이다. 그렇기 때문에 헤게모니는 자본주의가 성숙하여 부르주아지들이 프롤레타리아트에게 어느 정도 양보하더라도 계속해서 자본을 증식할 수 있는 물적 토대가 갖추어진 서구에서 가능한 통치전략이다.

그렇다면 이러한 헤게모니 개념에 부합하는 통치가 서구에서 본격화된 것은 그람시의 시대인 1920~30년대라기보다는 오히려 제2차 세계대전이 끝난 1940년대 중반 이후라 할 수 있다. 즉 제2차 세계대전 이후부터 1970년대 초중반까지 포드주의 축적체제가 작동하던 시기가 바로 헤게모니적 통치의 시기라는 말이다. 국가의 적극적인 유효수요관리 정책과 노동과 자본의 타협을 바탕으로 노동력의 완전고용을 목표로 한 적극적인 국가개입, 테일러주의로 대표되는 노동의 과학적 관리와 그로 인한 노동생산성의 극대화, 노동자에 대한 상대적인 고임금 지불과 대량생산과 대량소비를 주축으로 한 제조업 중심의 산업경제 등이 포드주의 축적체제를 특징짓는다. 제2차 세계대전 이후 포드주의 축적체제를 선도한 미국만이 아니라 영국, 프랑스, 독일 그리고 북유럽의 복지국가 등 서구의 선진자본주의 국가들에서는 자본가계급이 노동자계급에게 상당한 경제적 양보를 함으로써 자신들의 우위 하에 세력관계의 상대적 안정을 이루어 내었다.

물론 전후 서구 자본주의 국가에서 헤게모니적 통치는 단지 지배계급의 경제적 양보를 통해서만 이루어진 것은 아니었다. 헤게모니 통치는 정치적으로도 노동자계급을 비롯한 피지배집단에 대한 통합전략을 통해서도 형성되어 갔다. 그 대표적인 것이 유럽의 사회 코포라티즘이다. 사회 코포라티즘이란 국가의 중재를 축으로 하여 노동자계급과 자본가계급 사이의 이해관계 충돌을 조정하고 타협하여 해결해 가는 제도를 말한다. 서구, 특히 유럽에서는 사회 코포라티즘 제도를 통해 노동계급은 사회적 의사결정의 중요한 축으로 흡수되었으며 상당한 정치적 영향력을 갖는 세력으로 자리 잡을 수 있었다. 그리고 이러한 사회 코포라티즘의 형성은 당연히 국가와 자본이 노동자의 경제적 권리뿐만 아니라 정치적 권리를 인정하고 노동자를 국가운영의 또 다른 축으로 끌어들임으로써 가능했던 것이다.

이와 같이 포드주의 축적체제라는 사회경제적 조건을 바탕으로 노동자계급을 비롯한 피지배집단에게 상대적인 경제적 이익을 보장하고, 그들을 정치적 협상의 파트너로 승인함으로써 서구 자본주의의 지배집단은 헤게모니 통치를 실행할 수 있었다. 이는 피지배집단에게는 경제적 권리와 정치적 권리의 확장을 의미한 것이기도 했다. 이에 더하여 파시즘과 전쟁이라는 배경과 반사회주의 기조 가운데서 개인의 신체적·사상적 기본권을 강조하는 자유주의적 전통이 더해지면서 서구에서는 역사상 인권이 상대적으로 가장 잘 보장되는 통치체제가 등장하게 되었다.[6]

신자유주의 축적체제와 사회적 배제

1970년대의 전세계적 경제위기는 더 이상 포드주의 축적체제에 의한 자본주의 체제의 안정적 운영을 불가능하게 했다. 지속된 고비용구조로 인한 노동 생산성의 하락과 이와 맞물린 자본의 투자 감소와 같은 구조적 문제와 더불어 오일쇼크, 베트남 전쟁에서 미국의 패배와 같은 사건들이

---

6) 이와 같은 헤게모니 통치의 성립, 혹은 서구에서 국가적 수준에서 인권 보장의 상대적 강화가 지배집단의 일방적 기획 하에서 이루어진 것이 아니었음은 물론이다. 노동자계급을 타협의 상대로 인정하게 된 것은 당연히 노동자계급의 오래된 투쟁의 성과였으며 자유주의적인 개인의 기본권 쟁취 역시 오래된 민중운동의 성과가 일정하게 반영된 것이다.

연속되면서 포드주의 세계 자본주의 체제의 근간이었던 브레튼-우즈 통화체제가 무너지게 된다. 이는 전세계적 불황으로 이어졌고 결국 서구의 선진 자본주의 국가들은 포드주의 축적체제를 포기하게 된다. 1979년 영국에서 마거릿 대처가 이끄는 보수당의 승리와 1980년 미국의 레이건 대통령 당선은 새로운 자본축적 체제의 시작을 알리는 신호탄이었다.

흔히 대처와 레이건 정부에서 시작되어 곧 전세계적으로 퍼져 나간 경제 질서를 신자유주의라고 한다. 신자유주의는 하나의 경제사상과 그것을 반영하는 국가의 경제정책, 혹은 자본주의 지배체제의 새로운 이데올로기 등의 의미로 사용되고 있으나 우리 논의의 맥락에서는 그것이 또한 하나의 자본축적 체제라는 점이 중요하다. 제조업 중심의 생산과 금융에 대한 억압, 상대적 고임금의 임노동 체제와 시장에 대한 국가의 개입을 축으로 한 대량생산과 대량소비의 순환과정 구축을 통하여 작동하는 자본주의 축적체제가 포드주의 체제의 특징이었다. 반면 포드주의 축적체제의 붕괴 이후 등장한 새로운 축적체제의 핵심은 금융자본의 자유화를 통한 금융적 축적과 자동화와 정보화와 같은 제조업에서의 기술혁신, 그리고 흔히 시장에 대한 불개입이라고 불리는 자본 활동에 대한 국가통제의 현저한 약화를 특징으로 하고 있다.

그런데 여기서 주목해야 할 것은 신자유주의라고 불리는 이 새로운 축적체제는 인간 노동에 대한 의존도가 지속적으로 감소될 수밖에 없는 성격을 가지고 있다는 점이다. 신자유주의화가 본격화되면서 전세계적으로 금융시장에 투입되는 자본의 크기는 증가되어 왔다.[7] 그러나 금융

---

7) 가령 1983년 국제 금융거래 시장에서 1일 총 거래액은 230억 달러였으나, 2001년에는 그 액수가 1,300억 달러로 대폭 증가하였다. 2001년 금융거래 총액은 40조 달러이다. 이는 같은 해

부문의 산업구조상 고용효과는 제조업에 비해 미미할 수밖에 없다. 한국의 경우 2003년 현재 국내총생산(GDP)에서 금융부문이 차지하는 비율은 8.0%였다.[8] 그러나 전체 취업자 수에 대한 금융종사자의 비율은 3.4%에 불과하였다.[9] 더욱이 금융부문에서의 고용은 IMF 위기 이후 지속적으로 감소하고 있는 실정이다. 금융부문의 취업유발계수[10]는 1995년 21.0, 2000년 13.1, 2003년 11.9로 감소해 왔다.[11] 반면 제조업의 부가가치유발계수[12]가 2003년 0.64이고 서비스산업 전체 부문의 경우는 0.89인데 비해 금융부문의 부가가치유발계수는 0.95이다. 이러한 통계수치는 타 산업부문보다 금융부문이 높은 부가가치를 창출하고 있다는 사실을 보여준다고 하겠다. 다시 말해 금융부문이 전체 국가경제에서 차지하는 비중에 비해 고용효과는 크지 않다는 것이다.

그렇다면 제조업은 어떠한가? 새로운 축적체제에서는 제조업 역시 노동에 대한 의존도 감소라는 경향을 띠고 있다. 이는 무엇보다 자동화

8000억 달러가 국제무역과 생산부문에 대한 투자흐름을 지원하기 위해 필요한 액수로 추정된 것과 비교해 본다면 금융부문에 투자되는 자본의 크기가 엄청나게 증대되어 왔다는 것을 보여 준다. 데이비드 하비, 『신자유주의』, 최병두 옮김, 한울, 2009, 196쪽.

8) 염준용, 「금융산업의 경제기여도 분석」, 『조사연구Review』 24호, 2008.

9) 신한열·김보성, 「산업연관표로 분석한 금융산업의 구조 및 경제기여도 변화」, 한국은행 조사국 금융산업팀 연구원의 연구목적 보고서. 본 자료는 다음 웹주소에서 다운로드받을 수 있다. https://www.google.co.kr/url?sa=t&rct=j&q=&esrc=s&source=web&cd=2&ved=0CDYQ FjAB&url=http%3A%2F%2Fpublic.bokeducation.or.kr%2Fdownload.do%3FfilePath%3D %2F20081124%2Fadmin%2Fbok09%2F2007_18.pdf&ei=Xr8QUfa1EeS5iQe8vYDwAQ&u sg=AFQjCNFUqYtfkQrgTmTrDl_Kc0DtjXOXBg&sig2=jWkkGrmuGBiyEmImuVr4UA&bv m=bv.41867550,d.aGc&cad=rjt

10) 해당 부문의 소비, 투자 등 최종수요가 10억 원으로 증가할 경우 해당 부문과 여타 부문에서 직·간접적으로 유발된 취업자 수.

11) 신한열·김보성, 같은 글.

12) 특정 산업의 생산물에 대한 최종수요가 1단위 증가할 때 최종수요 충족을 위해 해당산업이 직접 창출한 부가가치와 간접적으로 유발된 부가가치를 합산한 계수.

와 정보화로 집약되는 기술혁신의 효과라 할 수 있다. 자동화와 정보화는 '고용 없는 성장'이라는 신자유주의적 자본축적 방식을 제조업에서도 관철시키고 있다. 1970년에서 1991년 사이에 일어난 기술혁신은 기업 간의 합병과 맞물리면서 800만 개의 일자리를 사라지게 만들었다. 제레미 리프킨은 『노동의 종말』[13]에서 이렇게 말하고 있다. "컴퓨터 혁명과 작업장 리엔지니어링의 효과는 제조업 부문에서 가장 심각하다. …… 1981년에서 1991년 사이 미국의 제조업 부문에서 1백 80만 개의 일자리가 사라졌다. 독일의 제조업 부문의 경우 1992년에서 1993년 사이 단 12개월 동안에 50만 개의 일자리가 사라졌다."

다음 두 사례는 이러한 경향을 단적으로 보여 주고 있다. 미국의 최대 철강회사인 US 스틸은 1980년 12만 명의 노동자들 고용하였으나 1990년에는 단지 2만 명의 노동자를 고용하여 1980년과 동일한 양의 철강을 생산하였다고 한다. 또한 일본의 전자 회사인 빅터사의 경우 공장 자동화 시스템을 도입을 통하여 150명이 일하던 공장을 이제는 단 2명의 노동자만으로 가동하고 있다고 한다.[14]

금융화와 정보화 및 자동화는 자본의 축적이 노동을 체제에 흡수하여 착취하는 경향뿐만 아니라 노동으로부터 이탈하는 경향, 아니 노동을 배제하는 경향을 띠기 시작했음을 보여 주고 있는 것이다. 사실 이는 이미 자본주의적 생산이 심화될수록 상대적 과잉인구, 즉 실업자나 준실업자가 더욱 많이 발생할 것이라는 맑스의 분석에서도 예견되었던 경향이다. 금융부문에 대한 자본의 투자가 천문학적으로 증가하고 제조업에서

---

13) 제레미 리프킨, 『노동의 종말』, 이영호 옮김, 민음사, 1996.
14) 같은 책, 185~186쪽, 190쪽~191쪽.

도 정보화와 자동화의 효과로 인하여 노동에 대한 수요가 줄어들게 되면서 일자리가 없는 사람들이 양산되게 된다. 비정규직이라는 노동형태를 통해 노동자에 대한 과잉착취를 가능하게 하는 제도가 형성될 수 있는 것 역시 이러한 맥락에서이다.

여기에 더하여 국가에 의한 사회보장이 해체되고 공공영역이 민영화되면서 대중들의 삶은 더더욱 불안정하게 된다. 이는 단지 일시적 경기 후퇴나 불황으로 인한 경제적 삶의 위기가 아니라 신자유주의 축적체제에 의해 구축된 구조적 불안정성, 혹은 영구적 위기라고 할 수 있다. "특정한 개인들과 그룹들이 어떤 주어진 환경에서 제도와 가치에 의해 고안된 사회 표준 내의 자율적인 생계를 이어갈 수 있는 위치로의 접근을 제도적으로 금지당하는 과정"[15]을 의미하는 사회적 배제란 바로 삶이 구조적으로 불안정화되고 영구적 위기에 놓인 이들이 처한 상황을 말하는 것이다.

오늘날 한국 사회에서도 이와 같은 사회적 배제의 경향이 나타나고 있다. 2011년 현재 전체 노동인구에서 차지하는 비정규직 인구의 비율은 50%를 넘나들고 있으며, 이들의 임금 수준은 정규직의 48% 정도밖에 되지 않는 실정이다. 무직자, 취업준비자, 취업포기자, 주당 18시간 미만 노동하는 자, 그리고 구직활동을 하는 실업자 등이 모두 포함된 실질실업 인구는 전체 인구의 11%를 차지한다. 더욱이 고용률[16]은 63%밖에 되지 못하는 상황이다.

비정규직, 실질 실업인구, 비고용 인구 등이 한국 사회에서 삶의 영

---

15) 카스텔, 『밀레니엄의 종언』, 97쪽.
16) 15세에서 64세까지의 생산 활동이 가능한 인구 가운데 직업을 가진 사람들의 비율.

구적 불안정화와 구조적 위기에 놓인 배제된 자들이다. 한국에서 사회적 배제가 급격화된 계기는 1997년의 IMF 위기와 이로 인한 구조조정, 즉 본격적인 신자유주의화와 연관된다. 소위 양극화라 불리는 사회적 배제의 경제적 배경에는 "외환위기 동안 제조업, 금융업 등 성장기 경제를 주도해 왔던 구산업, 즉 시장경쟁력이 약화된 산업이 퇴출·위축되는 반면, 새로운 경쟁력을 이끌 IT 관련 산업과 서비스업이 신산업으로 등장하면서, 산업구조 전반이 첨단화, 탈산업화, 경쟁화되는 것으로 재편"[17]되는 것, 즉 축적체제의 변동과 밀접한 관련이 있는 것이다.

배제된 자들에 대한 통제─시큐리티 통치

지난 2013년 1월 7일 박근혜 대통령은 당선 후 인수위 첫 회의에서 국정운영의 우선순위를 '법질서와 사회 안전의 확립'으로 제시했다. 이는 이미 2007년 한나라당 대통령 후보 경선 때부터 내세웠던 공약의 핵심 기조인 '줄푸세', 즉 "세금은 줄이고, 규제는 풀고, 법질서는 세운다"는 원칙의 연장이라고 할 수 있다. 그러나 이렇게 법질서와 사회 안전을 강조하는 통치방식은 박근혜 대통령만의 것은 아니다. 이명박 대통령 역시 집권초부터 "법과 질서를 제대로 지키면 국민총생산이 1% 올라갈 수 있다"며 법질서 확립을 국정운영의 중요한 목표로 제시한 바 있다. 그리고 이명박정권 내내 법질서 확립을 명분으로 하여 '억압적 국가기구'와 대중의 직접행동을 억압하는 정책들이 지속적으로 강화되었다.[18]

---

17) 조명래, 「신자유주의적 산업구조조정과 신빈곤」, 한국도시연구소 편, 『한국 사회의 신빈곤』, 한울, 2006, 61쪽.
18) 2008년 3월 15일 경찰청장은 "시위 현장에 경찰관으로 구성된 체포전담반을 신설 운용하고, 가벼운 공무집행 방해 사범에 대해서도 무관용 원칙을 적용하는 한편, 불법시위에 대한 민사

심지어 이와 같은 공안권력의 강화는 소위 '민주정부'라는 김대중, 노무현 정권 때에도 일관되게 나타났던 현상이었다. 가령 김대중 정권 당시 구속노동자 수는 892명으로 김영삼 정권 때의 632명보다 많았으며, 노무현 정권 하에서는 더욱 늘어, 1037명에 이르렀다. 특히 노무현 정권은 당시 추진되었던 한미 FTA 협상에 반대하는 진영의 집회에 대한 대응방침을 원천봉쇄로 정하여 강경하게 진압한 바 있다. 김대중-노무현 정권과 이명박-박근혜 정권은 정치적 입장의 차이에도 불구하고 신자유주의적 통치노선이라는 점에서는 연속적이라고 할 수 있는 것이다. 즉 "어찌 보면 1990년대 중반 이래 우리에게는 두 번의 정권 교체, 네 개의 정부가 있었던 것이 아니라, 교체되지 않은 하나의 정권, 동일한 노선을 가진 하나의 정부가 있었던 셈이다."[19]

법과 질서의 확립이라는 명분을 통해 자신의 삶을 영속적인 불안정과 구조적 위기로 몰아넣는 체제에 대한 대중의 저항을 공권력으로 억압하는 통치방식은 신자유주의에 의해 사회경제적 조건이 질서 지어진 국가들에서 공히 나타나는 행태였다. 서구에서 신자유주의 통치질서를

상 손해배상 청구와 즉결심판의 회부, 불법 시위 단체에 대한 정부보조금 지원 제한 확대 방침(『한겨레』, 2008년 3월 16일자)을 시행하겠다고 대통령에게 보고하였고, 이명박 대통령은 2008년 6월 "불법적인 집회와 시위에 대한 무관용 원칙의 적용"을 선언하기도 하였다. 이러한 선언은 2009년 3월 전년대비 공안관련 예산 30%의 증액과 2005년 폐지되었던 시민·사회단체의 집단행동을 전담하는 공안3과의 부활로 이어졌다. 이와 같은 기조는 공안 담당 경찰력의 증대로도 나타났다. 최은아에 의하면 "경찰 인원과 경찰 예산은 지속적으로 증가해 왔지만 지난 10년간 '민생치안'을 담당하고 있는 '일반 순경'의 변화 폭은 크지 않다. 반면 2008년에 집회시위 전문 부대인 '경찰기동대'를 989명으로 창설하였고, 2009년 1721명, 2010년 662명을 계속 증원했다. 이는 '시국치안'에 경찰력을 쏟고 있음을 보여 준다(최은아, 「경찰력 강화와 인권(1)」, 『주간인권신문 인권오름』, 2011년 2월 9일자. http://hr-oreum.net/article.php?id=1679).
19) 고병권, 「불안 시대의 삶과 정치」, 『부커진 R』 2호, 그린비, 2008, 122~123쪽.

최초로 확립한 대처 정권의 중요한 모토 가운데 하나가 바로 'Law and Oder', 즉 법과 질서의 확립이었다. 스튜어트 홀은 이러한 대처 정권의 통치에 대해 '동의로부터 강제로의 국가 통치 방식 이행'으로 파악한다.

이 사회는 위기를 거치면서 '다소 장기간의' 폐쇄 상태에 들어가고 있다. 터널이 끝나는 곳에 빛이 보이긴 하지만 그리 많이는 아니다. 그리고 그 빛은 아주 멀리 있다. 그동안 국가는 사회를 자기 방식대로 정리하고 편협하게 유지하기 위해 신속하게 움직이고, 빠르고 강경한 조치를 취하고, 도청하고, 마음대로 조사하고, 침투하고 공략하고, 고발하거나 혐의 없이도 구속하고, 혐의만으로도 체포하며, 으르고 위협할 권리를 획득했으며 그렇게 해야 할 의무도 상속받았다. 자의적 권력을 막을 수 있는 최후의 안전장치인 민주주의는 후퇴하고 있다. 민주주의는 중단되었다. 이 시대는 예외적인 상황이다. 위기는 진짜이다. 우리는 '법과 질서' 중심의 사회의 내부에 들어와 있다.[20]

이것이 단지 대처 정권만의 특징이 아니라 신자유주의 축적체제를 사회경제적 조건으로 가지고 있는 국가에 일반적인 성격이다. 신자유주의적 축적체제에서 배제된 인구들은 유용성이 없는 존재들로 취급된다. 그들은 자신에게 주어진 기회를 불성실과 태만으로 인해 스스로 방기한 부도덕한 자들이고, 사회적 부의 창출에 아무런 도움도 되지 못하는 무능력한 자들이다. 이들은 동의를 끌어내야 할 상대가 아니라 통제하고 제어해야 할 대상이며 통합보다는 격리가 필요한 존재들이 되는 것이다. 다

---

20) 스튜어트 홀, 『대처리즘의 문화정치』, 임영호 옮김, 한나래, 2008, 87~88쪽.

시 말해, 배제된 인구들은 일정한 경제적 양보와 정치적 권리의 상대적 보장, 그리고 윤리적·문화적 통합을 통해 지배에 대한 동의를 구해야 하는 전통적 의미의 헤게모니적 통치 대상이 아니다. 오히려 이들은 권리보장 체제로부터 배제되어 있기에 그 체제 내부로 포함되고자 하는 열망과 동시에 배제로 인한 좌절감과 분노를 배태하고 있는 집단이다. 즉 이들은 지배세력의 통치역량에 대해 동의해야 할 이유를 그다지 가지고 있지 않다. 지배세력에게서 배제된 자들은 또한 지배 질서에 대한 불만세력을 의미하게 된다. 배제된 자들은 또한 '위험한 계급'이기도 한 것이다.

배제된 인구에 대한 신자유주의적 통치는 헤게모니가 아니라 다른 방식이 더 일차적이다. 그것은 '법과 질서'라는 이름으로 시행되는, 억압적 국가기구가 중심이 된 배제된 자들에 대한 통제이며 이는 사실상 공안적 성격을 가지고 있다. 나는 이러한 통치방식을 시큐리티(security)라고 부르고자 한다. 이미 김대중, 노무현 정권에서 경험한 바와 같이 비록 명목적으로 자신들을 '민주정권'이라고 규정한 세력도 신자유주의 질서에 저항하는 자들에 대해서는 억압적 국가기구를 내세워 그들의 권리를 짓밟았다. 그리고 이러한 경향은 이명박 정권에서 더더욱 노골화되었고 박근혜 정권에서도 지속되고 있다. 다수의 대중들을 사회적 생산과 분배로부터 배제하는 신자유주의라는 축적체제. 그리고 이러한 사회경제적 조건에 의해 형성되는 통치방식. 즉, 피지배집단에 대한 물질적 양보와 정치적 협상을 통한 지배에의 동의 구축이 아니라 그들 다수의 삶을 영속적인 불안정성과 구조적 위기로 몰아넣고 이에 대한 그들의 저항을 국가폭력으로 진압하고 통제하는 강제가 중심이 되는 통치, 즉 시큐리티 통치가 오늘날 우리가 목도하는 인권의 위기를 조성하는 경제적·정치적 계기 가운데 하나라고 할 수 있다.

3. 인권 '담론'의 위기

현재 인권의 위기를 규정하는 또 하나의 중요한 계기는 담론적 구성물로서 인권의 위기라고 할 수 있다. 그리고 담론적 구성물로서 인권의 위기는 다시 두 가지 층위로 나뉜다. 첫째, 인권이라는 담론이 더 이상 효과적으로 작동하지 않는다는 것. 둘째, 인권담론에 대한 이론적 층위의 비판이 상당한 설득력을 보여 주었다는 것. 그리고 양자는 일정하게 결합되어 인권담론의 위기국면을 조성하고 있다.

인권담론의 위기에 대한 논의를 진전시키기에 앞서 먼저 여기서 '담론'(discourse)이라는 개념을 어떻게 사용하고 있는지부터 언급할 필요가 있을 것이다. 담론이라는 용어를 개념화하는 방식은 다양하겠으나 나는 푸코적 의미에서 이 용어를 사용할 것이다. 푸코는 담론을 특정한 효과를 지향하는 언표들의 집합이라는 의미로 사용한다.[21] 가령 광기의 경우 단지 하나의 단어로서는 이성에 의해 통제되지 않는 특정한 정념의 강렬한 충동 정도의 의미를 가지겠지만 특수한 시대적 조건에 따라서 그것은 전혀 다른 효과를 창출한다. 중세 시대에 광기는 위기, 신, 계시, 충동, 신비 등의 언표들과 연결된 배치 속에서 의미작용이 이루어지면서 신의 지혜가 드러나는 비상한 방식으로 이해되었는가 하면, 근대에 들어서는 노동, 합리성, 효율성 등과 연결되는 배치 속에서 감금되고 격리되어야 할 것으로 인식된다.

그래서 담론은 언제나 그 대상에 대한 특정한 앎(savoir)의 체계를 형성하게 되고 그러한 앎은 그것에 결부되는 어떤 행동들의 필요성으로

---

21) 미셸 푸코, 『지식의 고고학』, 이정우 옮김, 2000, 민음사.

이어지게 된다. 예를 들어, 푸코는 17~18세기까지 행해졌던 범죄자에 대한 가혹한 신체적 형벌이 18세기 말에서 19세기 초엽에 폐지되고 대신 범죄자를 교정하는 형벌로 대체되는 과정은 범죄에 대한 앎의 체계가 변화된 결과였다고 말한다. 즉, 범죄자에게 가혹한 신체형을 시행해도 범죄율은 줄어들지 않았고 오히려 대중의 반감을 자극하게 되는 사태에 대한 앎이 형성되고, 범죄율을 낮추고 처벌이 효율적으로 대중을 통제하는 수단으로 작동하기 위해서는 범죄자를 교정하는 것이 더욱 효과적이라는 앎이 형성되었기에 신체형이 교정으로 변화되었다는 것이다.[22] 그러나 이는 학문적 체계와 엄밀성에 의해 검증된 '과학'적 지식이라고까지는 할 수 없는, 그보다는 하위적 앎의 체계이다. 하지만 그것은 실제 인간의 행동에 영향을 미치고 현실의 질서를 바꾸는 힘을 가진 앎이다. 이러한 앎을 푸코는 담론이라고 부른다.

인권의 추상화와 담론적 효과의 약화

그러한 맥락에서 인권 역시 하나의 담론이라고 할 수 있다. 그러기에 그것은 항상-이미 특정한 효과를 창출하는 것을 목표로 한 앎의 배치이기도 하다. 한국 사회에서 인권담론이 출현하여 강력한 영향력을 행사한 시기는 주로 1970년대, 즉 박정희 군사독재정권 시기였다. 한국 인권운동의 효시는 1974년 4월 11일 창립된 한국기독교교회협의회 인권위원회라고 할 수 있다. 유신헌법 체제가 긴급조치에 의해 유지되던 시기 이 단체가 "양심수의 석방, 고문의 폭로·반대운동 등 정치범 중심의 인권운동"[23]

---

22) 미셸 푸코, 『감시와 처벌』, 오생근 옮김, 나남출판사, 1996.
23) 박래군, 「한국 인권운동의 발자취」, 『월간 세상을 두드리는 사람』 13호, 2006년 7월.

을 펼쳐나갔다는 데서 알 수 있듯이 당시 인권운동은 국가폭력에 저항하여 시민의 자유권을 방어하는 운동의 성격을 강하게 띠었다. 이런 인권운동의 기조는 같은 해에 설립된 천주교정의구현사제단의 활동에서도 나타나며 1980년대의 전두환 군사정권에 저항하는 인권운동에서도 "양심수의 석방과 고문 반대와 같은 정치적 자유 확보에 중심"[24]을 둠으로써 지속되었다.

유신체제기에 본격적으로 시작된 한국 사회의 인권운동은 비록 정치적 자유나 자유권과 같은 기본적 수준의 인권담론을 내세우며 활동했지만 당시 이런 기초적 인권조차 국가폭력에 의해 무참히 짓밟히던 상황에서 적지 않은 영향력을 발휘했었다. 개신교와 천주교를 중심으로 전개된 인권운동은 또한 당시 민주화운동의 중요한 분야이기도 하였다. 그러나 1980년대에 들어서면 학생운동을 중심으로 소위 '과학적 세계관'에 입각한 변혁주의적 운동이 이론적 영향력을 획득하고 학생대중을 장악하면서 서서히 민주화운동은 곧 변혁운동의 성격을 갖게 된다. 이러한 과정에서 인권운동은 변혁적 사회운동의 중심부에서 밀려나 주변화된다. 그 자리를 맑스-레닌주의와 주체사상이 접하게 되었으며 소위 '학출'들이 대거 공장에 투신하면서 이후 한국 사회의 변혁운동의 중심적 지위는 노동운동이 획득하게 된다.

1987년 6월 항쟁과 7, 8, 9월 노동자 대투쟁 이후 한국 사회에서 절차적 민주주의와 노동자의 법적 권리가 제한적이기는 하지만 일정하게 성취되면서 시민의 기본적 자유권을 국가폭력으로 유린하는 통치행태는 더 이상 지속될 수 없는 것처럼 보이는 상황이 도래했다. 그리고 이러한

---

24) 박래군, 「한국 인권운동의 발자취」.

상황에서 70년대 인권운동이 주장했던 고문방지, 언론자유, 법치주의 등 인권적 요구가 민주화된 한국 사회의 대세로 자리 잡게 된 듯 보였다. 다시 말해, 민주화의 결과 한국 사회에서 인권담론의 요구는 기본적 수준에서 충족되었다는 것이다. 또한 그런 만큼 소위 '민주정부' 출현 이후 이제 인권 요구는 독재시절에나 의미 있었던 과거의 저항담론으로 대중들에게 인식되기 시작했다고 할 수 있다.

물론 오늘날 인권담론은 7~80년대 민주화운동 시기의 인권담론보다 훨씬 정교화되었고 심화되었으며 분화되었다. 자유권적 기본권뿐만 아니라 사회권과 같은 보다 광범위한 인권 개념이 제시되었고 여성, 성소수자, 이주민, 장애인 등 다양한 소수자 인권담론이 등장하였으며 평화권이나 환경권과 같은 문명론적 수준의 권리담론까지 제기되었다. 인권이라는 담론은 다양한 수준의 권리담론을 그 안에 내재한 복합적 담론이 된 것이다. 그리고 이러한 복합적 인권담론과 더불어 한국 사회의 인권운동 역시 복합적으로 발전되었으며 세분화되었다. 하지만 이러한 발전과 분화는 동시에 '인권'이라는 단어로 표현되기보다는 '노동권', '성소수자의 권리', '이주민의 권리', '사회경제적 권리', '생태적 삶에 대한 권리' 등 구체적 권리언어로 표현되면서 정작 이 모두를 포괄하는 인권이라는 용어의 내용적 함의는 그 구체성이 모호해졌다. 다시 말해 인권담론에서 '인권'이라는 개념이 의미하는 바가 추상화되었다는 것이다.

실제로 용산참사, 제주 강정마을 해군기지 건설, 쌍용차 사태, 밀양 송전탑 건설, 한진중공업 정리해고 사태의 현장에서 투쟁하는 이들에게 공감했던 대중들은 이러한 사태들과 사건들을 얼마나 '인권 이슈'로 인식하였을까? 그 싸움들에 대한 연대투쟁이 인권의 방어와 실현을 위한 투쟁이라고 얼마나 의식하였을까? 물론 이러한 사태들이 인권에 대한 침해가 아니라고 생각하는 이들은 없겠지만 그럴 때 인권이라는 말은 일종의 당위적 수준의 도덕적 규범처럼 대중들에게 인식되고 있는 것은 아닐까?

이와 같은 인권담론의 복합화와 심화 그리고 분화로 인한 인권의 추상화는 인권이라는 용어의 상징적 힘을 약화시킨 것으로 보인다. 구체적 억압의 현장에서 구체적 요구들이 부각되는 현재의 상황에서 인권이라는 개념이 촉발하는 절박함의 강도가 주거권이나 노동할 권리 등과 같은 구체적 현장의 요구를 표현하는 권리 개념에 비해 상대적으로 약하다는 말이다. 다시 말해 오늘날 대중의 공감과 행동을 유발하는 데 있어서 인권담론의 효과는 그렇게 강하지 않다는 것이다.

더욱이 역사적 사회주의가 패망한 이후 미국을 중심으로 하는 세계질서가 확고하게 구축되고 이 질서에 반하는 여러 국가들에 대하여 인권을 명분으로 한 미국의 경제적·정치적 제재와 침략전쟁이 벌어지면서 이제는 인권담론의 정당성을 미심쩍은 것으로 치부하는 비판도 제기되고 있다. 셸라스는 "인권을 움직이는 보이지 않는 손"으로 미국을 지목하면서 "미국은 인류 역사에서 전시뿐만 아니라 평화 시에도 인도주의의 이름으로 국제적 십자군을 자처하여 힘과 이익을 모두 챙긴 첫번째 나라"라고 비판한다.[25]

이것이 인권의 위기를 규정하는 담론적 층위의 위기라고 할 수 있다. 그리고 이러한 담론적 위기는 인권에 대한 이론적 비판과 또한 결부된다. 이미 언급했듯이 1970년대 민주화운동에서 중심적 역할을 수행했던 인권운동이 80년대 들어서 맑스-레닌주의와 주체사상에 의해 주변화된 상

---

25) 커스틴 셸라스, 『인권, 그 위선의 역사』, 오승훈 옮김, 은행나무, 2003.

황은 또한 이론적 수준에서 이들 변혁운동이 인권운동에 대해서 비판을
가한 것과 무관하지 않다.

인권에 대한 이론적 비판[26]

1980년대 변혁운동은 인권운동을 포함한 1970년대 민주화운동을 소시
민적이고 낭만적 운동으로 규정하였으며 한국 사회의 근본적 모순을 비
껴가는 비과학적 운동으로 비판하였다. 그리고 변혁운동의 이러한 이론
적 비판은 80년대 한국 사회운동에 고유한 것이 아니라 맑스주의적 변혁
운동의 일반적 인식을 반영한 것이었다. 이미 맑스는 1884년 「유태인 문
제에 관하여」에서 인권이란 인간을 착취하고 억압하는 사회경제적 모순
의 근본적 변혁을 우회하기 위한 부르주아의 기만적 담론이라는 취지의
논의를 전개함으로써 프랑스혁명의 보편적 인권선언을 혹독하게 비판한
바 있다. 이후 주류적 맑스주의자들은 인권을 그들의 정치적 의사일정에
진지하게 올려놓은 적이 없었으며 오히려 인권담론을 부르주아 이데올
로기로 보는 것을 일반적인 입장으로 취했다. 이러한 입장이 80년대 한
국의 맑스주의적 변혁운동에서도 관철되었던 것이다.

　　1980년대 말에서 1990년대 초 소련과 동구의 역사적 사회주의가 붕
괴된 이후 맑스주의 이론은 한국의 사회운동담론에서 그 헤게모니를 상
실했지만, 그렇다고 다시 보편적 인권담론이 헤게모니를 장악한 것은 아
니었다. 맑스주의 이후 이론적 헤게모니를 쟁취한 소위 포스트담론들 역
시 인권담론에 대해서는 비판적이었다. 여성주의는 인권을 남성 중심적

---

26) 여기서는 인권에 대한 이론적 비판들의 주요 논지만 소략적으로 제시할 것이다. 여기서 언급
　한 인권에 대한 이론적 비판들은 3장 「인권과 그 불만들」에서 보다 상세히 다루도록 하겠다.

권리담론으로 파악하였고, 포스트식민주의는 인권이 서구문화의 산물이며 특정한 문화의 산물인 인권을 보편적 가치로 격상시킨 서구 중심적 담론이라고 비판하였다. 또한 생태주의는 오늘날 지구상의 거의 모든 생명을 위기로 몰아가고 있는 인간에 의한 생태파괴의 주범 가운데 하나로 인간중심주의를 지목하고 있으며 인권 역시 이러한 인간중심주의를 넘어서지 못하는 이론이라고 비판한다. 인간의 권리를 넘어서는 생태계의 권리가 필요하다는 것이다.

흔히 포스트구조주의자로 소개되는 들뢰즈 역시 인권이 공허한 담론이며 인간을 실체화시키는 담론으로 본다. 특히 푸코의 비판은 관건적인데 그에 따르면 인권의 수임자이자 그 권리의 행사 주체인 인간이라는 관념 자체가 근대적 에피스테메의 산물에 불과하다는 것이다. 인간이라는 개념 자체가 근대적인 담론형성물에 지나지 않음을 보여 줌으로써 그는 인권의 토대 자체를 흔들어 버린다.

최근 한국 지식사회에서 대단한 주목을 받고 있는 바디우, 아감벤, 지젝 역시 인권에 대해서는 비판적이다. 바디우는 오늘날 인권이 하나의 윤리적 정언명령이 되었다고 본다. 그런데 그에 의하면 이러한 인권은 결국 해방의 정치를 불가능하게 만드는 윤리, 자기 자신을 무력한 피해자로 만드는 자들의 권리이자 동물적 이해(interest)를 추구하는 존재들의 권리에 불과하다고 비판한다. 아감벤은 인권이란 정치적 권리를 박탈당한 자들의 권리로서 그 자체로 무의미한 용어로 본다. 대규모의 시민들이 자신의 정치적 권리를 일거에 박탈당하는 예외상태가 상례화되는 오늘날 인권이라는 권리담론은 이 중차대한 정치적 문제에 개입할 수 없는 무능력한 것이라고 그는 비판한다. 지젝은 맑스적 인권비판을 라캉 정신분석학의 용어를 사용하여 자본주의 사회의 근본적 모순을 은폐하고 그것을 변혁하기 위한 행위를 가로막는 유사행위로 비판한다. 그에게 인권은 '정치적 올바름'(political correctness)과 다르지 않은 이데올로기일 뿐이다.

이러한 이론적 비판들은 억압당하고 배제되는 사람들의 해방을 위한 이론적 무기로의 인권의 의미를 반감시키는 효과가 있는 것이다. 인권에 대한 비판적 이론들의 공세와 인권의 담론적 효과의 약화가 현재 인권의 위기 국면을 형성하고 있는 또 다른 계기라고 할 수 있다.

4. 공감을 상실한 사회, 즉 인권감성의 쇠퇴

인권과 공감의 문제

현재 한국 사회에서 인권의 위기를 규정하는 마지막 계기는 인권 감성의 쇠퇴와 관련된다. 인권 감성은 무엇보다 다른 사람에 대한 공감 능력과 결부되어 있다. 그런데 오늘날 우리 사회에서 타인에 대한 공감 능력은 심각하게 쇠퇴하고 있다. 스피노자라면 이를 정서의 모방, 즉 타인의 기쁨과 슬픔에 감응하는 능력의 쇠퇴라고 파악했을 것이다. 스피노자에 의하면 인간은 타인이 자신과 유사한 존재라고 인식하면 그에게 일어나는 기쁨과 슬픔으로 인해 자기 자신 역시 그러한 기쁨과 슬픔의 정서를 갖게 된다. 이를 그는 '정서의 모방'이라고 부른다.[27] 이러한 정서의 모방이 항상 좋은 것은 아니지만 긍정적으로 작동하게 될 경우 그것은 인권을 강화하는 데 매우 중요한 기능을 한다.

푸코는 자신의 역작 『감시와 처벌』에서 흔히 서구에서 고문과 같은

---

27) 바뤼흐 스피노자, 『에티카』, 강영계 옮김, 서광사, 1990, 155~177쪽. 특히 2부 정리 27, 34, 40, 43, 49.

신체형의 폐지가 실은 그 심층에서 권력-테크놀로지의 변화로 인한 것이라고 말하면서 인권운동의 결과로 인해 고문과 같은 신체형이 폐지되었다는 통념을 뒤엎는다. 즉 고문의 폐지를 비롯한 형벌체계의 변화는 "피처형자들의 인간성에 대한 새로운 존중이라기보다——신체형은 여전히 경미한 범죄에 대해서도 자주 부과되고 있었다—— 오히려 보다 더 정밀하고 정비된 사법을 지향하고, 사회구성원 전체가 한층 더 면밀한 형벌 분할방식을 추구하는 경향"[28]으로 일어나게 되었다는 것이다.

그러한 권력-테크놀로지의 변화는 18세기 말에서 19세기에 걸친 광범위한 사법개혁, 일견 인권을 존중하고 보장하는 것을 목표로 하는 개혁으로 나타는데, 푸코는 그 심층적 목표가 "징벌권의 새로운 '경제성'을 확립하는 것, 큰 징벌권을 확보하는 것, 징벌권이 특권적인 몇 지점에 과도하게 집중되거나 서로 대립하는 재판 심급 사이에 과도하게 분할되지 않도록 하는 것이며 또한 징벌권이 어디에서나, 연속적으로 더구나 사회체제의 최소 단위에까지 행사될 수 있는 그러한 동질적인 회로 속에 분배되도록 하는 것"[29]에 있었다고 말한다. 즉 우리가 통념적으로 알고 있듯이 인권의 대한 의식이 성장함에 따라 고문과 같은 비인간적 형벌이 폐지된 것이 아니라 권력이 보다 경제적이고 효과적으로 대중을 통제하기 위한 권력-테크놀로지의 변형이라는 맥락에서 형벌 개혁이 이루어졌다는 것이다. 그렇다면 당시 강화되기 시작한 인권은 사법 개혁의 원인이 아니라 권력-테크놀로지 변화의 효과에 지나지 않는 것이라 할 수 있다.

하지만 과연 그렇기만 한 것일까? 실제 당시 고문의 폐지와 형벌 개

---

28) 푸코, 『감시와 처벌』, 126쪽.
29) 같은 책, 130쪽.

혁의 역사를 살펴보면 거기에는 권력-테크놀로지 변화로만 환원될 수 없는 또 다른 차원이 존재하고 있었다는 사실을 발견하게 된다. 고문의 폐지와 같은 형벌 개혁은 무엇보다 당대의 사람들이 처벌당하는 사람들이 자신과 다르지 않은 존재라는 점을 느끼게 된 것, 그들이 당하는 고통의 참혹함에 대한 공감대의 형성과 관련된다. 이렇게 타인과 자신을 동일시하는 공감의 형성은 특히 18세기의 서한소설이라는 새로운 문학양식의 대대적인 유행과 관련이 깊다. 가령 루소의 『신엘로이즈』, 리처드슨의 『파멜라』, 『클라리사』와 같은 서한소설은 엄청나게 많은 독자들을 불러 모았다. 이 소설들은 당대의 사회적 편견과 전통의 굴레에 저항하거나 그로 인해 희생되는 여성 주인공들이 자신의 지인과 주고받는 편지 형태로 이야기를 전개하는데 이는 독자들로 하여금 이 이야기의 등장인물들에 대해 손쉽게 심리적 동일시를 하게 만들어 주었다.

> 허구적인 서신 교환을 통해 서한소설은 독자들에게 새로운 심리를 가르쳤고 이 과정에서 새로운 사회적·정치적 질서의 토대를 닦았다. …… 소설은 모든 사람이 내면적 감정으로 인해 근본적으로 같다고 주장했다. 그리고 많은 소설이 자율의 욕구를 구체적인 사례를 통해 보여 주었다. 이처럼 이야기에 열정적으로 몰입하는 것을 통해 소설 읽기는 **평등과 공감의 감각**을 창출해 냈다.[30]

이러한 서한소설이 사회적으로 대대적으로 유행한 것은 '인간의 권리'라는 새로운 권리담론의 감성적 토대가 형성되었다는 것을 말해 준다.

---

30) 린 헌트, 『인권의 발명』, 전진성 옮김, 돌베개, 2009, 47쪽. 강조는 인용자.

이 시기는 서구에서 특정한 집단에 소속된 존재로서의 인간보다는, 집단으로 환원될 수 없으며 다른 인간들과 뚜렷하게 구별되는 개별적 인간, 즉 개인이 출현하는 시기이기도 했다. 가령 당시 유행했던 개인을 그림의 주제로 삼는 초상화 그리기나 정해진 좌석에 앉아서 조용히 오페라와 연극을 감상하는 등의 문화적 장치들이 신체와 정서에서 개인의 발견을 가능하게 한 조건들이었다.

이미 개인의 출현과 인권 개념 출현의 상관성은 많은 논자들에 의해 밝혀진 바 있다. 그러나 이 개인들이 서로 무관한 단자로서 존재한 것이 아니라 각 개인들이 서로를 자신과 동질적 존재라고 인식하는 '공감'을 통해 연결될 때 비로소 인권이 실효화될 수 있었다. "이들 자율적 개체가 독립적인 도덕적 판단에 토대를 둔 정치적 공동체의 구성원이 되기 위해서는 타인들과 공감할 수 있어야 했다. 모든 사람은 근본적인 점에서 동질적으로 보일 때만 권리를 갖게 될 것이다. 평등은 단지 추상적 개념이나 정치 슬로건이 아니었다. 그것은 일정하게 내면화되어야 했다."[31]

결국 서구사회에서 인권의 등장과 확장은 당시 대중들의 감성에서 일어난 변화와 깊이 관련된 것이었다. 그것은 공감능력의 형성이었다. 즉 신분과 성별, 종교와 민족을 넘어서, 타인이 개인적 수준에서 나와는 구별된다고 하더라도 그 역시 나처럼 고통을 당하고 나처럼 기쁨을 느끼는 나와 동일한 인간이라는 동질성에 대한 감성적 차원의 확인이, 다시 말해 정서의 모방이 확산된 것이 동시대에 출현한 '인권담론'에 대중이 호응할 수 있었던 중요한 감성적 조건이었다.

이러한 맥락에서 고문의 폐지가 이루어진 것이다. 다시 말해, 단지

---

31) 헌트, 『인권의 발명』, 34쪽.

권력을 보다 효과적이고 경제적으로 작동하게 하기 위한 권력-테크놀로지의 변화라는 측면만으로 당시 고문의 폐지나 형벌 개혁의 맥락과 배경을 규정할 수 없다는 말이다. 권력-테크놀로지의 변화란 위로부터 자율적으로 기획되고 집행되는 것이 아니다. 권력은 더 이상 기존의 테크놀로지가 제대로 작동하지 않을 때 그것을 변화시키게 된다. 기존의 테크놀로지가 효율적으로 작동하지 않는 사태란 권력의 대상, 즉 인민이 그것에 저항할 때이다. 나는 고문이라는 신체형을 폐지하고 교정형으로 권력이 처벌방식(권력-테크놀로지)을 바꾸게 된 맥락에는 바로 당시 대중들 사이에 형성된 타인에 대한 공감능력의 증대가 자리잡고 있다고 생각한다. 형벌 개혁에는 인권의 역할이 중요했다. 그리고 인권은 타인에 대한 공감능력으로부터 자라날 수 있었다. "인권은 이 같은 감정들이 뿌려진 온상에서 자라났다. 인권은 오직 대중들이 타인들을 근본적으로 동등하게 생각하도록 배울 때에만 자라 수 있었던 것이다. 그들은, 궁극적으로 허구적이긴 해도, 드라마에서만은 현재적이며 친숙하고 평범한 등장인물과 자신을 조금이나마 동일시함으로써 비로소 평등을 배우게 된다."[32]

감성의 분할과 인권감성

초상화 그리기, 오페라와 연극 관람, 그리고 소설 읽기 등이 개인을 발견하게 만들고 개인들 간의 동질성을 인식하게 만들었으며 타인과 공감하는 능력을 끌어냈다는 것은 감성과 정치의 연관성을 보여 준다. 자신과 다른 성별이나 사회적 지위를 가진 타인을 자기와 같은 기쁨과 슬픔, 즐거움과 아픔을 경험하는 평등한 존재로 인식하게 되는 것, 곧 타인의 정

---

32) 같은 책, 69쪽.

서에 대한 공감은 매우 정치적인 문제인 것이다.

자크 랑시에르가 말하는 '감성의 분할'이라는 개념이 여기서 중요하다. 랑시에르는 '정치적인 것'(le politique)을 치안(police)과 정치(la politique)가 서로를 방해하며 충돌하는 장으로 파악한다. 치안은 지배자들에 의한 질서의 규정행위를 의미하고, 정치는 치안의 체제에서 자기 몫이 없는 자로 배제된 자들이 평등을 주장하며 이 체제를 전복하는 행위를 말한다. 이때 치안은 경찰 권력의 질서유지행위 같은 것을 의미하는 것이 아니다. 그것은 무엇보다 공동체 안에서 누가 권리와 몫을 할당받을 수 있는 자격을 가진 주체인가에 대한 감각/감성(le sensible)의 체제와 관련된다. 랑시에르는 이러한 감성의 체제를 '감성의 분할/감각적인 것의 나눔'(le partage du sensible)이라고 부른다. "시간과 공간들, 자리들과 정체성들, 말과 소음, 가시적인 것과 비가시적인 것 등을 배분하고 재배분하는 것은 내가 말하는 감성의 분할을 형성한다."[33] 그리고 이러한 감성의 분할은 치안과 밀접한 연관을 갖는다. "치안은 사회적 기능이 아니라, 사회적인 것의 상징적 구성을 말한다. 치안의 본질은 억압이 아니며, 생명체에 대한 통제도 아니다. 그것의 본질은 감각적인 것에 대한 어떤 나눔(le partage du sensible /감성의 분할)이다."[34]

랑시에르에 의하면 '감성의 분할'로서 치안이나 이를 전복하는 정치는 단지 제도정치나 사회운동 등의 장에서만 나타나는 것이 아니다. 그것은 문학이나 예술의 분야에서도 작동한다. 특히 '문학의 정치'에 대한 랑시에르의 논의는 인권의 출현 및 확산의 조건으로서 서한소설에 대한 린

---

33) 자크 랑시에르, 『문학의 정치』, 유재홍 옮김, 인간사랑, 2009, 11쪽.
34) 자크 랑시에르, 『정치적인 것의 가장자리에서』, 양창렬 옮김, 길, 2008, 247~248쪽.

헌트의 논의와 흥미로운 관련성을 가진다. 랑시에르에 의하면 '문학의 정치'란 "문학이 시간들과 공간들, 말과 소음, 가시적인 것과 비가시적인 것 등의 구획 안에 문학으로서 개입하는 것을 의미"하는데 이러한 문학의 정치는 "실천들, 가시성 형태들, 하나 또는 여러 공동 세계를 구획하는 말의 양태들 간의 관계 속에 개입한다."[35]

그에 의하면 이러한 문학의 정치가 실천된 좋은 예 가운데 하나가 플로베르의 소설이다. 19세기에 활동한 플로베르는 당시까지 미적 글쓰기의 지배적 법칙을 전복했다. 가령 시는 소설보다 더 훌륭한 미적 글쓰기의 양식이었으며, 이야기를 서술할 때도 주인공은 언제나 고귀한 존재, 영웅적 인간이어야 했고, 이러한 주인공을 기술하는 문체와 그렇지 못한 범속한 인간들을 기술하는 문체는 달라야 했다. 플로베르 시대에 출현한 '문학'이라는 미적 글쓰기는 이러한 법칙을 전복했다. 문학과 더불어 "주제와 인물 간의 위계의 배제, 문체와 주제 또는 인물들 사이의 적절성이라는 원칙의 배제"가 이루어졌다. 그것은 "철저한 등등성의 공식"을 의미했으며, "이 공식은 시학들의 규칙들뿐만 아니라 모든 세계 질서, 존재 방식, 행동방식과 말하는 방식 사이의 관계들에 대한 모든 체계를 전복했다."[36] 이 전복된 체계가 바로 치안에 의해 규정된 '감성의 분할'이다.

그렇다면 헌트가 '인간의 권리'가 등장하고 확산되기 위한 문화적 조건으로 주목했던 서한소설을 비롯하여 초상화 그리기, 오페라와 연극 관람 등은 기존의 '감성의 분할'을 해체하고 새롭게 감성을 재분할하는 '예술의 정치'였다고 말할 수 있을 것이다. 그리고 18세기에 전개된 이러

---

35) 랑시에르, 『문학의 정치』, 12쪽.
36) 같은 책, 22~23쪽.

한 예술의 정치는 개인들 사이의 공감능력을 형성하는 역할을 하였고, 이러한 공감능력에 기반하여 서구에서 '인간의 권리'라는 개념이 부각되고 지지를 얻게 되었다고 말할 수 있지 않을까? 즉 18세기 이후 서구에서 인권이 상당한 성공을 거둔 것은 인권을 감성의 수준에서 지지하는 예술의 정치, 혹은 감성의 정치가 실천되었기 때문이라고 말할 수 있지 않을까?

신자유주의 경쟁사회와 인권감성의 쇠퇴

이러한 맥락을 염두에 둔다면 오늘날 한국 사회에서 인권이 위기에 처하게 된 또 다른 중요한 계기가 바로 타인의 기쁨과 슬픔에 공감하는 능력의 쇠퇴, 즉 인권감성의 쇠퇴와 관련된다는 말의 의미는 보다 분명해 진다. 오늘날 신자유주의 시대를 살아가는 한국 사회의 대중들은 더 이상 타인의 정서, 특히 고통의 형태로 나타나는 타인의 슬픔에 공감하는 능력이 심각하게 약화되었다는 것이다. 이는 타인을 나와 동일한 아픔을 느끼는 존재로 감지하는 능력의 쇠퇴를 의미한다. 그리고 이는 현재 신자유주의 통치체제라는 치안의 질서가 대중의 감성을 분할하는 하나의 방식이기도 한 것이다.

푸코가 잘 보여 주듯이 신자유주의는 사회를 시장의 모델에 따라 조직하며 사회적 행위자를 기업모델에 따라 구성하고자 하는 통치의 방식이다.[37] 이는 무엇보다 경쟁을 사회운영의 핵심원리로 삼는 것을 뜻한다. 경쟁은 국가와 공적 조직들로부터 개인에 이르기까지 모든 사회적 행위자들을 관통하는 '행위의 지침'(conduct of conduct)이다. 그리고 경쟁에서의 패배는 시장을 모델로 하여 구축된 사회에서는 너무나도 자연스러

---

37) 미셸 푸코, 『생명관리정치의 탄생』, 오트르망 옮김, 난장, 2012.

운 현상이며 행위자가 자기 경영을 제대로 하지 못해서 발생한 일이지 사회구조나 제도의 모순 때문에 발생하는 현상이 아니라고 치부된다. 경쟁에서의 패배는 마치 기업이 그러하듯 사회적 행위자의 자기경영 실패의 결과이다.

신자유주의 사회에서 개개인은 이제 무한경쟁이라는 시장적 공간에서 활동하는 기업과도 같은 존재가 된다. 푸코에 의하면 신자유주의가 형성하려는 개인들의 주체성은 기업가적 주체, 즉 '호모 에코노미쿠스'이다. 그런데 신자유주의 축적체제라는 관점에서 보자면 신자유주의 사회의 개인들이 처한 경쟁의 상황은 매우 열악할 수밖에 없다. 신자유주의적 축적방식 자체가 인간 노동에 의존도를 낮추는 방식으로 작동하기 때문이다. 일자리 자체가 줄어드는 추세 속에서 다수의 개인들은 비정규직 노동자가 되거나 '알바'로 불리는 파트타임이나 임시고용직, 자기고용이라 불리는 저소득 자영업을 통해 생존을 위한 자원을 마련해야 한다. 그조차 얻을 수 없으면 '백수'가 될 수밖에 없다. 삶의 안정성을 그나마 보장해주는 일자리는 그에 대한 지망자의 수에 비해 턱없이 모자란 상황인 것이다. 이러한 상황에서 타인은 더 이상 공감의 상대라기보다는 경쟁의 대상으로 먼저 다가오게 된다. 내가 그의 기쁨과 슬픔에 공감할 수 있는 타인의 범위는 매우 한정된다. 가족과 친구, 혹은 개인적 인연이 있는 이들로. 불특정 다수의 고통과 아픔은 그들의 무능력 때문이거나 불운 때문이며 그것은 자신이 어떻게 할 수 없는 것이라는 정서적 방어막이 형성되는 것이다.

배제된 자가 되지 않기 위해서는 타인을 물리쳐야 하는 만인에 대한 만인의 경쟁 상태를 살아가는 것이 오늘날 신자유주의 사회의 기업가적 주체인 개인들이다. 이들은 배제될지도 모른다는 불안감, 혹은 배제된 이

상태가 영속화될 수도 있다는 불안감에 손쉽게 노출된다. 많은 이들이 지적하였듯이 신자유주의 사회에서 대중들이 느끼는 기본적인 정서는 불안이다. 이 사회에서 배제된 자들의 공감과 동일시는 자신을 약하게 만드는 감정으로 여겨진다. 이렇게 타인에 대한 정서적 공감이 약화되면 그의 권리가 박탈되고 침해되는 상황에서 함께 분노하고 함께 행동하는 것이 역시 어려워지는 것이다.

장구한 민주화운동의 역사를 통해 어렵게 쟁취한 듯 보였던 인권이 신자유주의적 통치권력에 의해 손쉽게 침해되고 박탈되는 상황에서도 대대적인 저항과 투쟁이 발생하지 않는 사태의 이면에는 바로 이러한 타인에 대한 공감능력의 약화, 인권감성의 쇠퇴가 있다는 것이다. 이러한 인권감성의 쇠퇴가 오늘날 인권의 위기를 조성하는 세번째 계기이다.

5. 인권의 정치, 무엇을 할 것인가?

인권에 대한 오래된 논쟁 가운데 하나는 인권이 도덕적 개념인지 아니면 정치적 개념인지에 관한 것이었다. 인권은 정치질서를 비롯한 그 어떤 인위적 질서가 형성되기 이전에 이미 자연이 부여한 권리이며 이 권리는 도덕법칙의 성격을 가진다는 것이 인권을 도덕적 권리로 바라보는 입장이다. 반면 정치적 권리로서의 인권을 강조하는 입장은 인권이란 사실상 정치적 공동체에서만 발생할 수 있는 권리이며 정치공동체의 공적 지배질서를 향한 주장의 성격을 갖는 것이기에 정치적일 수밖에 없다고 파악한다.[38]

---

38) 크리스토프 멩케·아른트 폴만, 『인권철학입문』, 정미라·주정립 옮김, 21세기북스, 2012.

나는 인권이 도덕적 차원의 권리가 아니라 정치적 차원의 권리라고 생각한다. 하지만 이때 인권이 반드시 '정치공동체의 공적 지배질서를 향한 권리 주장'이기에만 정치적이라고 보는 것은 아니다. 무엇보다 인간의 역사가 시작된 이래 수천 년을 이어온 신분질서를 해체하는 집단적 행동의 이데올로기적 계기이자 근대의 보편적 민주주의를 지향하는 정치질서의 성립에 이념적 기초를 역할을 하였다는 역사적 경험의 차원에서 인권은 정치적 권리일 수밖에 없다고 본다. 또한 인권의 정치성은 국가라는 제도로 환원되지 않는 개인들 사이의 교류와 연합의 구성적 원리라는 점, 그리고 정당과 같은 정치적 제도의 매개 없이도 직접 국가제도를 변혁하는 인민의 집단적이고 직접적인 행동의 원천적 권리이기도 하다는 점에 있는 것이다.

이러한 맥락에서 나는 인권의 정치란 인권의 이념을 현실 속에서 구현해 가는 집합적 활동이라고 생각한다. 그것은 개인들 사이의 교류와 연합을 의식적으로 인권의 이념을 통해 구성해 가는 개인들 사이의 상호작용적 활동이자, 사회의 조직과 운영에 있어서 인권을 핵심적 원리가 되도록 만드는 운동이며, 인권의 이념에 따라 현실의 제도를 변혁해 가는 실천적 행동들이다.

그러나 그것이 또한 정치인 만큼 인권의 정치 역시 구체적인 정세적 맥락 속에서 수행되어야 하는 것이며 그것은 정세적 조건에 따라 활동과 실천의 우선순위에 대한 면밀한 파악 속에서 전략적으로 실행되어야 하는 것이다. 우리는 오늘날 한국 사회에서 인권은 위기에 처해 있으며 그 위기는 다음과 같은 세 가지 계기에 의해 조성되고 있다고 말했다. ①신자유주의적 축적체제라는 사회경제적 조건과 그것과 결부된 시큐리티 통치방식 ②인권담론의 약화와 그 이론적 위기 ③공감능력, 즉 인권감성을 후퇴시키는 시큐리티 통치의 감성의 분할. 그렇다면 현재 우리 시대에 정세적 조건에서 요청되는 인권의 정치는 우선 이 세 가지 계기에 의해 규정되는 인권의 위기 상황을 돌파하는 것이 될 것이다. 오늘날의 정세 속에서 인권의 정치는 신자유주의 체제를 전복하는 반체제의 정치, 인권에 대한 이론적 비판을 극복할 수 있는 인권이론의 재구성과 이를 바탕으로 한 인권담론의 재구축이라는 이론의 정치, 그리고 공감능력의 재형성을 위한 새로운 인권적 감성의 정치라고 할 수 있을 것이다.

2장 _ 인권과 혁명
인권과 정치의 분리 불가능성에 대하여

1. 인권은 불온한가?

한때 한국 사회에서 '불온'하다는 말은 실존의 위험과 직결된 단어였다. '불온'한 사상을 가진 자들은 색출되어 처벌 받아야 했고, '불온' 서적은 출판이 금지되었다. '불온' 학생들은 학교를 떠나야 했으며 '불온'한 노동자들은 당국의 감시에 시달려야 했다. '불온하다'는 낙인이 찍힌 자들은 감시당하고, 잡혀가고, 고문당하고, 갇혀야 했다. 불온하다고 지목된 자들은 항상 위험에 처했다. 하지만 불온한 자들의 위험성은 단지 그들이 겪어야 하는 위험만을 뜻하는 것이 아니다. 불온한 자들이 위험에 처할 수밖에 없는 것은 그들을 불온하다고 규정한 자들에게 그들이 위험이 되기 때문이다. 불온한 자들의 위험함은 그래서 양가적이다. 그들 자신이 겪어야 하는 위험이자 그들이 불러일으키는 위험. 불온성은 기성의 제도와 지배적 감성의 틀 안에서 안주한 자들의 기득권을 위협하며, 기존 질서가 생산하는 사회질서와 삶의 방식에 대한 공격이기 때문이다. 기존의 지배질서에서 기득권을 누리며 살아가는 자들에 대한 위협에 대해서 '저들'은 불온한 자들을 위험하다고 느낀다.

그렇다면 인권은 어떨까? 인권은 과연 '저들'에게 어떤 불편한 감정을, 당혹스러움을, 불안감을 조성하는 언어일까? 인권은 '저들'의 질서에 불온한 것일까? 나는 오늘날 우리 사회의 인권담론에서 어떤 이상한 간극을 느끼곤 한다. 지금도 쫓겨나고 내몰리는 권리 없는 자들의 많은 투쟁들이 인권의 언어로 수행되고 있다. 그리고 인권운동가들이 그러한 투쟁의 현장에 결합하고 있다. 이들의 투쟁에 대해서는 군부독재정권에 뿌리는 두고 있는 정치집단도, 혹은 스스로를 민주세력으로 자처하는 정치집단도 정도의 차는 있었을지 몰라도 기본적으로 비난하고 국가폭력으로 억눌러 왔다. 이런 맥락에서 보자면 권력집단은 여전히 인권의 요구에 대해 불안감을 느끼며 그것을 불온한 것으로 파악하는 듯하다.

반면 지금의 한국 사회에서는 철저한 기득권의 옹호자들과 그들이 장악한 권력기구들조차 인권을 말한다. 지난 2012년 말에 치러졌던 대통령선거 국면에서 국정원 여직원이 불법적으로 대선에 개입했다는 혐의가 제기되었을 때를 기억해 보자. 당시 야당과 시민사회가 그 국정원 직원이 인터넷에 야당후보를 비방하는 글을 게시하는 방식으로 불법적 선거개입을 하고 있다고 의심되는 장소를 급습했을 때, 새누리당과 박근혜 후보 측은 야당과 시민사회의 행태가 국정원 여직원에 대한 '인권침해'라고 오히려 역공을 하였다. 대한민국의 현대사를 지배하면서 그토록 수많은 인권침해를 자행한 정권으로부터 연원하는 정치세력도 이제는 인권의 옹호자를 자처한다. '저들'에게 인권이란 피해야 하거나 무시하는 것이 이로운 불온한 언어가 더 이상 아니다.

나는 이러한 간극을 하나의 담론 투쟁의 효과로 보아야 하는 것이 아닌가라는 생각을 한다. 저들조차 인권을 '보호'해야 할 규범적 가치로 옹호할 때 인권은 더 이상 체제 전복적 사상과 권리 이념을 뜻하는 것이 아니다. 오히려 체제를 더욱 안정적인 것으로 만드는 데 필요한 가용자원으로 인권이 활용되고 있다. 결국 저들은 인권을 기존 질서의 틀을 벗어나지 않는 규범으로 만들고 있는 것이다. 반면 진보적 인권운동은 여전히 인권을 기존 체제의 틀을 넘어서는 급진적 권리담론이자 만인의 평등한 권리가 보장되는 세상을 위한 해방적 이념으로 규정하려 한다. 두 가지 인권담론은 이렇게 상충된다.

하지만 이 담론투쟁의 승자는 아무래도 저들인 것 같다. 중앙정부 차원에서 국가인권위원회를 설치하고 지방정부는 인권조례를 제정하여 인권의 제도화를 진전시켜 가고 있다. 이제 공무원들이나 교사들은 정기적으로 인권교육을 받아야 한다. 심지어 경찰조차 인권단체와 협력하여 경찰직무교육을 하고 있다. 물론 이러한 인권의 제도화는 오랜 세월 동안 처절한 투쟁을 통해서 얻어 낸 인권운동의 성과이지만 저들은 그 성과를, 마치 자신들이 지배하는 국가의 자율적인 결정인 듯 포장하는 데 성공하였다.

인권은 더 이상 상이한 사회세력들 간의 투쟁을 촉발하는 정치적 쟁점이 아니라 민주국가라면 당연히 따라야 하는 도덕적 규범과 같은 것이 되었다. 인권을 보장하라는 외침은 체제에 어떤 긴장을 조성하거나 질서에 위협적인 것이 되지 못하고 있는 듯하다. 그 외침은 마치 거짓말을 하지 말자거나 약속을 잘 지키자는 도덕적 요구와 같이 받아들여지고 있는 것은 아닐까? 이제 인권은 여당과 야당, 진보와 보수, 좌파와 우파를 떠나서 모든 정치세력이 보장하고 확장해야 할 공통의 규범으로 자리잡아 가고 있다고 하겠다. 그것은 곧 인권이 정치적 갈등과 투쟁의 구성자로서 작동한다기보다는 정치적 갈등과 투쟁이 따라야 하는, 정치의 장을 초월한 도덕적 규범으로 작동한다는 뜻이다. 이런 맥락에서 인권은 사회세력들이 갈등하고 충돌하는 정치적 장 안에 자리 잡은 내재적인 권리 개념이 아니라 그러한 정치적 장 밖에서 사회세력들이 공히 따라야 하는 가치를 제시하는 초월적 권리 개념이 되어 가고 있다고 할 수 있을 것이다.

나는 인권의 도덕화야말로 인권의 불온성을 잠식하여 실질적으로 인권을 무력한 것으로 만드는 담론적 전략이라고 생각한다. 인권이 도덕이 되었을 때, 그것은 정치적 권력관계의 문제를 삭제하는 효과를 가진다. 나는 오늘날 인권의 정치에 요구되는 중요한 과제 가운데 하나가 바로 인권을 탈도덕화하는 작업이라고 생각한다. 그리하여 인권이라는 관념에 내재해 있는 전복성과 급진성, 불온성을 복원해 내야 한다고 생각한다. 그래야 타인의 권리에 대한 박탈이 자신의 특권을 유지하는 기초가 되는 이 사회의 참혹한 질서 속에서, 인권이 그것을 타파하는 정치적 과업에 활용될 수 있는 무기가 될 수 있다고 생각하기 때문이다.

인권은 정치적 입장과 그러한 입장들 사이의 갈등을 원래부터 초월한 정치 이전의 권리, 자연적이거나 신적인 질서로부터 비롯된 초월적 규범의 영역에 속하는 도덕적 권리로 규정될 수 없다. 그것은 인권이라는 관념이 구축되어 온 역사가 우리에게 알려 주는 바이다. 인권은 그 탄생 때부터 철저하게 정치적 차원의 권리 이념이었다. 그러나 인권이 정치적 권리 개념이라고 할 때 그것의 정치성은 과연 어떤 성격의 것일까? 인권의 정치성이 전복적인 것이었다고 단언할 수 있을까? 인권의 정치성은 정말 기존 체제와 질서에 긴장을 불러일으키고 위기를 몰고 오는 불온한 것인가? 어떤 점에서 인권은 전복적이고 불온한 권리 개념이란 말인가? 이제 이러한 질문들에 답변하기 위해서 인권의 기원 공간으로 되돌아가 보자.

2. 프랑스혁명과 인권 논쟁

인권에 대한 공격 : 에드먼드 버크

잘 알려져 있는 바와 같이 인권, 혹은 인간의 권리라는 관념이 막대한 사회적 파장을 일으키며 등장한 것은 프랑스혁명을 전후한 시기이다. 모든 인간이 동등한 권리를 가진다는 보편적 인권의 이념은 하나의 역사적 체제를 끝내고 새로운 역사적 체제를 시작하기 위한 정치적 행동의 핵심적 모토가 되었다. 보편적 인권이라는 관념은 오늘날 우리에게는 매우 자연스럽다 못해 식상하게 느껴지는 것이 되었지만 그러한 관념은 강렬한 혁명의 파토스를 품고 출현하였던 것이다.

　　보편적 인권이라는 이념이 제기되었을 때 구체제의 기득권 세력은 그에 대해 저주와 악담을 퍼부었지만 이론적인 통찰을 담은 논리적 반박을 제대로 제출한 경우는 드물었다. 하지만 인권에 대한 모든 비판적 담론이 단지 자신의 이익을 지키려는 기득권 세력의 동물적 반응 수준에 머물렀던 것은 아니었다. 흥미롭게도 프랑스혁명의 중요한 이념인 인권에 대한 가장 체계적인 반박은 프랑스 귀족이 아니라 영국의 한 하원의원에게서 나왔다. 에드먼드 버크가 바로 그이다. 그는 『프랑스혁명에 관한 성찰』에서 1789년 프랑스혁명을 가차 없이 비판하는데 그 비판의 핵심적 초점 가운데 하나가 바로 '인간의 권리'였다. 그리고 그의 이 저작과 더불어 하나의 근대적 정치이념으로써 '보수주의'가 탄생한다.

　　알다시피 1760년대부터 서서히 지식인들을 중심으로 논의되기 시작하여 프랑스혁명기에 폭발적인 영향력을 행사한 인권의 이념은 자연법에 근간을 둔 '자연권' 개념을 그 이론적 지반으로 가지고 있었다. 그런데 흥미롭게도 프랑스혁명과 인권을 비판하는 에드먼드 버크 역시 자연법으로부터 인권 이념 비판의 근거를 찾고 있다. 그는 프랑스 국왕에 대한 인민의 저항은 "자연에 반하는 것"[1]이었다고 평가한다. 버크에 의하면 자연의 원리에 따라 창설된 최선의 정체는 1215년 마그나카르타로부터 시작되어 1648년 명예혁명의 권리장전에 의해 완성된 자기 시대의 영국 왕정이었다. 그리고 권리란 본질적으로 이렇게 헌법에 의해 운영되는 국가 체제 속에서만 유의미한 것이라고 그는 주장했다. 권리는 국가의 헌정체제 안에서 선조로부터 후손에게 세습되는 '지정상속재산'[2]과 같은 것이다. 그래서 버크는 영국 왕정체제의 헌법적 방침은 "자연을 따른 다행스런 결과"[3]라고 말한다.

> 자연의 양식(良識)을 따르는 헌정 방침에 의해, 우리는 우리 정부와 특권을, 재산과 생명을 향유하고 전달하는 것과 똑같은 방식으로, 받고 보유하고 전달한다. 정치제도, 재산 그리고 섭리가 부여한 재능이 동일한 경로와 순서에 따라 우리에게 전달되며, 우리에게서 전달되어 나간다. 우리의 정치체제는 세상의 질서와 일시적인 부분들로 이루어져 영원한 전체가 된 존재 양식과 그대로 상응하며 조화 속에 자리 잡고 있다.[4]

그래서 국가 없는 자연권이란 불가능하거나 무의미한 권리가 된다. 권리는 국가라는 사회상태 안에서만 실현되고 보장될 수 있기 때문에 비국가 상태, 즉 자연상태에서 유효한 권리로서 자연적 권리란 불가능하다.

---

1) 에드먼드 버크, 『프랑스혁명에 관한 성찰』, 이태숙 옮김, 한길사, 2008, 90쪽.
2) 같은 책, 81쪽.
3) 같은 책, 82쪽.
4) 같은 책, 82쪽.

그러므로 국가 밖에서 권리를 말하는 것은 아무런 의미가 없게 되는 것이다. 버크는 이러한 논리를 통해 국가 혹은 국가의 토대가 국가 이전에 존재하는 인민의 자연권에 있다는 루소와 같은 혁명적 사회계약론자들의 입장을 반박하고 있다.

버크에게 국가는 자연권과 무관한 것이다. "정부는 자연권에 기반하여 형성된 것이 아니다."[5] 자연권이 자연의 원리에 의해 발생하는 것이라면 자연은 루소와 같은 이들이 말하는 자연권을 결코 지지하지 않는다. 버크는 인간의 자연성/본성(nature) 가운데 정념(passion)의 문제를 주목한다. 정념에 휘둘리는 인간들은 이성적으로 판단을 하지 못하며 국가를 통해 인민의 신체와 재산, 즉 그들의 안전을 보장하는 통치라는 과업에 적합한 존재가 될 수 없다. 그렇기 때문에 정념에 휘둘리지 않는 인간들이 통치를 담당해야 하며 통치자들은 인민을 '그들의 정념으로부터 보호'해야 할 의무와 그것을 위한 권력을 가져야 한다. 오히려 자연적 본성 그대로 행동할 수 있도록 인민의 자연권을 보장하면 국가는 해체될 것이고 이는 인민에게 가장 큰 재앙이 될 뿐이다. 그래서 인간의 자연적 성향에 내포되어 있는 정념은 국가에 의해 억제되어야 한다. 그리고 정념이 억제되기 위해서는 자연권 또한 억제되어야 한다. 그렇기 때문에 정부는 오히려 자연권에 대립한다고까지 말할 수 있다. "이런 의미에서 인간의 자유뿐 아니라 인간에 대한 억제가 그들의 권리에 포함된다고 간주할 수 있다."[6]

버크에 의하면 권리란 사회계약에 의한 '공공사회의 조성', 즉 국가

---

5) 같은 책, 120쪽.
6) 같은 책, 120쪽.

의 창설을 통해서만 비로소 실현될 수 있는 것이다. 공공사회는 "어떤 사람도 자신이 관련된 사건에서 재판관이 되어서는 안 된다"[7]는 기본 규칙에 의해 조성된다. 다시 말해 어떤 사람이 공공사회를 형성하는 데 참여한다는 것은 자연권의 근본 원리인 "스스로 심판하고 자신의 주장을 관철할 권리를 상실"하게 됨을, 곧 "그가 자신의 통치자가 되는 모든 권리를 포기"함을 의미한다.[8] 이러한 권리를 포기하는 대신 그 사람은 공공사회의 일원으로서, 한 국가의 국민으로서 권리를 얻게 된다. 하지만 이때 권리는 자연법이 아니라 국가의 법에 의해 부여되는 것이다. 그리고 국가의 모든 법은 근본적으로 헌법을 구체화한 것이기에 국가의 법이란 헌법을 의미한다.[9] 그런데 헌법은 그 사람의 자기결정권과 자유를 제한한다. 인간은 "비사회적 상태와 사회적 상태의 권리를 동시에 향유할 수 없다."[10] 인민 사이의 계약에 의해 만들어지는 헌법과 그 헌법에 의해 구성되고 구속되는 국가의 밖에서 성립되는 권리란 존재할 수 없다. 국가의 외부에 존재하는 '인간의 권리' 따위는 한낱 공상에 불과하다는 것이 버크의 생각인 것이다. 영국의 인민이 누리는 권리란 "인간의 권리로서가 아니라, 영국인의 권리 그리고 그들 조상에게서 물려받은 것"[11]으로서의 권리뿐이다.

이렇게 국가의 헌정체제 안에서 국민으로서의 권리를 선조로부터

---

7) 버크, 『프랑스혁명에 관한 성찰』, 119쪽.
8) 같은 책, 119쪽.
9) 그렇기 때문에 버크는 헌법에 의해 통치되지 않고 통치자의 자의에 의해 통치가 이루어지는 상태를 전제정으로 보며 비판한다. 그에게는 1688년 명예혁명은 헌법에 의해 통치되는 국가체제, 즉 헌정을 유린한 제임스 1세의 폭정을 척결하고 다시 헌정을 복원한, 국가의 근본으로 회귀한 혁명이었다.
10) 같은 책, 119쪽.
11) 같은 책, 80쪽.

물려받은 후손들은 결코 선조들이 창설한 헌정의 원리를 변혁할 수 없다고 버크는 못 박는다. 명예혁명 당시의 '권리선언'과 이 문서를 국왕의 승인 하에 반포한 권리장전은 영국의 헌정체제를 정초하는 헌법적 문서로서 이후 세대에 의해서 정정되거나 변경될 수 없는 항구적 성격의 문서이다. 이 문서가 명시하는 세습왕정체제야말로 영국이라는 국가를 창건하는 원초적 사회계약에 해당하는 것으로서 이 문서의 원리를 따르지 않는 모든 시도는 불합리하고 불의한 것이라고 버크는 주장한다. 유일하게 합리적인 정치체는 조상들이 기초한 헌법 질서를 따르는 왕정체제이다.

버크의 이와 같은 주장은 확실히 억지스럽다. 하지만 당시 근대 정치사상의 핵심적 조류였던 사회계약론의 맥락에서 보자면 버크의 논리를 왕정수호를 위한 억지라고 치부할 수만도 없는 지점이 있다. 이미 드러났듯이, 버크 역시 사회계약론자였다. 그런데 그는 프랑스혁명의 이론적 원천이었던 루소의 사회계약론과는 다른 사회계약론에 기대고 있다. 그의 계약사상은 사회계약론의 원조라고 할 수 있는 또 다른 '영국인', 토머스 홉스에게 강하게 영향을 받았다. 홉스 역시 국가가 자연상태에 있는 개인들의 계약에 의해 형성된다고 파악한다. 그리고 이때 계약을 맺은 각 개인들은 자신의 자연권을 국가의 최고 권력기구, 즉 주권자에 양도한다. 그런데 주권자를 설립하는 계약은 결코 철회될 수 없는 것이었다. 왜냐하면 주권자에 의해 통치되는 국가가 해체될 경우 인민들은 만인에 대한 만인의 전쟁으로 규정되는 자연상태로 복귀할 것이고 이는 생존 자체를 위협하는 위험한 사태를 초래할 것이기 때문이다. 홉스에게 사회계약의 목적은 너무나도 분명하다. 그것은 생명의 안전을 지키기 위한 것이었다. "천성적으로 자유를 사랑하고 타인을 지배하기 좋아하는 인간이 커먼웰스(국가) 속에서의 구속을 스스로 부과하는 궁극적 원인과 목적과 의도는 자기보존과 그로 인한 만족된 삶에 대한 통찰에 있다."[12] 국가란 무엇보다 신민(subject)의 안전을 보장하는 체제이고 이런 의미에서 그것은 처음부터 안전 국가이다.

버크에게 당시 영국의 헌정은 바로 이러한 안전 국가의 이상이 가장 잘 실현된 정부 형태였다. 그리고 1215년의 마그나카르타와 1689년의 권리장전이라는 영국의 헌법적 전통과 그 헌법의 역사성이 인민의 생명 보호라는 국가의 목적을 구현할 수 있는 조건이었다. 그가 프랑스혁명을 비하하고 영국의 명예혁명을 상찬하는 이유는 그 혁명이 바로 인민의 안전을 무엇보다 중시했기 때문이었다. 특히 명예혁명의 정신을 담고 있는 '권리선언'은 영국 왕정체제의 목적이 "평화와 평온 그리고 안전"에 있음을 밝히고 있으며, 이 선언이 확인한 왕위의 혈통계승원칙 역시 "신민이 그 보호를 위해 안전하게 의지할 수 있는" 확실성을 위해서였다고 버크는 말한다. 반면 프랑스혁명은 왕정체제를 전복함으로써 국가의 근본적 목적인 신민의 안전을 위협하는 폭동에 불과하다고 평가한다. 그는 모든 인간이 동일하고 동등한 권리를 자연으로부터 부여받았다는 보편적 인권론은 결국 국가와 그 신민의 안전을 위협하는 위험한 사상이라고 본 것이다.

버크는 인권사상이 정념이라는 인간의 본성/자연성이라는 문제에 눈을 감고 자신의 정념을 통제하고 타인의 정념을 제어할 수 있는 덕이 있는 인간의 우월성을 인정하지 않음으로써 국가의 통치질서를 혼란에 빠뜨린 부당한 사상이라고 생각했다. 프랑스혁명론자들이 말하는 인권의 원리를 따르게 되면 헌정질서에 입각하여 신민의 안전을 보장하던 국

---

12) 토머스 홉스, 『리바이어던』 1권, 진석용 옮김, 나남, 2008, 229쪽.

가의 전통과 법은 무너지게 되고 인민의 정념이 난무하는 혼돈과 위험의 상태가 창출되게 될 뿐이라는 것이 버크의 결론이었다. 그렇다면 그가 인권에 반대한 이유는 무엇보다 인간의 평등한 권리 구현이 인간의 생존 보장, 즉 안전에 배치된다고 생각했기 때문이라 할 수 있을 것이다.

버크는 프랑스혁명이 내세운 인권이라는 명분은 결코 자유의 쟁취로 귀착되지 않을 것이라고 전망했다. 프랑스혁명을 통해서 권력을 잡은 이들이 이러한 혼돈과 위험에 대처해서 국가를 유지할 수 있는 유일한 길은 결국 폭력에 호소하는 것일 수밖에 없다고 본 것이다. 그리하여 자유의 쟁취를 명분으로 일어난 프랑스혁명은 결국 자유의 억압으로 귀결되리라는 것이 프랑스혁명에 대한 그의 결론이었다.

인권의 반격 : 토머스 페인

버크의 『프랑스혁명에 관한 성찰』이 프랑스혁명과 그 사상적 토대가 된 '인간의 권리'에 대한 비판을 주 내용으로 하고 있지만 사실 그 핵심 논적은 프랑스의 인권사상가들이 아니었다. 버크는 이 책에서 당시 영국에서 활동하고 있던 프랑스혁명 찬동 세력들, 즉 인민주권과 인간의 권리를 신봉하던 이들의 논리를 논박하는 방식으로 자신의 주장을 전개한다. 그가 중점적으로 비판하는 집단은 영국의 '헌정협회'와 '혁명협회'였다.[13]

버크의 책이 출판되자 이 책을 비판하는 많은 글들이 출간되었는데, 그 가운데 가장 큰 영향력을 행사했던 것은 버크에 의해 비판당한 헌정협회의 회원인 토머스 페인이 쓴 『인권』(*Rights of Man*)[14]이라는 저작이

---

13) 특히 그는 혁명협회의 핵심적 사상가인 리처드 프라이스를 집중적으로 비판하였다.
14) 이 팸플릿의 원 제목은 *Rights of Man : Being an Answer to Mr. Burke's Attack on the*

었다. 페인은 모든 권리의 원천은 명예혁명으로 수립된 영국의 역사적 헌정체제이며 그 속에서 인민은 안전이라는 최대의 권리를 확보할 수 있다는 버크의 주장은 사실상 인민의 권리를 부정하는 것에 불과한 궤변이라고 비판한다. 페인이 보기에 영국의 헌정질서를 기초한 조상들이 만든 체제는 결코 후손에 의해서 변경될 수 없다는 버크의 입장은 논리적으로도 역사적 사례를 통해서도 정당화될 수 없다고 말한다. 모든 살아 있는 세대는 자신의 시대에 자신들을 위해서 자유로운 행동을 할 권리를 가지고 있고, 죽은 자가 산 자의 이러한 행동을 구속할 수는 없기 때문이다. "국가는 산 자를 위한 것이지 죽은 자를 위한 것이 아니므로 오직 산 자만이 그 안에서 권리를"[15] 가지고 있는 것이다. 프랑스혁명은 바로 산 자들의 자유를 위해 헌정의 새로운 원리를 구성하는 과정이었다. 버크는 마치 프랑스혁명이 루이 16세라는 개인에 대해서 일어난 폭동이라고, 더욱이 프랑스 절대왕정 사상 가장 인민에게 많은 시혜를 베푼 왕을 배신한 비겁한 난동이라고 비난했지만 이러한 관점은 프랑스혁명의 본질에 대한 버크의 무지와 오해로 인한 것이라고 페인은 응답한다. 페인이 보기에 프랑스혁명은 단지 루이 16세라는 절대군주 개인에 대한 반란이 아니었다. 즉 프랑스혁명은 나쁜 군주를 폐위하고 좋은 군주를 옹립하려는 권력자의 교체 행위에 불과한 것이 아니었다는 말이다. 그것은 권력의 원리, 혹은 헌정의 원리를 바꾸기 위한 혁명이었다.

프랑스 국민이 혁명을 일으킨 것은 루이 16세에 반대해서가 아니라, 전

French Revolution(『인간의 권리 : 프랑스혁명에 대한 버크 씨의 공격에 대한 응답』)이다.
15) 토머스 페인, 『상식/인권』, 박홍규 옮김, 필맥, 2009, 94쪽.

제적 국가원리에 반대해서였다. 그 기원은 루이 16세가 아니라, 수세기 전의 근원적 제도에 있었다. …… 군주와 군주정은 서로 다르고 독립된 것이다. 반란에 의해 시작되고 혁명에 의해 수행된 것은, 기성 전제제도에 대한 반대이지 사람에 대한 반대가 아니다.[16]

프랑스혁명은 루이 16세에 대한 반란이기 전에 근본적으로 프랑스의 기존 국가체제와 그 구성 및 운영 원리인 전제주의에 대한 혁명이라는 것이다. 그렇기 때문에 페인은 "버크 씨가 프랑스혁명의 수치라고 생각하는 것은 (즉 이전의 치세보다 훨씬 더 온화한 치세에 혁명이 일어났다는 사실은) 도리어 그 혁명의 가장 큰 명예"[17]라고 말한다.

페인에 의하면 전제정은 전제군주 개인에 의해서만 작동하는 것이 아니다. 그것은 국가가 조직되고 운영되는 원리이다. 전제정은 국가의 모든 관청들이나 기관들, 의회와 같은 정치제도, 종교와 교육 같은 사회제도, 그리고 가족이라는 사적 영역에 이르기까지 작동한다. 당시 프랑스는 사회의 곳곳에 자리 잡고 작동하는 전제주의에 의해 조직되고 운영되는 국가였던 것이다. "도처에 그곳 나름의 바스티유가 있고, 모든 바스티유에는 전제군주가 있다."[18]

그렇다면 전제주의라는 국가의 조직과 운영 원리를 전복한 프랑스혁명의 원리는 무엇이었는가? 바로 '인간의 권리'가 그것이었다. 즉 "프랑스혁명은 인권에 대한 합리적인 사고에서 비롯된 것"[19]이라는 말이다.

---

16) 같은 책, 103~104쪽.
17) 같은 책, 106쪽.
18) 같은 책, 105쪽.
19) 같은 책, 107쪽.

이때 인권이란 자연권임을 페인은 분명히 한다. 버크가 사실상 자연권을 부정하며 모든 권리는 특정한 역사적 기원과 전통을 가진 헌정 국가에 소속된 자들만의 권리, 즉 국민의 권리일 뿐이라고 주장하는 것에 페인은 동의하지 않는다. 그는 묻는다. 왜 버크는 권리의 역사성을 역설하면서도 충분히 역사적이지 않은가라고. 버크는 왜 영국인의 권리를 1688년 명예혁명, 혹은 좀더 거슬러 올라가면 1215년의 마그나카르타에서 찾고 있을 뿐인가? 그것은 역사적 시간의 지평에서 보자면 너무나 가까운 시간대가 아닌가? 버크는 충분히 역사적 과거로 소급하지 않고 있다는 것이다.

페인은 권리의 기원을 말하기 위해 신이 인간을 창조하던 때까지 역사적 시간을 '충분히' 거슬러 올라간다. 신이 인간을 창조했을 때에는 아직 국가도, 국가의 법도, 국가의 전통도, 국가의 신민도 없었다. 그때에는 그저 자연상태에 머무는 인간밖에 없었다. 단지 인간일 뿐인 존재만이 말이다. 이때 그 인간에게 주어진 권리란 도대체 어떻게 불리는 것이 합당한가? 그것은 바로 인간의 자연권이다. 물론 페인에게 있어서 자연권이란 인간을 창조한 신이 인간에게 부여한 권리이다.

하지만 중요한 점은 신은 모든 인간을 평등하게 창조하였다는 데에 있다. 그는 창조에 관한 다양한 견해가 존재할지라도 결국 하나의 지점에서는 그 견해들이 수렴한다고 말한다. 그 지점이란 바로 '인간의 단일성'이다. 페인에게 있어서 '인간의 단일성'이 인권의 근간을 이루고 있다. "이 말(인간의 단일성—인용자)을 나는 인간이란 '하나의 지위'이고, 결국 모든 인간은 평등하게 태어나고 평등한 자연권을 가진다는 뜻으로 사용한다."[20] 이는 모든 인간이 같은 지위와 같은 권리를 갖는 평등한 존재

---

20) 페인, 『상식/인권』, 135쪽.

라는 의미이다. 모든 인간은 단일한 지위를 갖는다. 그렇기 때문에 인간의 단일성이란 어떤 인간이 다른 인간의 권리를 침해하거나 제한할 수 없다는 것을 뜻한다. 자연권의 기초는 바로 인간의 단일성이다.

페인에게 있어서 진정한 의미의 국가란 바로 이러한 자연권을 더 잘 구현하기 위해 만들어진 조직이다. 그는 미신에 의한 기만이나 무력에 의한 정복을 통해 수립된 국가를 열등한 것으로 파악한다. 오로지 "사회의 공통된 이익과 공통된 인권"에 의해 성립된 국가만이 "이성의 국가"이다.[21] 이성의 국가는 자기 자신을 스스로 통치할 수 있는 자연적 권리를 가진 이들 사이의 계약에 의해 탄생하며 그 계약은 헌법의 형태로 존재한다. 그리고 이 헌법이 국가를 창설하는 근거가 된다. 여기서 중요한 것은 헌법이 국가 이전에 존재론적으로 선행한다는 점이다. 즉, "헌법은 국가에 선행하는 것이고, 국가는 헌법의 창조물에 불과한 것이다. 어떤 국가의 법은 그 국가의 법이 아니라 국가를 구성하는 인민의 법이다."[22] 이렇게 만들어진 국가조직 내에서 인간이 가지게 되는 권리의 이름이 바로 시민권이다. 그리고 각 개인이 보유한 자연권은 국가체제 안에서도 유지된다.

페인은 버크와 달리 국가의 정체와 근간을 규정하는 헌법은 언제든지 개정되거나 새로이 제정될 수 있다고 생각한다. 헌법제정의 권리는 죽은 자들의 권리가 아니라 살아 있는 자들의 권리이기 때문이다. 죽은 자들이 규정한 과거의 헌법이 살아 있는 자들이 헌법제정의 권리를 결코 구속할 수 없다. 이는 곧 한번 맺어진 사회계약이 결코 영원할 수 없으며

---

21) 같은 책, 140쪽.
22) 같은 책, 143쪽.

언제든지 갱신될 수 있다는 것, 곧 인민은 새로운 국가를 창설하기 위한 사회계약을 맺을 자연권을 가지고 있음을 뜻하는 것이다. 페인이 보기에 프랑스혁명은 새로운 국가를 창설하는 새로운 사회계약 행위였다. 혁명 이후 국민의회에 의해 새로이 제정된 프랑스 헌법은 그 새로운 사회계약을 문서화한 것일 뿐이다.

사회계약에 대한 페인의 이러한 생각은 홉스적인 것이 아니라 루소적인 것이라 할 수 있다. 헌법이 국가 이전에 존재하며 국가 창설의 근본 원리라는 것은 정확히 루소의 일반의지에 대한 이해와 상통한다. 루소에 의하면 국가의 권력은 인민의 사회계약을 통해 형성되는 일반의지를 특정한 형태로 표현한 것에 불과한 것이다. 그렇기에 국가 권력이 일반의지에 어긋난다면 인민은 일반의지의 이름으로 국가 권력을 변형하고 재구성할 수 있다. 국가가 먼저 있는 것이 아니라 일반의지가 먼저 있는 것이고, 국가 안에서 비로소 권리가 보장되는 것이 아니라 국가 이전에 존재하는 권리를 보다 잘 보장하고 구현하기 위해서 국가가 존재하는 것이다. 페인의 사회계약론은 이처럼 루소적 사유를 따르며 혁명과 인권을 긍정하는 입장으로 이어진다.

페인은 프랑스혁명에 의해 갱신된 사회계약, 새롭게 창설된 국가 체제의 근본원리를 「인간과 시민의 권리선언」(이하 이 책에서는 「인권선언」)이 보여 주고 있다고 말한다. "「인권선언」의 처음에 나오는 선언적 서문에서 우리는 그 창조자의 비호 아래 국가를 수립하는 과업을 시작하는 엄숙하고도 장엄한 광경을 목격한다."[23] 페인은 이 광경이 단지 혁명이라는 말로도 다 표현할 수 없는 새로운 시대를 여는 행위를 담고 있다

23) 페인, 『상식/인권』, 206쪽.

고 말하며 그것을 "인간의 갱생"을 보여 주는 광경이라고 극찬한다. 「인권선언」은 명백하게 프랑스혁명이 지향하는 국가의 성격을 규정하고 있다. 그것은 인간과 시민의 권리를 구현하는 국가이다. 이제 국가의 목적이자 근거는 인간과 시민의 권리가 되었다.

프랑스혁명과 인권의 정치성 : 새로운 역사적 권리체제의 등장

에드먼드 버크와 토머스 페인 사이의 논쟁은 프랑스혁명이 발발한 지 얼마 되지 않은 시기에 벌어졌다. 버크의 저작이 출간된 것이 1790년이고 그 저작을 논박하는 페인의 저술이 출간된 것이 1791년이니 프랑스혁명이 발발한 지 불과 1~2년이라는 기간 안에 이들은 프랑스혁명의 의미를 놓고 격돌하였던 것이다. 이것이 의미하는 바는 버크와 페인의 저작들이 무엇보다 정세적 저술, 즉 정세에 대한 개입을 목표로 이루어진 전략적 글쓰기의 성격을 가지고 있다는 것이다.

　앞에서도 언급했듯이 버크와 페인은 모두 영국인이었다. 이들이 프랑스혁명의 의미를 한 쪽에서는 "경박함과 잔인함이 빚어내고, 모든 종류의 죄악이 모든 종류의 어리석은 짓과 더불어 뒤범벅이 된"[24] 혼란(버크)으로 폄훼하였고 다른 한 쪽에서는 "사물의 자연적 질서의 변화이고, 진리와 인간존재처럼 보편적인 원리의 체계이며, 도덕과 정치적인 행복과 국민적 번영의 결합"[25](페인)이라고 상찬하였다. 버크가 이렇게 프랑스혁명에 대해서 극도로 비판적인 평가를 내린 것은 이웃나라에서 일어난 혁명의 파고가 자신의 나라로 넘어올 가능성을 이론적 수준에서라도

---

24) 버크, 『프랑스혁명에 관한 성찰』, 49쪽.
25) 페인, 『상식/인권』, 214쪽.

차단하려 했기 때문이었고, 반대로 페인이 프랑스혁명을 극찬한 것은 그 파고를 영국으로 끌어들임으로써 영국의 왕정체제를 전복하는 동력으로 삼으려고 했기 때문이다. 이웃나라 프랑스에서 벌어진 정치적 급변 사태에 대한 이들의 논쟁은 사실상 자국 내의 정치적 쟁점을 두고 우회적으로 벌어진 이론적 격돌이었던 것이다. 그런 의미에서 프랑스혁명에 관한 버크와 페인의 논쟁은 정세적 개입의 성격이 강한 논쟁이었다.

그러나 이들의 논쟁이 단지 단기적 차원에서나 자국의 정치적 쟁점에 결박된 수준에서의 정세적 성격만을 가진 것은 아니었다. 버크와 페인 모두는 지금 자신들의 눈앞에서 펼쳐지고 있는 도버 해협 건너에서의 혁명이 단지 권력자의 교체나 헌정질서의 재구성에 불과한 것이 아님을 꿰뚫어 보고 있었다. 또한 그 혁명이 단지 프랑스라는 일국적 차원에서 일어나는 혁명에 지날 수 없다는 것 역시 이들은 파악하고 있었다. 그 혁명은 한 나라에서 권력자를 교체하는 혁명이 아니라 서구의 '역사적 진리 체제' 자체를 교체하는 역사적 수준의 변동을 의미하는 것이었다.

결국 이들의 논쟁은 프랑스혁명이라는 역사적 질서 수준에서 벌어지는 대변혁의 의미와 가치를 어떻게 규정할 것인가에 관한 것이었다. 그리고 그러한 의미와 가치의 규정은 정확히 프랑스혁명의 정치성을 평가하는 문제로 집중되어 있었다. 프랑스혁명은 분명 인민이 집단적 결속과 행동을 통해서 기존의 역사적 질서를 전복한 반체제적 봉기이다. 그런데 이 봉기는 과연 어떤 정치성을 가지고 있는가? 프랑스 인민들의 봉기는 아무런 대안도 없이 단지 기존의 체제를 부정하는 것에만 집중할 뿐인 집단적 난동, 즉 우매한 대중의 정념이 이끌어 가는 폭동에 불과한 것인가? 아니면 자유와 평등에 입각한 새로운 역사적 진리 체제를 구성해 가는 인민의 집단적 자기결정행위인가? 프랑스혁명은 대중의 정념이 산출하는 파괴적인 결과를 보여 주는 부정적 의미의 정치성에 의해 규정되는 것인가? 아니면 인민이 자기통치능력을 가진 정치적 권리의 정당한 주체라는 것을 보여 주는 긍정적 의미의 정치성을 예시해 주는 것인가?

프랑스혁명의 정치성에 대한 이들의 상반된 평가는 '인간의 권리'라는 그 혁명의 중심적 이념에 집중되어 있다. 버크도 페인도 공히 프랑스혁명을 인간의 권리라는 새로운 관념을 이념적 중심으로 하여 전개되는 역사적 변동으로 인식했다. 다만 이들은 그 역사적 변동을 어떻게 의미화할 것인가, 혹은 그 역사적 변동의 가치를 어떤 방향에서 평가할 것인가에 대해서 서로 다른 입장을 가지고 있었던 것이다. 버크에게 프랑스에서 인권의 이름으로 시작된 역사적 변동의 물결은 반드시 막아야만 하는 역사적 퇴보의 조짐이며 대혼란의 개시를 알리는 징후였다면 페인에게는 인권의 이름으로 전개되는 그 변동은 보다 나은 세상으로 나아가는 역사적 진보의 서곡이며 인류가 유토피아로 나아가고 있음을 보여 주는 전조였다.

그것의 가치를 긍정하건 부정하건 프랑스혁명과 더불어 강력한 역사적 의미를 가지게 된 인권은 이렇게 그 시작부터 분명한 정치적 차원을 가지고 있는 개념이었다. 인권은 좁은 의미에서 앙시앙 레짐(Ancien Régime)이라는 프랑스 절대왕정 하의 권리체제, 보다 폭 넓은 의미에서는 인류 역사에서 국가질서가 등장한 이후 수천 년 간 지속되어 온 권리의 배분체제를 전복하는 정치적 집합행동에 복무한 이념이었다. 국가라는 권력체제가 성립된 이후 인간의 권리는 신분에 따라 차등적으로 배분되어 있었다. 이는 단지 프랑스의 앙시앙 레짐에 국한 된 것이 아니다. 근대 이전의 서구 역사는 고대와 중세로 구별되지만 그 두 역사적 시대는 모두 인간의 권리를 신분에 따라 차등적으로 분배하는 권리체제에 의해 관통된다. 그리고 그 체제는 다양한 이념에 기반한 논리에 의해 정당화되고 다양한 권력기구를 통해서 유지되어 왔다. 신분에 따른 권리의 차등적 배분은 국가의 역사를 관통해 온 초장기적인 정치 질서였다. 프랑스혁명의 인권 이념이 전복하려 했던 것은 바로 그와 같은 차등적 권리배분에 입각해 작동하던 역사체제였다.

인간의 권리라는 이념은 전근대적 역사체제가 유지해 온 권리체제를 전복하고 새로운 권리체제를 수립하기 위한 정치적 집합행동의 명분이었다. 프랑스혁명이 인권의 이름으로 수립하려던 새로운 역사적 권리체제는 모든 인간이 보편적 권리의 주체라는 믿음에 근거한 체제였다. 프랑스혁명의 이념으로서 인권이 가지는 정치성이란 바로 여기에 있다. 인권의 정치성은 국가제도의 수립 이후 수천 년간 지속되어 온 신분과 자격의 제한에 따른 차등적 권리의 배분체제라는 정치적 질서를 해체하고 국가질서를 모든 권리의 평등한 배분이라는 원리 위에 구축하려는 시도에 의해 규정된다. 인권은 그 기원의 시공간에서부터 철저하게 정치적 권리였던 것이다.

3. 하나이지 않은 혁명

장기혁명, 새로운 권리체제를 둘러싼 격돌의 시간

인권이 그 시작부터 철저하게 정치적 함의를 가진 권리였다는 것은 프랑스혁명의 전개 과정을 살펴보면 더욱 뚜렷하게 드러난다. 그러나 이를 위해서는 우선 프랑스혁명에 대한 몇 가지 통념들을 교정하는 작업부터 해야 할 필요가 있다. 첫번째 교정해야 할 통념은 프랑스혁명을 1789년 인민봉기를 중심으로 파악하여 비교적 단기간에 걸쳐 진행된 것으로 파악하는 관점이다. 이러한 관점에 의하면 혁명의 기간을 1789년 7월 14일 민중에 의한 바스티유 감옥함락으로부터 1794년(혁명력 7월 27일 테르미도르 반동 시기)까지로 잡거나 아니면 나폴레옹이 총재정부를 쿠테타로 전복하고 통령에 취임한 1799년 브뤼메르 18일까지로 설정한다. 이러한 관점에 의하면 1830년 7월 혁명이나 1848년의 2월과 6월의 혁명, 그리고 1871년 파리 코뮌 등은 근본적 의미에서 '프랑스혁명'과는 다른 성격의 혁명으로 규정된다.

하지만 이렇게 프랑스혁명을 단기적 혁명으로 파악하는 논의들은 1789년 프랑스에서 시작된 역사적 급변의 의미를 프랑스의 절대왕정체제라는 앙시앙 레짐을 무너뜨린 사건으로만 한정하는 문제점을 가지고 있다. 프랑스혁명은 앞에서 언급했듯이 단지 절대왕정을 전복한 권력교체의 혁명이 아니라 국가의 등장 이후 장기간 지속되어 온 국가의 구성과 운영의 근본 질서 자체를 전복한 역사적 권리체제의 변혁이라는 성격을 가진 혁명이었다. 1789년 7월은 단지 역사적 권리체제 변혁의 장구한 과정이 시작된 시점일 뿐이다. 1789년의 인민봉기를 통해서, 비록 일정한 형태의 변화는 있어 왔지만, 권리의 차등적 배분이라는 측면에서는 동일한 성격을 유지해 온 어떤 역사적 권리체제가 흔들리기 시작하였던 것은 사실이다. 그러나 과거 체제의 반격 또한 만만치 않았다. 혁명에 이어 반혁명이 뒤따랐다. 하지만 더 중요한 것은 과거의 체제를 해체한 이후 수립해야 할 새로운 체제의 성격이 어떤 것이어야 하는가라는 쟁점을 둘러싸고 혁명세력이 분해되어 서로 충돌하는 과정이 장기간 계속되었다는 점이다.

과거의 역사적 체제를 해체한 이후 새로운 역사적 체제의 형성을 둘러싼 투쟁이 종료되어 다른 체제가 등장한 것은 적어도 파리코뮌이 진압된 1871년이나 프랑스 제3공화국이 수립된 1875년에 이르러서이다.[26] 다시 말해 역사적 권리체제의 변혁과정으로서 프랑스혁명은 약 90여 년간 진행된 장기혁명이었다는 것이다.

　프랑스혁명이 장기화될 수밖에 없었던 가장 큰 이유 가운데 하나는 무엇보다 그것이 고대로부터 지속되어 온 신분제라는 권리의 차등적 배분체제를 해체하는 봉기의 과정이자 이전과는 다른 새로운 권리체제를 창출하는 구성의 과정이었다는 점에 있다. 프랑스혁명이 구체제를 전복했다는 것, 즉 단지 프랑스 절대왕정이라는 의미에서의 구체제가 아니라 신분제를 근간으로 하는 역사적 구체제를 전복했다는 것은 이제 인민들의 권리를 규정하던 이데올로기적이고 물질적인 질서들이 해체되었음을 의미한다. 역사적 구체제에서는 각자의 신분에 따라 각자가 누릴 수 있는 권리가 있었을 뿐이다. 인간의 권리가 아니라 왕의 권리, 성직자의 권리, 귀족의 권리, 평민의 권리가 존재했을 뿐이다. 각 사람은 자신에게 허락된 권리의 한계 안에서만 욕망할 수 있으며 자기실현을 꿈꿀 수 있을 뿐이다. 신분의 위계제에서 하층에 위치한 자들, 그러나 인구의 대부분을 구성하는 자들은 매우 협소한 권리의 한계 안에 갇혀 있었다. 이들이 접근할 수 있는 권리들은 매우 제한적이었으며 그 이상의 권리를 욕망하는 것은 그들에게 금지되어 있었다. 당연한 말이지만 권리의 차등적 배분체제는 다수의 인구에게는 더 많은 권리에 대한 욕망을 금지하는 권리의 억압체제이기도 하였다.

---

26) 가령 홍태영은 프랑스혁명을 민주주의 체제의 등장과 정착 과정으로 파악하며, 그 혁명은 사실상 1789년에 시작되어 1884년 프랑스 제3공화국이 안정화된 시기까지 이어진 것으로 파악한다. 이에 대해서는 다음 글을 참조하라. 홍태영, 「프랑스혁명과 민주주의의 형성」, 『국민국가의 정치학』, 후마니타스, 2008.

그러나 혁명은 각 신분에 따라 규정된 권리의 제한을 철폐했다. 이제 왕의 권리, 귀족의 권리, 평민의 권리가 아니라 인간의 권리라는 단 하나의 권리만이 존재한다고 혁명은 선언하였다. 권리의 억압체제가 해체된 것이다. 그러자 그동안 억압되어 있던 권리들에 대한 다양한 욕망이 분출하게 되었다. 다양한 사람들이 억압당해 왔던 다양한 권리들을 요구했다. 뿐만 아니라 권리로서 파악되지 않았던 다양한 요구들이 권리의 이름으로 제출되었다. 새로운 권리들이 창안되었고 주장되었다. 프랑스혁명은 역사적 구체제의 권리체제를 혁파함으로써 매우 다양한 권리들이 요구되고 창안되는 무수한 권리들의 생성 공간을 개방했던 것이다.

하지만 새로운 공간이 개방되었다는 것과 그 공간이 질서 잡힌 곳이었다는 것은 별개의 문제다. 기존의 권리배분체제는 전복되고 해체되었으나 아직 새로운 권리배분체제는 등장하지 않았다. 그람시의 표현을 빌려 말하자면 낡은 것(질서)은 사라졌으나 새로운 것(질서)은 등장하지 않은 위기의 시대, 혹은 궐위(공백)의 시대가 도래한 것이다. 이 궐위의 시대 속에서 서로 다른 욕망과 필요 혹은 정체성과 이해관계를 가진 이들이 다양한 권리체제의 수립을 요구하였고 서로 다른 요구들이 충돌하였다. 구질서의 권리체제가 사라진 개방된 공간은 새로운 권리체제의 다양한 형태들이 정치적으로 충돌하는 격전의 장이기도 하였던 것이다. 또한 구체제에서 기득권을 누리던 자들 역시 자신들의 특권이 유지되는 체제를 복원하기 위해 이 격전의 장에 참전하였다. 프랑스혁명의 시공간은 다양한 욕망과 이해관계를 가진 세력들이 새로운 권리체제, 새로운 질서를 구축하기 위해 서로 투쟁하던 정치적 격돌의 장이었다. 프랑스혁명이 짧게는 80여 년, 길게는 100여 년에 이르는 시기 동안 지속될 수밖에 없었던 것은 바로 권리의 차등적 배분에 바탕한 역사적 체제를 허공으로 날

려버림으로써 열린 정치적 장에서 다양한 권리들이 서로 충돌했기 때문이다. 어느 한 세력을 중심으로 한 새로운 권리의 배분체제가 성립하고 그 체제가 안정되기까지의 복잡한 투쟁의 지속이 프랑스혁명이 장기화될 수밖에 없었던 요인이었던 것이다.

혁명들의 복합체로서 '프랑스혁명'

프랑스혁명에 대한 교정되어야 할 또 다른 오해, 오래된 통념은 그것이 바로 부르주아 혁명이었다는 것이다.[27] 프랑스혁명이 부르주아 혁명이라는 것은 다시 다음과 같은 세 가지 통념과 결부되어 있다. 첫째, 프랑스혁명이 타파한 절대왕정의 지배세력은 봉건적 특권계급이라는 것. 둘째, 프랑스혁명의 주도세력은 부르주아지였다는 것. 셋째, 프랑스혁명이 부르주아지가 주도한 자본주의 혁명이었던 만큼 그 이념적 토대는 자유주의에 있다는 것. 이러한 통념은 결국 프랑스혁명이 부르주아지에 의해 규정되는 단일한 성격의 혁명이었음을 의미한다.[28]

    물론 이러한 통념에 전혀 근거가 없는 것은 아니다. 하지만 프랑스혁

---

27) 그러나 학계, 특히 프랑스학계에서는 프랑스혁명이 단지 부르주아 혁명이었다는 견해에 대하여 다양한 이견들이 제출되었다. 흔히 정통주의-수정주의 논쟁이라고 불리는 프랑스혁명의 성격 논쟁은 프랑스혁명을 반드시 부르주아지가 계몽주의-자유주의를 지도이념으로 삼아 봉건제의 해체를 주도하고 자본주의를 성립시킨 혁명으로 볼 수 없음을 보여 준다. 정통주의 입장에서 대해서는 조르주 르페브르의 『프랑스혁명』(민석홍 옮김, 을유문화사)과 A. 소불의 『상퀼로트』(이세희 옮김, 일월서각)를 참조하라. 수정주의의 해석은 F. 퓌레와 D. 리세의 『프랑스혁명사』(김응종 옮김, 일월서각)나 F. 퓌레의 『프랑스혁명의 해부』(정경희 옮김, 법문사)를 참조하라.
28) 여기서 앞의 두 가지 통념, 즉 프랑스혁명이 귀족의 지배체제에 대한 부르주아지의 혁명이며, 프랑스혁명이 부르주아지에 의해 주도된 혁명이라는 통념에 대한 비판은 이진경의 다음 글에 많은 빚을 지고 있음을 밝혀 둔다. 이진경, 「혁명 : 부르주아 혁명에서 민중혁명으로」, 미간행 강의안.

명을 좀 더 면밀히 살펴보면 프랑스혁명의 성격은 결코 부르주아 혁명으로 단순화될 수 없다는 것을 어렵지 않게 알 수 있다. 첫번째, 과연 절대왕정의 지배세력은 봉건적 특권계급인 귀족이었을까? 물론 절대왕정 하에서도 귀족의 특권은 유지되었다. 그러나 절대왕정은 봉건귀족 지배체제의 특징인 지방분권적 지배체제가 아니라 관료제를 중심으로 작동하던 체제였고, 이 관료제는 더 이상 혈통에 의해 규정되는 귀족들로만 구성되었던 것은 아니었다. 이 시기 이미 상당한 재력을 축적한 부르주아들은 돈으로 귀족의 지위를 샀고, 부르주아 계급에 속해 있던 엘리트들은 자신들의 능력을 활용하여 궁정관료가 되었다. 이들은 이후 '법복귀족', '재정관직' 등으로 불리며 비혈통 귀족, 혹은 신(新)귀족을 형성하게 된다. 이미 절대왕정 하에서 귀족은 혈통에 의한 귀속지위가 아니라 능력에 의한 획득지위로 변모하고 있었다.

절대왕정체제에서 혈통귀족, 즉 구(舊)귀족들은 이와 같은 상황에 상당한 불만을 품고 있었다. 부르주아지 출신의 새로운 관료 귀족들에 의해 그들은 권력의 중심부에서 밀려나고 있었기 때문이다. 푸코에 의하면 당시 전통적 귀족들은 이러한 상황을 종족간의 전쟁상태로 표상하였다. 귀족이라는 종족은 왕과 평민의 동맹에 공격을 받아 부와 권력을 잃어버리고 주변화되고 있었다. 그런데 귀족이 이렇게 수세적 국면에 처하게 된 가장 큰 원인은 바로 절대왕정의 관료제 때문이다. 귀족은 부르주아 관료체계에 대한 전쟁을 수행해야 할 필요를 느꼈다. **"재산을 탕진하고 부분적으로 권력 행사에서도 밀려난 귀족계급**이, 그들의 반격과 재반격의 목표로 삼은 것은 권력의 즉각적이고도 직접적인 재탈환이나 잃어버린 부(아마도 이제는 결정적으로 근접이 불가능하게 된)의 회수가 아니라, 그들 계급이 권력의 정상에 있을 때조차 소홀히 했던 권력체계의 중요한 고리를 챙기는 것이었다. 귀족계급에 의해 무시되었던 이 전략적 부분은 옛날부터 교회와 성직자들, 법관들, **부르주아지**, 행정가들, 그리고 재정가들에 의해 차례로 소유되었다."[29]

절대왕정하에서 봉건적 특권계급이었던 귀족은 지배적인 지위를 점하고 있었다고 보기 힘들다. 오히려 귀족들은 봉건적 특권에 의해서 부와 권력을 획득하고 유지하기보다는 차라리 그 시대의 새로운 지배적 집단으로 부상하고 있던 부르주아지의 전략을 따르기 시작했다. 귀족들은 당대의 공업 발전에 발맞추어 탄광회사를 설립하고, 철강공장을 세웠으며, 증권에 투자하기 시작하였다. 이제 귀족들은 "자신이 부르주아 정신에 물들어 자본주의의 발전에 관심을"[30] 가지기 시작하였고 부르주아지화하기 시작하였다. 그러한 변신에 성공한 귀족들, 즉 "상층귀족 중 소수는 그 생활조건이나 생활태도가 부르주아지와 비슷해지고 자유사상을 가지게 되어 귀족계급으로부터 떨어져나가는 경향"[31]까지 보이게 되기도 하였다.

물론 구귀족들이 부르주아화하는 경향을 보이게 되고, 부르주아지의 일부가 신귀족층을 형성하게 되었다고 해서 신분제도라는 근본적 의미에서의 구체제가 사라진 것은 아니었다. 신귀족층 역시 자신이 획득한 지위를 혈통적으로 세습하였던 것이다. 하지만 프랑스의 절대왕정이 봉건귀족들의 권력을 억누르는 과정에서 분명 봉건제의 완고한 신분제도는 이완되어 가고 있었고 절대왕정의 지배층은 귀족화된 부르주아지와

---

29) 미셸 푸코, 『"사회를 보호해야 한다"』, 박정자 옮김, 동문선, 1998, 156쪽. 강조는 인용자.
30) 조르주 르페브르, 『프랑스혁명』, 민석홍 옮김, 일월서각, 2000, 24쪽.
31) 같은 책, 26쪽.

부르주아지화된 귀족들의 혼합적 성격을 갖게 된 것이다.

이러한 사실은 프랑스혁명이 타파한 앙시앙 레짐이 결코 봉건귀족들이 지배하는 국가체제가 아니었음을 알게 해준다. 오히려 절대왕정의 주도세력은 차라리 넓은 의미의 부르주아지였다고도 볼 수 있다. 절대왕정 체제에서 일정한 기득권을 누리던 모든 집단들을 통칭하여 '구체제 부르주아지'라고 개념화할 수 있다는 로뱅의 제안[32]은 절대왕정에서 부르주아지의 주도권을 잘 표현하고 있다. 그렇다면 프랑스혁명이 부르주아지가 봉건적 귀족계급의 지배체제를 타파한 혁명이라고 보기는 어렵다. 이미 절대왕정은 부르주아지의 주도권이 관철되는 국가체제였으며 전통적 귀족은 오히려 그 체제 하에서 주변화되고 있었기 때문이다.

두번째 통념은 어떨까? 정말 프랑스혁명은 부르주아지에 의해 주도된 혁명이었을까? 일단 프랑스혁명은 부르주아로부터만 시작된 혁명이 아니었다. 물론 루소나 볼테르와 같은 이들로 대표되는 계몽사상이 부르주아들 사이에서 유행하였으며 이 사상으로부터 구체제에 대한 체계적 비판들이 펴져나갔다는 것은 사실이다. 하지만 앞에서도 푸코의 논의를 통하여 언급한 바와 같이 당시 혈통귀족들 역시 관료제를 골간으로 하는 절대왕정에 대한 비판적 담론들을 벼려 내고 있었다. 그리고 루이 16세의 즉위 이후 국가권력의 중심부에 재진입한 혈통귀족들은 자신들의 권력을 더욱 공고히 하기 위해 국왕에 대한 견제를 더욱 강화하였다.[33]

---

32) 프랑수아 퓌레, 『프랑스혁명의 해부』, 정경희 옮김, 법문사, 1987, 182쪽.
33) 가령 루이 16세 때에 이르러 혈통귀족들이 다시 장악하게 된 고등법원은 자신들의 계급적 이익에 불리한 국왕의 칙령들을 법령으로 공포하는 것을 종종 거부하였다. 심지어 국왕이 고등법원에 직접 출석하여 자신의 칙령을 법령을 강제적으로 등록할 경우에는 고등법원은 국왕의 그와 같은 행동이 무효라고 선언하기까지 하였다. 르페브르, 『프랑스혁명』, 31~32쪽.

가령 파탄난 국가재정을 확충하기 위해 귀족에게도 일정한 세금을 부과하려던 재무장관 칼론의 조세 개혁안에 대해 귀족들은 조직적인 반대 투쟁을 전개하였다. 결국 루이 16세는 귀족들에게 굴복하게 되고 귀족에 대한 과세문제는 삼부회를 통해서 결정하자는 귀족의 요구에 동의하게 됨으로써 프랑스혁명의 무대를 마련하게 된다. 절대왕정에 대한 공격의 한 축은 이미 귀족들이 담당하였던 것이다. 그래서 르페브르와 같은 역사학자는 이렇게 말한다. "사람들은 18세기의 특징으로서 부르주아지의 발전과 계몽사상의 승리를 드는 것이 보통이다. 그러나 18세기는 또한 귀족계급의 최종 공세의 세기였으며, 프랑스혁명의 발단은 그들의 공세의 절정에 지나지 않았다."[34] 절대왕정에 대한 귀족들의 반격을 그래서 그는 '귀족혁명'이라고 규정한다.

삼부회의 소집공고가 나붙은 이후 프랑스 전역에서는 다양한 이해관계를 가진 사회세력들이 자신들의 불만목록을 작성하고 삼부회에서 무엇을 요구할 것인가를 두고 대대적인 토론을 벌인다. 귀족이나 성직자가 아닌 제3신분들 사이에서 이 토론을 주도하였던 것은 확실히 부르주아지들이었다. 이때 활약한 많은 이들이 제3신분의 대표자로 선출되어 삼부회에 참여하게 되고 이후 이들이 주축이 되어 국민의회가 구성된다. 이런 맥락에서 부르주아지가 프랑스혁명의 중요한 행위자였다는 사실을 부정할 수는 없을 것이다. 하지만 프랑스혁명이 결코 국민의회의 일사불란한 통제와 지휘 아래 진행된 것이 아니라는 점 또한 분명한 사실이다. 프랑스혁명은 국민의회라는 대의기구의 행동과는 별도의 층위에서도 전개되었다. 프랑스혁명의 상징적 이미지가 되어 버린 1789년 7월 14일의

---

34) 같은 책, 28쪽.

바스티유 습격은 부르주아지에 의해 준비되고 지도된 조직적 봉기가 아니었으며, 곧 이어 지방의 중소도시로 퍼져나간 도시의 민중혁명도 국민의회의 통제 밖에서 일어난 사건들이었다. 도시의 민중혁명은 무엇보다 수년간 계속되어 온 기근으로 인한 민중의 생활고와 직결되어 있었다. 민중들은 빵값과 양곡의 매매를 적정하게 통제할 것과 세금의 폐지를 요구하였다. 봉기의 기간 동안 도시의 민중들은 관청을 약탈하고 조세장부를 불태우는 등 매우 격렬한 투쟁을 전개했다.

특히 이들 가운데 가장 열성적인 집단이 상퀼로트라고 불리는 복합적인 출신성분을 가지는 도시 기층 민중들이었다. 이들은 소규모 제조업자나 도제들, 영세 상인들과 장인들 등 매우 잡다하고 다양한 사람들로 이루어져 있었다. 이러한 점에서 상퀼로트는 "이질적인 사회적 성분들의 동맹체"[35]로서 그야말로 '무산자'로 이해될 수 있는 집단이었다. 상퀼로트는 프랑스혁명의 초기단계에서 가장 급진적인 위치를 점한다. 이들은 대의제를 거부하고 민중에 의한 직접통치를 추구하였다. 1789년 혁명을 통해 시작된 입헌군주정을 무너뜨리고 프랑스에서 최초의 공화정을 수립하게 되는 1972년 8월의 봉기는 바로 이들에 의해 주도되었다. 공화정 수립 이후 정권을 잡게 된 로베스피에르의 자코뱅은 이들과 가장 적극적으로 결합한 혁명분파였다.

여기에 농촌에서 농민혁명의 또 다른 흐름이 형성·진행되었다는 사실을 염두에 둔다면 프랑스혁명은 결코 부르주아지가 일방적으로 주도한 혁명이라고 할 수 없다. 더욱이 1789년에 시작된 혁명의 과정이 1884년에 이르러서야 비로소 안정되었다는 맥락에서 보자면, 장기혁명으로

---

35) 알베르 소불, 『상퀼로트』, 이세희 옮김, 일월서각, 1990, 69쪽.

서 프랑스혁명에 참여한 세력들은 더욱 다양해진다. 그 가운데서 가장 강력한 새로운 혁명세력이 바로 프롤레타리아트 혹은 노동자계급이다. 상퀼로트를 그 정치적 조상으로 두고 있는 프랑스의 노동자계급은 특히 7월 왕정을 전복하고 프랑스에서 두번째 공화정을 수립하게 되는 1848년 2월 혁명을 주도하였고 노동자들의 계급적 권리를 위해 봉기했던 그해 6월 혁명의 주역이었다. 그리고 이들 노동자계급은 1871년의 파리코뮌을 통해서, 비록 단명하였으나 세계 최초로 노동자계급의 정치체를 구축하기도 하였다. 프랑스혁명의 후반부는 당대의 프롤레타리아트였던 노동자계급에 의해 급진화되었다.

그렇다면 프랑스혁명은 다양한 층위에서 다양한 사회세력들이 기존의 억압적 체제에 대항하여 일으킨 복수의 혁명들이 서로 얽이고 어긋나며 진행된 혁명들의 복합체라고 해야 할 것이다. 다시 말해 프랑스혁명은 하나의 혁명, 즉 단일한 혁명이 아니었다.[36] 서로 각이한 사회세력들에 의해 전개된 혁명들은 절대왕정이라는 공동의 적을 두고 때로는 연대하기도 했지만 그에 못지않게 서로 대립하고 충돌하기도 했다. 이러한 의미에서 프랑스혁명은 "복수의 상이한 혁명들이 뒤섞이고 충돌하며 흘러가는 흐름들의 복합체"[37]였다고 할 수 있다. 프랑스혁명은 바로 이러한 역동적이고 복합적인 과정에 부여된 총칭적 이름이라고 보아야 할 것이다.

---

36) 이 점은 프랑스혁명에 대한 수정주의적 해석이나 정통주의 해석 모두 동의하는 것이다. 대표적인 수정주의자인 퓌레는『프랑스혁명사』에서 1789년의 혁명은 변호사들로 대표되는 부르주아지의 혁명, 파리 민중으로 대표되는 도시 민중의 혁명, 그리고 농촌에서 진행된 농민의 혁명으로 이루어져 있다고 주장한다. 반면 정통주의 진영의 르페브르는 1789년의 혁명을 '귀족 혁명', '부르주아 혁명', '민중 혁명', '농민 혁명' 등의 복합적 혁명으로 제시한다.
37) 이진경,「혁명 : 부르주아 혁명에서 민중혁명으로」, 미간행 강의안.

4. 인간의 권리, 혹은 권리들의 히드라

인권의 부르주아적 기원?

프랑스혁명에 관한 또 다른 통념은 그 혁명의 사상적 토대가 계몽주의, 좀더 좁혀 말한다면 자유주의였다는 것이다. 앞에서도 지적한 바와 같이 이는 프랑스혁명을 부르주아 혁명으로 규정하며 부르주아의 사상이 자유주의였다는 점을 특권화하는 관점이다. 인간은 무엇보다 독립적인 개인이며, 그 개인은 신성불가침한 권리를 소유하고, 그러한 개인들의 권리가 결집되어 국가의 주권을 구성하고, 만약 주권의 수임자인 국가가 개인들의 권리를 침해하거나 억압할 경우 개인들은 힘을 합쳐 국가권력을 교체할 수 있다는 자유주의적 정치사상이 프랑스혁명의 사상적 지도 원리였다는 말이다. 그리고 자유, 평등, 형제애와 같은 프랑스혁명의 핵심적 이념들이 결국 인권으로 집약될 수 있고 인권은 자유주의 정치사상으로부터 비롯되는 개념인 만큼 프랑스혁명의 이데올로기적 기원은 자유주의에 있다는 것이다.

하지만 앞의 논의를 통해서 확인한 바와 같이 프랑스혁명은 결코 부르주아 혁명으로 환원될 수 없는 복합적 혁명이었다. 물론 이 복합적 혁명의 한 차원을 부르주아 혁명이 구성하고 있었고, 그러한 한에서 그들의 사상인 자유주의가 프랑스혁명의 중요한 사상적 자원이었다는 점은 부정될 수 없다. 확실히 혁명 초기에는 자유주의적 담론이 강력한 영향력을 발휘하였던 것도 사실이다. 하지만 그렇다고 프랑스혁명의 사상적 토대를 자유주의라는 단일한 사상으로 단순화는 것은 비약일 수밖에 없다. 더욱이 줄곧 강조해 왔듯이 프랑스혁명이 새로운 역사적 체제를 열어 내는 장기혁명이었다는 점을 고려한다면 이 혁명의 사상적 차원 역시 복합적인 것임을 알 수 있다.

가령 혁명이 발발한 지 얼마 되지 않은 시기에 자코뱅의 일원이었던 에베르는 부르주아지를 특권층으로 비난하며 대립하던 상퀼로트와 연대하는 과정에서 자유주의적 평등 개념을 넘어서는 평등주의적 성향을 보였고[38], 비슷한 시기의 혁명가 바뵈프는 토지와 수입의 균등한 분배를 주장하며 사회주의적 경향의 사상을 견지하였다.[39] 프랑스혁명의 나날들이 쌓여 가며 부르주아의 자유주의적 권리 관념의 한계를 넘어서고자 하는 급진적 사상으로서 사회주의 혹은 공산주의가 본격적으로 형성되어 갔고, 이 사상들은 노동자들과 급진화된 인민들 사이에서 강한 영향력을 획득하게 된다.

물론 이때의 사회주의 내지 공산주의는 단일한 이론적 관점에 의해 통일된 체계를 가진 사상은 아니었다. 여기에는 원시 기독교에 영향을 받은 기독교 공동체주의, 유토피아적 사회주의, 급진적 노동운동의 평등주의, 그리고 아나키즘 등이 혼재되어 있었다. 그러나 혁명의 시간이 경과함에 따라 자본주의와 자유주의에 대항하는 혁명적 사상들은 보다 정교화되어 갔다. 가령 프랑스에서는 조제프 프루동과 같은 사상가가 아나키즘을 이론화하였으며 맑스는 프랑스혁명의 자장 속에서 부르주아지의 자유주의뿐만 아니라 아나키즘과 같은 반자본주의 사상과도 이론적 투쟁을 전개하며 공산주의를 체계화하여 갔다. 장기혁명으로서 프랑스혁명은 단지 자유주의만이 아니라 이후 근대적 급진주의 사상을 탄생시킨

---

38) 소불, 『상퀼로트』, 35~54쪽.
39) 에릭 홉스봄, 김석진 옮김, 「맑스, 엥겔스와 맑스 이전의 사회주의」, 루이 알튀세르 외, 서관모 엮음, 『역사적 맑스주의』, 1993, 159~161쪽.

이론의 모판(母板)이기도 했다. 프랑스혁명은 사상의 차원에서도 당연히 복합적 차원을 가진 다차원적 혁명이었던 것이다.

그렇다면 인권의 경우에는 어떨까? 과연 프랑스혁명에서 주창되었던 인권의 저작권이 온전히 자유주의로 귀속될 수 있는 것일까? 인권이라는 말, 보다 정확하게 말하자면 '인간(남성)의 권리'(Rights of Man)라는 말은 1760년대에 들어서 프랑스에서 사용되기 시작하였다.[40] 그 이전에는 주로 '인류의 권리'(rights of mankind)나 '인간성의 권리'(rights of humanity)라는 말이 사용되었으나 이는 오늘날의 맥락에서 말하는 인권과는 다른 함의를 가지고 있었다고 한다. 오히려 이 시기에는 자연권이라는 용어가 오늘날 말하는 인권과 유사한 의미를 가지고 통용되었다. 인간의 권리라는 용어가 사회적으로 파급력을 가지게 된 것은 장 자크 루소가 『사회계약론』에서 그 용어를 사용한 이후이다. 잘 알려진 바와 같이 루소의 사상은 1789년 프랑스혁명에 커다란 영향을 미쳤고 그의 사유로부터 자극받은 혁명가들은 자유와 평등과 같은 인간의 권리를 혁명의 대의로 표명했다. 조금 과장해서 표현하자면 프랑스혁명의 정치적 이데올로기로서 인간의 권리는 루소적인 기원을 갖는 것이라고 말할 수 있다. 아니면 적어도 최소한 프랑스혁명에서 인간의 권리라는 용어가 중요한 하나의 정치적 이념으로 고양되게 된 사상적 배경에는 루소가 자리 잡고 있는 것이다.

하지만 루소의 사상은 손쉽게 자유주의로 규정될 수 없다. 단적으로, 루소는 자유주의의 핵심적 권리 개념을 이루는 사적 소유의 권리가 갖는 신성불가침성에 동의하지 않았다. 가령 루소는 로크가 사적 소유를 모든

---

40) 헌트, 『인권의 발명』.

권리의 기초개념으로 제시하는 것을 비판한다. 오히려 자연상태에서 잘 살아가던 인간에게 사회질서와 법률이 필요하게 된 것은 만인의 것이던 자연의 풍요를 어떤 개인이 자신의 개별적인 소유물이라고 주장하는 사태로부터 발생하게 되었을 것이라고 루소는 말한다. "이 사회와 법률은 약자에게는 새로운 구속을 부여하고 부자에게는 새로운 힘을 부여해 자연적 자유를 영원히 파괴해 버리는가 하면, 소유와 불평등의 법률을 영구히 고정시키고 교활한 횡령을 당연한 권리로 확립시켜 그후 온 인류를 몇몇 야심가들의 이익을 위해 노동과 예속과 비참에 복종시킨 것이다."[41] 루소에 의하면 자유주의자들이 그렇게도 신성한 권리로 주장하는 사적 소유가 인간의 삶에 불평등과 예속을 가져온 정치적 불평등의 원천이다.

또한 루소는 정치적 질서의 근원인 주권이란 로크와 같은 자유주의자들이 말하듯이 개인이 소유한 권리들의 합산일 수 없다고 말한다. 루소에 의하면 주권이란 인민들이 권리의 상호양도를 통하여 창출하는 일반의지에 의해 형성되는 것인데 일반의지란 결코 개별적 의지들의 총합과 같은 것이 아니기 때문이다. "모든 사람의 의지와 일반의지 사이에는 흔히 많은 차이가 있다. 후자는 오로지 공익에만 유의하는 반면 전자는 사적 이익을 염두에 두며 개별적 의지들을 총화할 뿐이다."[42] 루소는 정치체의 최고 권력인 주권이 인민에게 귀속되는 것이라고 보았지만 이때의 인민은 결코 사적 개인들의 집합체가 아니라 그 개인들을 자신의 부분으로 두는 연합체로서의 인민에게 속하는 것이다. "우리는 각자 자신의 신체와 모든 능력을 **공동의 것으로** 만들어 일반의지의 최고 감독 하에 둔다.

---

41) 장 자크 루소, 『인간 불평등 기원론』, 주경복·고봉만 옮김, 책세상, 2003, 116쪽.
42) 장 자크 루소, 『사회계약론』, 이환 옮김, 서울대학교출판부, 2006, 40쪽. 번역 일부 수정.

그리고 우리는 각 성원을 전체와 불가분의 부분으로서 한 몸으로 받아들인다. 그 순간 각 계약자의 **개인적 인격은 사라지고** 이 결합행위는 대신 하나의 집합적인 법인체를 만든다."[43] 이러한 그의 일반의지론으로 인해 오히려 루소는 자유주의자는커녕 일종의 전체주의를 예비한 사상가로 평가되기도 하였다. 다시 말해 프랑스혁명의 가장 중요한 이데올로기적 배경을 이루는 루소의 사상은 자유주의적인 것이 아니었다는 말이다. 그렇다면 그가 명확한 정의를 내리지 않고 사용한 '인간의 권리'라는 개념도 오늘날 자유주의자들이 규정하는 인권의 개념과는 완전히 일치하는 것이 아닐 가능성이 더 크다고 하겠다. 프랑스혁명의 핵심적 정치 이데올로기가 된 인간의 권리라는 개념의 사상적 기원 내지는 배경은 자유주의로 환원될 수 있는 것이 아니다.

증식되는 권리들

물론 프랑스혁명의 시기에 부르주아지는 인간의 권리를 중심적인 정치적 대의로 내세웠고 이 개념에 자유주의적 함의를 부여하기 위해 노력하였다. 그리고 프랑스혁명의 종국적 승리자가 부르주아지가 되면서 인권은 마치 자유주의적 권리이자 부르주아적 권리인 듯 보였다. 다음 장에서 보다 상세히 보게 되겠지만, 이런 맥락에서 맑스는 인간의 권리를 부르주아적 권리로 이해하여 "인간들과 공동체로부터 분리된 이기적 인간들의 권리"[44]라고 비판하였던 것이다. 그러나 프랑스혁명에 참여한 자유주의적 부르주아지가 인간의 권리를 자신들의 중요한 이념적 가치로 표명하

---

43) 같은 책, 20~21쪽. 번역 일부 수정, 강조는 인용자.
44) 칼 맑스, 『마르크스의 초기저작 : 비판과 언론』, 전태국 외 옮김, 열음사, 1996, 354쪽.

였다고 해서 프랑스혁명 과정에서 언표되었던 인간의 권리가 부르주아적인 권리만을 뜻하는 것은 아니었다. 다시 말해, 이 시기에 제기된 인간의 권리는 단지 부르주아적 권리만으로 한정되지 않았던 것이다.

가령 가장 대표적인 부르주아적 권리라고 여겨지는 사적 소유의 권리에 대한 제한이 혁명정부에 의해 이루어졌다. 오늘날 현대적 인권운동이 성취한 중요한 권리개념으로 평가되는 사회권에 대한 논의가 이미 이시기부터 진행되었던 것이다. 기요틴을 앞세운 공포정치의 독재자로 매도되는 로베스피에르는 1792년 12월 2일 의회 연설에서 재산권을 제한하고 인민의 생존권을 보장하는 정책의 필요성을 역설하였다. "사회의 으뜸가는 목표가 무엇입니까? 바로 인간의 불가침 권리를 지켜내는 것입니다. 그러면 인간의 권리 중 으뜸가는 권리는 무엇입니까? 바로 생존할 수 있는 권리겠지요. 그러므로 사회법의 으뜸이라면 사회 구성원 전부에게 생존의 수단을 보장하는 것일 테지요. 이 법은 다른 모든 법 위에 존재합니다. 재산도 사실 이 법을 견고히 하기 위해 제도적으로 보장되는 것입니다. …… 삶을 유지하는 데 필수적인 것들은 모두 전체 사회의 공유재산입니다."[45]

또한 성적 다양성에 대한 인정에 있어서도 일말의 진전이 있었다. 동성애의 경우, 비록 '남성' 동성애자의 경우로 제한되기는 했지만 동성애의 비범죄화가 시작되었다. 혁명 이전까지 동성애는 사형이 언도되었던 범죄였지만 혁명 이후인 1791년 최소한 남성 동성애는 더 이상 범죄목록에 포함되지 않게 되었다. 이러한 조치는 적극적 의미에서 동성애의 권

45) 막시밀리앙 로베스피에르, 『로베스피에르 : 덕치와 공포정치』, 배기현 옮김, 프레시안북, 2009, 133쪽.

리를 전면 보장하는 것은 아니었지만 적어도 남성의 경우에는 동성애를 사생활의 영역으로 묵인하겠다는 의미를 담고 있었다. 나폴레옹이 통치하던 시기에 이르면 모든 동성애자들은 일반 시민과 동일한 권리를 부여받게 된다. "구체적으로, 당시의 형법 아래서 성인들이(여자 사이에서건, 남자 사이에서건, 또는 남자와 여자 사이에서건) 상호동의 아래 행하는 모든 성적 행위를, 그 행위가 공중의 미풍양속을 해치치 않는 이상, 처벌하지 않게 된 것이다."[46]

또한 당시의 대표적인 소수민족이던 유태인에 대한 정치적 차별 역시 철폐된다. 혁명이 발발하고도 유태인을 프랑스의 시민으로 인정할 것인가의 문제는 논쟁의 대상이었지만 결국 유태인에게 프랑스 시민의 자격을 인정하는 것이 프랑스혁명의 인권 정신에 부합한다는 입장이 이 논쟁에서 승리하였다. 1791년 9월 27일, 국민의회는 유태인 역시 프랑스 공화국의 동등한 시민임을 선언한다. 이어 자유 신분이었던 흑인에 대한 시민권이 인정되었고 이는 노예제의 폐지로 이어지게 된다. 인간의 권리라는 이름 하에 시작된 기존의 위계적 권리체제에 대한 공격은 단지 남성 백인 부르주아의 권리의 보장만을 이끌어 낸 것이 아니었다. 혁명은 다양한 소수자들의 권리에 대한 논쟁을 촉발했고 그들의 권리 주체화로 이어졌던 것이다.

당연하게도 이러한 소수자들의 권리는 프랑스혁명을 통해 권력을 쟁취한 자들에 의해 위로부터 부여된 것만은 아니었다. 이는 아래부터 전개된 투쟁의 산물이었다. 프랑스혁명 정부 내에서는 재산권을 제한하는 것을 거부하는 입장이 오히려 더 우세하였다. 가령 곡물가에 대한 통제는

---

46) 미셸린 이샤이, 『세계인권사상사』, 조효제 옮김, 도서출판 길, 2005, 204쪽.

성공하였으나 참정권에서 재산에 따른 자격 제한은 1848년까지 유지되었다. 프랑스에서 재산의 유무와 상관없이 모든 남성 성인들의 보통선거권이 쟁취된 것은 1848년 2월 혁명에 이르러서였다. 하지만 여전히 부르주아 계급이 지배하는 체제에서 노동자계급은 자신의 권리를 온전히 쟁취할 수 없었으며 결국 그들의 운동은 인간의 권리가 아니라 프롤레타리아의 권리를 위한 새로운 운동, 즉 공산주의 운동으로 전화하게 된다.

유태인에게 동등한 시민의 자격을 부여하는 것에 대한 반대의견도 만만치 않았으며 유색인과 식민지인의 권리가 쟁취되는 과정 역시 무척이나 험난한 것이었다. 노예제에 대한 문제제기는 혁명 이전에 이미 계몽주의자들에 의해 제기되었으나 폭넓은 호응을 얻지는 못하였다. 심지어 혁명 이후 설립된 국민의회 내부에도 노예제의 존속이 필요하다는 입장이 상당한 세를 얻고 있었다. 프랑스와 그 식민지에서 노예제가 폐지되는 가장 결정적 계기는 생도맹그, 즉 지금의 아이티에서 발발한 노예 혁명 때문이었다. 결국 노예제는 1794년에 폐지되기 시작한다.

그러나 모든 소수자들의 권리쟁취가 혁명의 과정에서 이루어진 것역시 아니었다. 그 대표적인 존재가 바로 여성들이었다. 프랑스혁명이 발발하기 이전 치솟는 곡물가격에 대항하여 생존권을 지키기 위해 가난한 여성들이 봉기를 주도하였고 프랑스혁명의 본격적 전개를 개시한 바스티유 감옥 습격에도 많은 여성들이 동참하였다. "파리에서 베르사유 궁까지 30여 킬로미터를 비를 맞으며 걸어가 왕을 파리로 데려 온 것은 여성이었다."[47] 혁명이 진전되면서 여성들은 1791~1793년 사이에 파리를 비롯하여 최소 50개의 지방 마을과 도시에서 정치클럽을 결성하여 혁명

---

47) 류은숙, 『인권을 외치다』, 푸른숲, 2009, 42쪽.

에 관해 토론하고 참여하였다. 하지만 여성들의 시민권을, 남성들이 장악한 혁명정부는 결코 인정하지 않았다. 혁명의 효과로 여성들이 자신의 남성 형제와 동등한 상속권을 보장받게 되고 정당한 이혼의 권리를 얻게 되었지만 프랑스혁명이 종료될 때까지도 여성들은 결코 남성과 동등한 시민으로 끝까지 인정되지 않았다.

그러나 여성들이 자신들의 권리를 위해 투쟁하지 않았던 것은 아니었다. 가령 노예제를 반대하는 투쟁에도 참여하였던 극작가 올랭프 드 구즈는 프랑스혁명의 대의를 담은 문서인 「인간과 시민의 권리선언」("Declaration des droits de l'homme et du citoyen")에서 주창된 권리에 실질적으로는 여성이 포함되지 않는 현실에 분개하여 이 선언문을 뒤집어 다시 쓴다. 「여성과 여성 시민의 권리선언」("La Declaration des droits de la femme et de la citoyenne")이 바로 그것이다. 프랑스혁명 당시 선언된 '인간의 권리'(droits de l'homme)란 그 원어가 지시하듯 사실상 남성(homme)의 권리(droit)였을 뿐이었다. 드 구즈는 이 선언문의 후문에서 프랑스혁명의 가부장성을 격렬하게 고발했다. "노예화된 남성은 자신의 사슬을 끊기 위해 여성의 사슬을 수단으로 하는 힘과 필요를 늘려왔다. 남성은 자유로워지자 그 동료에게 불공평했다. 오, 여성이여, 여성이여! 언제가 돼야 눈을 뜰 것인가? 혁명에서 여성은 무슨 이익을 얻었던가? 더욱 분명한 멸시와 더욱 두드러진 경멸을 얻었을 뿐이다."[48]

그녀는 이 선언문을 통해 여성이 자연적 본성상 정치적 공무에 적합하지 않으며 여성의 본분은 가정의 일을 돌보는 것이라는 고대로부터 내려오는 성역할 구별체제를 근본적으로 비판하였다. 남성과 여성은 동등

---

48) 올랭프 드 구즈, 류은숙 옮김, 「여성과 여성 시민의 권리선언」, 『인권을 외치다』, 48쪽.

한 존재이며 남성이 가지는 권리는 여성 역시 가질 수 있다는 것이다. 권리에서 성별 구별이란 존재할 수 없다고 그녀는 선언했다. 특히 그녀는 이 선언문 10조에서 이렇게 쓰고 있다. "여성은 단두대에 오를 권리를 가졌다. 마찬가지로 여성은 법이 규정한 공공질서를 어지럽히지 않는 한 연단에 오를 권리를 가져야 한다."[49] 여성들이 단두대에서 처형당한다는 것은 그녀들이 정치적 이유로 죽임을 당하는 정치적 존재임을 보여 준다. 그녀들이 정치적 이유로 죽임을 당하는 존재라면 당연히 정치적 존재로 살아갈 권리도 가져야 한다는 것이다.

결국 그녀는 자신의 언명대로 단두대에서 죽었다. "그녀는 '염치없는' 반혁명적, 비자연적 존재('여성이자 남성')라는 판결을 받아 단두대로 보내졌다."[50] 그러나 그녀의 죽음으로 여성의 권리를 향한 투쟁, 여성도 남성과 동등한 인간임을 증명하고자 하는 투쟁이 끝난 것은 아니었다. 그 권리투쟁은 매우 지난한 과정을 통과하게 될 것이지만 여성이 남성에 비해 이등시민으로 남아 있는 한 계속되었다. 그리고 여전히 그들이 빼앗긴 권리가 남성들이 누리는 특권의 기반이 되는 성적 지배와 예속의 관계가 지속되는 한 그 투쟁은 계속될 것이다. 비록 프랑스혁명은 그 혁명의 또 다른 주역이었던 여성들의 권리를 배제했지만 여성들은 혁명의 열린 공간에서 자신들 역시 남성과 동등한 인간의 권리를 가진 존재임을 증명하기 위한 투쟁을 개시하였다.

---

49) 올랭프 드 구즈, 「여성과 여성 시민의 권리선언」, 47쪽.
50) 헌트, 『인권의 발명』, 196쪽.

인권이라는 히드라

프랑스혁명이 부르주아혁명으로 단순화될 수 없는 만큼, 인간의 권리 역시 부르주아의 권리로도, 자유주의적 권리로도 축소될 수 없는 것이었다. 누차 강조했듯 프랑스혁명은 무엇보다 역사적 시대를 가르는 분기점이었으며 역사적 진리 체제를 변혁하는 혁명이었다. 프랑스혁명이 권리의 차등적 배분체제를 전복하자 그동안 이 억압적 체제에 의해 억눌려 있던 다종다기한 권리들이 동시다발적으로 요구되었고 새로운 권리들이 창안되었다. 위계적 권리 체제에 기반한 낡은 국가질서를 허공으로 날려 버린 혁명(Revolution)이라는 소용돌이(volution)는 새로운 질서에 필요한 수많은 권리에의 요구를 분출시킨 것이다. 혁명은 권리들의 백가쟁명 시대를 열었고 다양한 이질적 성분을 가진 인민들의 권리에 대한 요구는 계속되었다. 사실상 프랑스혁명의 시공간은 이러한 다양한 권리 요구들이 증식하고 확장되던 열린 공간이었다.

그렇다면 프랑스혁명의 중심 모토인 인간의 권리는 어떤 본질을 가진 단일한 권리가 아니라 이렇게 혁명의 소용돌이가 개방한 열린 공간에서 요구되었고 창안되었던 다양한 권리들의 총칭적 이름이었다고 봐야 하지 않을까? 부르주아지의 권리나 자유주의적 권리뿐만이 아니라 '제4신분'이었던 여성들의 권리, 노동자들의 권리, 식민지인들과 유색인의 권리 등이 주창되었고 소수민족들의 정치적 시민권과 피억압 민족들의 민족적 권리가 요구되었다. 이와 같이 다양한 권리 주장들이 모두 하나의 원리에 의해 통일될 수 있는 성질의 것도 아니며 어떤 권리들은 서로 상충되는 성격의 것들이기도 하다. 누가 그 이름/명분을 활용하여 권리를 창안하고 요구하는가에 따라 인간의 권리에 부여되는 함의 역시 변화되는 것이다. 다시 말해 인간의 권리는 시간의 흐름과 상황의 변화와 무관하게 그 본질적 규정이 유지되는 이데아와 같은 권리가 아니라 정치적 실천이라는 활동에 의해 그 의미가 끊임없이 변경되고 재구성되는 '과정 중에 있는 권리'(right in the process)이며 하나의 원리로 환원할 수 없는 무수히 많은 권리들의 다양체를 표시하는 이름이다. 그렇다면 여러 개의 머리를 가진 히드라의 모습이 바로 프랑스혁명에서 나타난 인간의 권리에 부합하는 이미지가 아닐까? 다시 말해, 프랑스혁명은 무수히 많은 권리들을 머리로 가진 권리들의 히드라를 불러냈던 것이 아닐까?

5. 인권의 봉합으로부터 인권의 재정치화로

그러나 결국 이 히드라의 머리는 잘리게 된다. 부르주아지라는 헤라클레스에 의해서. 지금까지 프랑스혁명이 부르주아혁명이라는 통념을 비판해 왔지만 그러한 통념이 틀린 것만은 아니었음을 인정하게 되는 것도 바로 이 지점에서이다. 비록 구체제에 대한 투쟁의 순간에서는 일정한 연대를 형성하였으나 새로운 권리의 역사적 체제를 구성하는 과정에서는 서로 격돌하였던 이질적 사회세력들의 쟁투에서 최종적으로 패권을 차지한 것은 부르주아지였던 것이다. 절대군주와 귀족에 의해 지배되던 국가는 이제 서구의 백인 남성 자본가에 의해 통치되는 부르주아 공화국이 되었다.

새롭게 형성된 권리체제는 분명 이전의 체제보다는 인권을 더 많이 보장하는 것이기는 했다. 그러나 이 체제 하에서 여전히 많은 이들의 권리가 제한당했으며 다양한 자들이 권리의 분배로부터 배제되었다. 부르주아지가 구축한 새로운 체제는 자본의 가치증식이라는 절대적 원리를 중심으로 하여 형성되었다. 이 체제는 노동자들에 대한 착취에 물적 토대를 두고 있었다. 가부장적 성별위계와 이성애중심주의 역시 결코 철폐되지 않았으며 식민주의 또한 종식되지 않았고 유색인에 대한 배제와 차별역시 지속되었다. 인간의 권리를 대의로 하여 전개되었던 혁명은 결국 부르주아의 권리, 좀더 정확히 말하자면 백인-남성-부르주아의 권리가 특권화되는 것으로 귀결되었다.

하나의 원리에 의해 환원될 수 없던 다양한 권리들이 우글거리던 혁명의 열린 공간은 폐쇄되었고 그 다양한 권리들의 공동의 이름이었던 인간의 권리는 서구의 백인 남성 부르주아의 권리를 중심으로 봉합되었다. 프랑스혁명의 과정에서 승리하게 된 부르주아지는 이제 그 혁명의 이념이었던 인간의 권리 역시 자신들의 이해에 부합하는 것으로 전유하게 된다. 이렇게 서구에서 인권은 하나의 체제 내적 권리 개념이 된 것이다.

그러나 부르주아지의 승리는 결코 역전불가능한 절대적 지배 상태의 구축을 의미하지는 않았다. 그 승리는 잠정적인 것이었으며 언제나 새로운 세력의 도전 앞에 놓인 불완전한 승리였다는 것이 역시 분명한 사실이다. 인간의 권리가 백인-남성-부르주아에 의해 전유되자 비서구 유색인들, 여성들 그리고 프롤레타리아들은 자신들의 권리를 새로운 언어로 주장하였고 인간으로서 자신들의 권리를 위한 또 다른 정치적 운동들을 전개해 갔다. 동시에 인권이 단지 '저들'이 규정한 권리에 의해 한정될수 없다고 믿는 이들은 인권이라는 이름에 담긴 해방적 이상을 고집하며 인권의 경계를 확장해 가는 정치적 활동을 꾸준히 수행해 왔다. 프랑스혁명을 통해 분출하였던 인권의 정치가 비록 부르주아지에 의해 봉합되었어도 인권의 정치는 다른 형태로 계속되었던 것이다.

간주곡 1 _ 안전이 너희를 구원하리라?

「13구역」의 상상력

그러니까 그것은 단지 영화적 상상력만은 아니었을 것이다. 근 미래의 프랑스, 파리 시의 13구역이라 불리는 특정 지대에서 일상적인 치안활동으로는 도저히 관리할 수 없는 높은 범죄율이 유지되자 국가는 그 구역을 높은 콘트리트 벽으로 둘러싸서 격리시킨다. 13구역의 출입구 앞에는 중무장한 경찰들이 지키고 있어서 그 안에 사는 사람들은 밖으로 나올 수가 없다. 그곳은 일종의 거대한 수용소(camp)가 되어 버린 것이다. 그러나 이 수용소 안에는 바깥 세상의 법과 질서가 더 이상 통용되지 않는다. 국가는 13구역 주민에 대한 법적 통제나 관리를 포기하였다. 그 구역은 오로지 자의적 힘의 원리에 의해 움직이는 치외법권의 지대가 된 것이다. 피에르 모렐 감독의 프랑스 영화 「13구역」의 이야기는 바로 이 치외법권 지대에서 펼쳐진다.

이 영화가 흥미로운 것은 도시의 한 구역이 범죄자들, 혹은 잠재적 범죄자들을 구금하는 '감옥'처럼 보이지만 권력은 이 폐쇄구역에 구금된 범죄자들을 사회의 규범에 맞추어 교정하려 하지 않는다는 데에 있다. 푸코는 근대권력의 작동 방식으로서 규율을 분석한 『감시와 처벌』에서 감옥이야말로 사회 전체에 퍼져 있는 규율권력의 일반적이 작동모델이었다고 말한다. 그리고 이때 규율은 무엇보다 범죄자, 혹은 비행자의 일탈적 행위를 사회적 규범에 따라 교정하여 정상화하는 것이었다고 말한다. 하지만 「13구역」은 더 이상 권력이 범죄자나 비행자의 행위에 대해 감시와 처벌의 메커니즘을 따라 교정하는 방식으로 기능하지 않는다는 것을 보여 준다. 이제 이 영화에 나타날 권력은 골치 아픈 범죄자들을 단지 격리하고 버려 둘 뿐이다.

하지만 단지 범죄자들이나 비행자들을 격리하여 자기들끼리 살아가도록 내버려두는 것이 끝은 아니다. 어느 날 13구역 내부에서 살해당한 경찰관이 발견되고 파리 13구역에 대한 시민들의 분노와 불안은 드높아진다. 당국은 이러한 시민들의 여론을 기화로 사회불안의 온상인 13구역 자체를 제거할 계획을 세운다. 파리의 안전이 위협받는 것은 결국 13구역의 범죄자들 때문이며 파리의 안전을 유지하기 위해서는 13구역을 제거해야 한다는 것이 권력자들의 논리이다. 그러나 경찰관의 살해는 방치된 13구역을 재개발하여 개발이익을 얻으려는 권력자들의 음모였다. 범죄자들은 단지 격리되고 버려진 것이 아니라 권력의 필요에 의해 시민의 안전을 위협하고 사회의 불안을 야기하는 원인으로 치환되는 것이다.

"치안이 너희를 안심하게 하리라" : 주폭과의 전쟁에서 4대 사회악 근절론까지

이명박 정권 말기, TV 뉴스들은 일제히 주사 때문에 피해를 받는 선량한 시민들의 고통 문제를 보도한 적이 있다. 윗집에 사는 여성이 술에 취해 상습적으로 아랫집 문을 두드리고 욕설을 하거나, 술에 취해 길가는 시민을 상습적으로 폭행하는 남자의 이야기가 보도되었다. 곧이어 경찰은 '주폭'(酒暴)이라는 신조어를 만들어 내고 그것과 전쟁을 선포했다. 주폭의 문제점을 보도한 언론이나 주폭을 엄벌하겠다는 경찰의 논조는 우리 사회가 사소한 일탈행위에 대해서 너무나 관용적이어서 문제라는 것이었다. 사소한 일탈행위를 관용하게 되면 이 일탈행위는 곧 심각한 범죄행위로 손쉽게 발전하게 된다는 논리이다. 곧이어 정부와 서울시는 도시 내에 음주 금지구역과 주류판매 금지구역을 확장하기로 결정하였다. 대학 구내에서 음주가 금지되고 홍대나 명동과 같은 유흥 지구에서 실외주류 판매 금지를 추진 중이다. 그리고 이렇게 음주를 금하려는 권력의 조처를 시민들은 크게 반발하지 않고 수용하는 분위기이다. 안전과 쾌적한 일상을 위해 음주에 대한 엄정한 통제가 필요하다는 것이다.

더욱이 성범죄가 집중적으로 보도되면서 성범죄에 대한 시민들의 분노와 불안이 급증하게 되었다. 이러한 상황에서 집권여당의 한 국회의원은 성범죄자에 대하여 화학적 거세뿐만이 아니라 물리적 거세까지 가능한 처벌 법안을 발의하려 했다. 이는 봉건적 신체형을 부활시키는 반민주적·반인권적 작태라는 비난이 야당과 시민사회를 중심으로 제기되었고 여당의원들도 무리수라고 평가하기는 했고, 결국 이 법안은 아직까지 상정되지는 않았다.

하지만 성범죄에 대한 분노와 불안을 강하게 느끼는 시민들에게는 꼭 그렇게 황당하게만 보이는 조처는 아니었다고 할 수 있다. 성범죄는 엄정하게 처벌되어야 하는 것이 맞고 현재 대한민국 법원이 성범죄에 대한 처벌이 상대적으로 미약하다는 지적은 타당하다. 하지만 성범죄와 관련하여 중요한 것은 성범죄가 발생하게 되는 사회적 원인을 근본적으로 개선하는 것이지 성범죄자에 대한 보복성 처벌을 강화하는 것은 아닐 것이다. 그러나 현재 주류 미디어와 정부의 성범죄 대응 논리는 처벌권력을 강화하고 범죄발생을 막기 위해 공권력에 의한 사회적 통제를 강화하겠다는 방식으로 나타나고 있다.

박근혜 정권에 들어서는 '학교폭력, 성폭력, 가정파괴범, 불량식품'이 우리 사회의 안전을 위협하는 4대 사회악으로 지목되면서 정부는 이에 대한 엄단을 선포했고, 경찰만이 아니라 심지어는 '우체국'에서도 4대 사회악의 척결자를 자임하고 나섰다. 이와 같은 분위기 속에서 경찰은 경범죄를 강력하게 단속하겠다며 일상의 치안화를 밀어붙이고 있는 상황이다.

주폭과 같은 일상적 일탈행위로부터 성범죄에 이르는 심각한 범죄에 이르기까지 우리 사회에서 범죄가 증가하고 있으며 시민의 안전에 심각한 위험이 조성되고 있다는 생각을 주류 미디어와 정부는 현재 확산키고 있다. 시민들의 안전을 보호하기 위해서는 시민의 일상에 대한 권력의 통제와 범죄행위에 대한 강력한 처벌이 가능한 치안권력의 강화가 불가피하다는 입장이 호응을 얻고 있다. 사회질서를 위협하고 사회불안을 증식시키는 범죄로부터 사회를 보호하기 위해서는 인권이나 시민의 권리가 어느 정도 제한되더라도 국가의 치안활동이 강력해져야 한다는 것이다. 이런 맥락에서 급기야 '치안복지'라는 해괴한 개념까지 등장했다.

치안이라는 명분으로 국가권력이 강화되는 양상은 사실 민주화 이후에도 지속적으로 강화되어 왔으며 이명박 정부에서 이러한 경향은 더욱 첨예하게 나타났다. 정부에 대한 일상적 비판을 빌미로 시민을 기소하는 일이 발생하고, 노동자, 농민 빈민의 투쟁을 경찰병력을 동원해 폭력적으로 진압하며, '종북척결'을 빌미로 국가보안법 위반 혐의자를 잡아들이는 등 이명박 정부는 법질서의 확립과 치안의 유지를 명분으로 국가폭력을 꾸준히 강화해 왔다. 그리고 이러한 기조는 박근혜 정부에서도 여전히 이어지고 있다.

범죄로부터 사회의 안전을 보호한다는 명분은 곧이어 사회의 지배 질서에 도전하고 이의를 제기하는 모든 세력을 안전위협세력으로 규정 하며 국가의 치안기구를 통해 억압하는 것으로 이어졌다. 소수 기득권자 들의 이익을 위해 다수 대중의 삶을 끊임없이 불안정화하는 우리 사회의 지배질서에 대한 저항과 문제제기를 오히려 사회의 불안을 야기하는 행 동으로 규정하고 이를 국가폭력으로 억제하는 것이 현 정권의 통치방식 이다.

노동자들과 철거민을 사회적 안전을 위협하는 위험요소로 몰고 갔 던 권력은 이제 사회 전체에 이러한 위험요소들이 즐비하다고 선전하며 시민들의 안전을 위협하는 위험요소를 통제하고 제거하기 위해서는 국 가권력이 더욱 강화되어야 한다고 주장하고 있는 것이다. 현재 우리 사회 의 안전은 범죄와 폭력에 의해 위험에 처해 있으며 사회의 안전을 보호 하기 위해서는 국가의 권력에 대한 시민적 통제는 약화되어야 하고 시민 의 일상에 개입할 수 있는 국가권력과 범죄자에 대한 국가의 강력한 대 응폭력이 강화되어야 한다고 권력은 말하고 있다.

구별불가능해진 공적 폭력과 사적 폭력

그러나 안전사회의 건설, 치안질서의 확립을 위한 공권력의 강화는 국가 의 공적 폭력만을 강화한 것은 아니었다. 모든 사적 폭력을 제한하고 오 로지 국가기구에 의해 사용되는 공적 폭력만을 인정하는 '폭력의 독점' 이 근대 국민국가의 핵심적 특징이라는 막스 베버의 정식이 무색하게 지금 대한민국에서는 권력에 의한 사적 폭력의 동원이 너무나 자연스럽게 이루어지고 있다. 소위 사설경비업체라 불리는 '용역'이 인민의 권리 투쟁을 폭력을 통해 짓밟고 있는 것이다.

말이 좋아 사설경비업이지 사실 노동자들, 철거민들, 지역주민들의 농성현장에 난입하여 폭력으로 농성을 해산하려 시도하는 '용역'들은 일종의 '청부폭력집단'이다. 이들의 조상은 자유당 독재정권이나 군사독재정권 시절의 정치깡패나 구사대라고 할 수 있다. 그들은 정부나 자본이 공식적으로 해결하기 어려운 사안에 대해 청부를 받아 폭력으로 그 사안을 해결하고 온갖 이권을 챙기는 존재들이었다. 하지만 요 몇 년 사이 이와 같은 청부폭력의 양상과 위상이 달라지고 있다.

무엇보다 사설폭력집단에 폭력의 행사를 요청하는 것이 공개적이고 공식적으로 이루어지고 있다는 점에 주목할 필요가 있다. 가령 소위 '포이동 판자촌'에 들이닥쳐 주민들을 폭행하고 건물들을 파괴한 용역들은 강남구청의 청부를 받아서 그렇게 했다는 점이 중요하다. 알다시피 구청이란 지방정부의 한 형태이다. 즉 국가기관의 일종이라는 것이다. 그리고 비록 '포이동 판자촌'의 주민들이 무허가 상태로 그 지역에 거주하고 있지만 이들은 어디까지나 대한민국의 국민으로서 국가기관의 보호대상이다. 그런데 국가기관인 강남구청이 사설폭력집단에게 국민에 대한 폭력 행사를 청부한 것이다.

이 속에서 우리는 용역이라는 사적 폭력이 국가기관의 목적에 의해 '공적'으로 사용되는 사태에 직면하게 된다. 이와 같은 사태는 일차적으로 사적 폭력집단이 하나의 기업으로, 즉 폭력을 판매하는 기업으로 자본주의 시장질서에 공식적으로 편입되는 것을 통해 가능해졌다. 이들은 과거와 달리 법적 질서 밖에서 음성적으로 폭력을 행사하는 것이 아니라 폭력을 상품의 형태로 자본주의 법 질서 안에 등록함으로써 '합법적'으로 폭력을 행사할 수 있게 된 것이다. 정부는 그 상품의 구매자로서 당당하게 사적 폭력을 소비하고 있는 것이다. 이를 통해 공권력이라 불리는 국가폭력이 외주화되고 있다. 그리고 이는 동시에 사적 폭력이 공적 폭력화 되는 사태를 나타내고 있다.

이와 더불어 주목해야 할 또 다른 현상은 국가폭력의 사적 폭력화 현상이다. 가령 부산 영도의 한진중공업, 충남 아산의 유성기업 등의 경우, 노동자들이 공장을 점거하고 농성을 시작하고 이를 지지하는 시민들의 연대가 강화되자 이 공장의 경비를 경찰이 책임지게 되었다. 자본은 국가에 자신의 소유물에 대한 시설보호요청을 하였고, 국가는 자본의 요구에 따라 한진중공업과 유성기업 등에 경찰을 보내 점거 농성중인 노동자들을 끌어내고 연대대오들의 공장진입을 막았던 것이다.

물론 자본이 자신의 소유물에 대해 국가의 보호를 요청하는 것은 소유권이라는 권리를 행사한 것이다. 자본이 소유권을 가지고 있다면 노동자들과 시민들은 노동3권과 집회와 시위의 자유라는 권리의 주체이다. 파업 중인 노동자들의 공장점거 및 이러한 노동자들의 투쟁에 연대하려는 시민들과 자기 소유물의 안전을 보장하려는 자본의 충돌은 일종의 권리 사이의 충돌이었다.

그런데 국가는 시설보호를 명목으로 경찰들을 공장에 파견하여 농성을 진압하고 연대단위들을 폭력으로 해산하였다. 이는 노동3권과 집회 및 시위의 자유라는 권리와 자본의 소유권이라는 권리가 충돌할 때 국가가 자신에게 부여된 공적 폭력을 통하여 일방적으로 소유권이라는 자본의 권리만을 옹호하고 방어하고 있음을 보여 준 것이다. 현재 경찰력은 자본의 사적 소유권을 보장하기 위해 노동자들의 권리와 시민들의 권리를 폭력적으로 억압하고 있다. 이는 경찰이라는 국가폭력, 즉 공권력이 자본의 사적 소유물을 지키는 경비업체화되는 현상을 보여 준다고 하겠다. 여기서는 공적 폭력의 사적 폭력화, 공권력의 사사화 현상이 일어나고 있는 것이다.

더욱이 용산에서, 한진중공업에서, 유성기업에서, 제주강정마을에서, 밀양에서 노동자들과 민중들의 절박한 투쟁을 폭력으로 진압하는 과정이 경찰병력과 용역들의 '공조'를 통하여 이루어졌다는 사실은 상징적으로 사적 폭력의 공적 폭력화 현상과 공적 폭력의 사적 폭력화 현상이 서로 만나고 뒤섞이고 있음을 보여 준다. 오늘날 우리는 이렇게 공적 폭력과 사적 폭력을 구별하는 경계들이 희미해지는 사회 속에서 살고 있다. 국가의 공적 폭력은 자본의 소유권을 보장하기 위해 사사화되고, 용역들의 사적 폭력은 자본과 국가기관의 편의를 위해 공권력화되고 있다.

결국 이렇게 공적 폭력과 사적 폭력의 경계가 흐려지고 두 폭력이 뒤섞이는 현상은 자본의 논리에 의해 사회적 질서가 전면적으로 재편된 오늘의 현실과 맞닿아 있다. 이와 같은 사적 폭력의 공권력화와 공권력의 사사화는 권력이 그토록 강조하는 사회의 안전이라는 것이 누구의 안전인지를 보여 준다. 그 안전이란 결국 지배체제의 안전이며 그 체제 안에서 기득권을 누리는 자들의 안전인 것이다.

공안정국의 새로운 양상

군부독재 시절 북한에 의한 국가의 위기를 강조하며 시민적 권리를 유보하거나 제한함과 동시에 국가폭력을 강화하던 통치방식이 있었다. 군부독재에 맞서는 진영에서는 그러한 통치방식이 관철되던 상황을 흔히 공안정국이라고 불렸다. 북한과 같은 외적에 의해 국가의 안전이 위협받는 상황을 타개하기 위해 국가권력을 강화하는 것이 이 시기 공안정국의 핵심이었고 이는 군부독재정권의 고유한 통치방식인 것처럼 보였다. 그리고 사실상 군부독재는 바로 이러한 공안정국에 기초하여 유지될 수 있는 체제였고 그러한 한에서 군부독재 체제 전체가 바로 공안정국에 의해 유지되는 체제, 즉 공안체제(security regime)였다고 할 수 있다.

하지만 이러한 공안정국은 민주화 이후 시대인 오늘날에도 여전히 조성되고 있다. 다만 국가의 안보가 사회의 안전으로 바뀌었으며 안전을 위협하는 세력이 북한에서 범죄자들과 일탈행위자들, 그리고 저항세력으로 바뀌었지만 말이다. 사회의 안전을 위협할 수 있는 범죄를 예방하고, 발생한 범죄를 엄벌하기 위해 시민적 권리의 제한을 받아들이고 시민의 일상에 대한 국가권력의 통제 강화를 용인하고 국가의 폭력 사용에 대한 제한을 최소화하는 오늘날의 경향은 우리로 하여금 또 다른 형태의 공안체제가 도래했음을 목도하게 하는 것은 아닐까? "사회를 보호해야 한다"는 명분하에 사회불안의 모든 책임을 범죄자들에게로 전가하며, 이를 구실로 반체제적 집단저항을 사회의 위험요소로 규정하고 범죄화하며 국가의 치안권력을 갈수록 강화하는 현 상황이 보여 주는 것은 업그레이드된 공안체제가 아닐까? 소수의 특권을 위한 체제에 반대하거나 그로부터 이탈하는 이들을 폭력을 통해 무권리의 지대로 추방하고 그들의 존재를 철저하게 무기력화하는 체제가 수립되고 있는 것은 아닐까? 그러니까 「13구역」, 그것은 단지 영화적 상상력만은 아니었을 것이다.

3장 _ 인권과 그 불만들

1. '최후의 인간'과 인권의 역설

한때 각종 포스트주의가 한국 지식사회를 휩쓸 때, 그러한 사조의 첫머리에 항상 언급되는 철학자가 있었다. 프리드리히 니체. 근대성에 대한 근본적 비판, 형이상학에 대한 철저한 파괴, 휴머니즘의 급진적 전복 등…. 그는 해체와 전복의 철학자였다. '공산주의'와 '인간해방'이라는 열망이 '근대'의 낡은 꿈으로 치부되던 시기, 새로운 돌파구를 찾아 푸코, 데리다, 들뢰즈 등을 따라 난 길을 열심히 갔던 한국의 진보 지식인들이 필연적으로 만날 수밖에 없는 철학자가 니체였다. 그리고 오랜 시간이 지나는 동안 이제 니체는 진보적 지식인들의 '교양필수과목'이 되었다. 내 주변의 많은 선배들과 동료들도 열심히 니체를 읽었다. 그런데 나는 니체의 저작으로 진행하는 세미나에 한 번도 참여해 본 적이 없었고, 니체에 대한 강의도 들어 본 적이 없었다. 니체의 저작을 그리 열심히 읽지도 않았다. 그것은 내가 니체에 대해서 어떤 거부감 내지는 반감을 가지고 있기 때문이었다.

차이를 통해 존재를 사유하고 차이로부터 새로운 정치적 해방의 가능성을 꿈꾸는 차이의 철학을 지지하고 옹호하지만 그러한 차이의 철학의 대표자로 니체가 지목되는 것에 나는 여전히 불편함을 느낀다. 가령 '거리에의 열정'(das Pathos der Distanz)과 같은 니체의 용어는 차이의 철학이 작동하는 방식을 잘 보여 주고 있다고 평가된다. 타인과 명확하게 구별되는 자신만의 독특성을 추구하는 것, 시대의 일반적 가치, 도덕, 정신에 편승하지 않고 자신만의 가치를 입법해 감으로써 다른 이들과의 거리를 벌려 가는 이 태도는 차이의 윤리학을 위한 경구처럼 받아들여진다. 니체의 이 경구가 등장하는 맥락을 보자.

> '인간'이라는 유형을 향상시키는 모든 일은 지금까지 귀족적인 사회의 일이었다. 그리고 앞으로도 항상 그렇게 반복될 것이다 : 이와 같은 사회는 인간과 인간 사이의 위계질서나 가치 차이의 긴 단계를 믿어 왔고 어떤 의미에서 노예제도를 필요로 했다. 마치 혈육화된 신분 차이에서, 지배 계급이 예속자나 도구를 끊임없이 바라다보고 내려다보는 데서, 그리고 **복종과 명령, 억압과 거리의 끊임없는 연습**에서 생겨나는 **거리의 파토스**(das Pathos der Distanz)가 없다면, 저 다른 더욱 신비한 파토스, 즉 영혼 자체의 내부에서 점점 더 새로운 거리를 확대하고자 하는 요구는 전혀 생겨나지 못했을 것이다.[1]

물론 많은 니체 해석자들이 지적하는 것처럼 그가 말하는 귀족과 노예의 구별, 혹은 강자와 약자의 차이가 출생에 귀속되는 세습적 지위에 의해 규정되는 것이 아니라, 타인의 시선이나 평가에 휘둘리지 않고, 스

---

1) 프리드리히 니체, 『니체전집』 14권, 김정현 옮김, 책세상, 2002, 271쪽. 강조는 인용자.

스로가 자신에게 부여한 법에 따라 자신의 가치를 추구하는 삶의 태도에 의해 규정되는 것임을 나 역시 굳이 부정할 생각은 없다. 하지만 그러한 니체 해석이 니체의 사상을 너무 '좋은 쪽'으로만 해석하는 것은 아닐까 라는 의문을 떨칠 수 없는 것 또한 사실이다. 위의 인용문이 보여 주듯이 그가 긍정하는 거리의 파토스란 분명 '혈육화된 신분 차이'에서, 그리고 '복종과 명령', '억압과 거리'로부터 형성되는 것이라는 점에서 그는 역사적 귀족제를 긍정적인 것으로 보았던 점 역시 무시될 수 없다는 것이다.

이는 프랑스혁명에 대한 니체의 태도가 잘 보여 준다. 그는 '부패'에 대해 논하면서 그것을 생명의 힘에 대한 부정, 삶에 대한 부정적 태도가 표현되는 것으로 파악한다. 니체에 따르면 이러한 부패를 가장 잘 보여 주는 것이 바로 프랑스혁명이다. "어떤 귀족 체제가 혁명 초기의 프랑스처럼 숭고한 구토와 함께 그 특권을 던져 버리고, 스스로를 그 과도한 도덕적 감정의 희생양으로 바친다면, 이것이 부패이다."[2]

니체의 저작에는 이러한 표현이 한두 번 나오는 것이 아니다. 세계를 고정된 영원한 본질에 의해 해석하지 않고 서로 차이 나는 힘들의 역동적 작용관계에 의해서, 그 힘들의 차이에서 일어나는 생성으로 이해하는 그의 존재론이 분명 차이의 철학에 던져 준 영감이 놀라운 것이라고 해도 그의 귀족적 윤리학, 혹은 강자의 도덕은 나에게는 여전히 불편한 사유이다. 더욱이 모든 인간이 권리상 평등하며 그 가치가 동등하며 서로화해와 협력을 통해 인간성을 보다 더 잘 실현할 수 있다고 주장하는 '인권의 관점'에서 보자면 니체의 사유는 용납하기 힘들어진다. 진정으로 '훌륭하고 건강한 귀족체제'의 본질은 "그 스스로를 위해 불완전한 인간

---

2) 니체, 『니체전집』 14권, 272쪽.

이나 노예, 도구로까지 억압당하고 약해져야만 하는 무수히 많은 희생을 양심의 가책 없이 받아들인다는 것"[3]에 있다고 주장하는 니체가 어떻게 인권과 만날 수 있겠는가? 아마 니체 스스로가 자신을 인권과 결부시키는 것을 강하게 거부할 것이다.

그러나 나는, 여전히 니체에 대해서 거부감을 가지고 있고 또 그가 불편하지만, 오늘날 인권이 직면하고 있는 어떤 난점을 성찰하기 위해서는 니체의 경고를 곱씹어 볼 필요가 있다고 생각한다. 그것은 소위 '최후의 인간'에 대한 니체의 문제제기이다.

보라! 나는 너희들에게 최후의 인간을 보여 주겠다. "사랑이란 무엇인가? 창조란 무엇인가? 동경이란 무엇인가? 별이란 무엇인가?" 최후의 인간은 이렇게 말하고는 눈을 깜박인다 …… "우리는 행복을 찾아냈다." 최후의 인간은 이렇게 말하고는 눈을 깜박인다. 그들은 살기 힘든 지역을 버리고 떠나갔다. 따뜻한 기운이 필요하기 때문이다. 사람들은 아직도 이웃을 사랑하며 이웃의 몸에 자신의 몸을 비벼댄다. 따뜻한 기운이 필요했기 때문이다. 병에 걸리는 것과 의심을 품는 것이 그들에게는 죄스러운 것이 된다. 그리하여 저들은 아주 조심조심 걷는다. 아직도 돌에 걸리거나 사람에 부딪혀 비틀거리는 것은 바보나 하는 짓거리가 아닌가! …… 그들은 낮에는 낮대로, 밤에는 밤대로 조촐한 쾌락을 즐긴다. 그러면서도 건강은 끔찍이도 생각한다. "우리는 행복을 찾아냈다." 최후의 인간은 이렇게 말하고는 눈을 깜박인다.[4]

---

3) 니체, 『니체전집』 14권, 272~273쪽.
4) 프리드리히 니체, 『니체전집』 13권, 정동호 옮김, 책세상, 2000, 23~25쪽. 여기서는 국역본에

니체가 말하는 '최후의 인간'이란 새로운 가치 창조에 따르기 마련인 역경과 고난을 도저히 무릅쓰지 못하는 자, 그저 자신의 안락함과 편리만을 추구할 뿐, 자신의 극복과 변화를 위한 고통스러운 훈련과 투쟁을 견딜 수 없는 자들을 뜻한다. 그들은 타인의 무기력함을 자신의 무기력함을 정당화하는 위안거리로 삼고, 새로운 가치를 추구하는 것을 피곤해 하며, 그저 개인의 목숨을 안락하게 이어가는 것을 인생 최대의 행복으로 여기는 자들이다. 고통이 없고 아픔이 없는 안온한 삶, 타인과 아무런 갈등도 없이 서로가 같은 상태에서 서로를 위안하며 만족하는 삶에 머무는 자들. 그들이 바로 니체가 말하는 최후의 인간이다. 그리고 이들이 추구하는 최고의 가치는 바로 고통 없는 삶의 지속이며 그 근거가 될 수밖에 없는 생명의 안전이다.

인권이란 인간에게 가해지는 모든 억압과 차별, 부당한 고통을 거부하는 윤리적·정치적 태도와 결부된 이념이다. 그리고 그것은 궁극적으로 인간의 존엄성을 최상의 가치로 삼는 입장이다. 그런데 인간의 존엄성이라는 것은 근본적으로 인간의 생존을 전제할 수밖에 없다. 인간의 생존을 위협하는 상황이야말로 가장 반인권적인 것으로 치부된다. 생명을 유지할 수 있는 권리, 다시 말해 생존의 권리야말로 모든 인간에게 보장되어야 할 근본적인 권리이다. 생명의 가치를 무시하는 인권사상이란 어불성설이다.

그런데 인간의 생명과 생존의 권리가 인권의 기본이라는 것이 곧 그것이 인권에서 절대적이고 지고한 권리임을 뜻하는 것은 아니다. 만약 생명의 가치와 생존의 권리가 인권의 절대적 가치이자 지상의 권리로 등치

'비천하기 짝이 없는 인간'으로 의역된 'der letzte Mensch'를 '최후의 인간'으로 직역하였다.

되면 인권에는 어떤 전도가 발생하게 된다. 인권은 인간이 살아 있다는 사실에 기초할 수밖에 없고 인간의 생명을 보호하고 지키는 것이 인권의 근본명제라는 주장에서는 생존이 위협받는 상황이라면 다른 권리들은 잠시 유보되거나 포기되어도 좋다는 발상이 타당성을 얻게 되는 것이다. 이는 주로 국가나 자본에 의해 일어나는 인권의 유보나 억제를 정당화하는 논리이기도 하다.

하지만 과연 절대적 권리인 생존을 위해 다른 인권을 유보하고 억제하는 것은 정당하다는 논리가 반드시 자본과 권력만의 논리라고 할 수 있을까? 오히려 역사적 인권담론은 이러한 전도로부터 과연 자유롭기만 한 것일까? 다시 말해 인간의 생존에 속박당하지 않는 인간의 권리를 인권은 말할 수 있을까? 아니 그것이 논리적으로 가능하기나 한 것일까? 인권이 인간의 생존권을 중시하고 인간의 생명을 인권의 최고 가치로 삼는다는 것을 부정하는 것 역시 쉬운 일은 아니다. 하지만 인권이 곧 인간의 생명과 동일시되고 인간의 생존을 절대적 가치로 삼게 되는 순간 인권에서 전제되는 인간은 니체가 말하는 최후의 인간이 될 가능성이 열린다.

오늘날 인권에 대한 비판이 향하는 지점도 바로 여기이다. 인권에서 말하는 인간이란 도대체 어떤 인간인가라는 질문이 현대 인권비판의 논의들을 관통하고 있다. 다시 말해 인권이 말하는 그 인간이란 니체가 말하는 최후의 인간의 또 다른 형태가 아닌가라는 질문이 인권에 대한 비판적 사유의 역사에는 반복되고 있다. 여기서는 이러한 문제의식 하에서 전개된 인권에 대한 급진적 비판들을 살펴보고자 한다. 이러한 비판을 통과할 때 인권의 정치는 현재 인권의 이론적 위기를 넘어설 수 있는 돌파구를 찾을 수 있을 것이다.

2. 맑스 : 인권은 충분히 해방적인가?

장기 프랑스혁명의 자장 속에서 등장한 새로운 권리체제 구축 운동이었던 사회주의는 초창기부터 인권에 대해 회의적이었다. 가령 프랑스 사회주의의 시조에 해당하는 샤를 푸리에는 가난한 이들이 생존을 유지할 수 있는 아무런 수단도 제대로 보장받지 못한 현실 속에서 "헌법, 그리고 양도할 수 없는 권리에 대한 논의가 기만적이라고 주장했다."[5] 그에게는 말 뿐인 인간의 양도할 수 없는 권리와 존엄성보다는 구체적으로 일할 수 있는 권리가 더 중요했던 것이다. 사회주의 전통에서 인권에 대해 불편한 심기를 드러낸 이들은 적지 않았지만 인권에 대해 가장 체계적인 비판을 가한 사람은 역시 칼 맑스였다.

1844년 『독불연보』에 실린 맑스의 「유태인 문제에 대하여」는 '공산주의'의 관점에서 행해진 최초의 체계적 인권 비판이었다. 당시 독일의 진보적 지식인들은 인권의 이름으로 독일 유태인의 시민권을 보장해야 한다는 주장을 펼치고 있었다. 그런데 독일 진보 지식인의 대표급 인물이었던 부르노 바우어는 이러한 유태인 해방에 반대하였다. 그는 유태인이 해방되기 위해서는 먼저 유태인이 자신의 고유한 종교적 정체성을 버리고 독일 시민에 동화되어야 한다고 주장했다. 독일에 거주하는 유태인의 종교적 자유를 인정하는 '유태인 해방'으로는 부족하다는 것이다. 독일에서 종교적인 지배 자체를 철폐하는 정치적 해방의 운동에 시민으로서의 유태인이 참여해야만 유태인의 해방도 비로소 이루어 질 수 있다는 것이 바우어의 생각이었다. 그에게 정치적 해방이란 국가가 종교의 지배

---

5) 헌트, 『인권의 발명』, 227쪽.

로부터 벗어나서 보편적 인권이라는 세속적 질서에 의해 운영되는 것을 의미했다. 즉 유태인의 독자적 정체성을 유지하는 채 그들의 시민권을 인정하는 해방이 문제가 아니라 시민들의 보편적 정치적 해방이 문제라는 것이다.

맑스는 여기서 이 '정치적 해방'이라는 개념 자체를 문제 삼는다. 맑스는 역시 정치적 해방이라는 논리는 국가가 종교의 지배력으로터 자립화되고 자율성을 획득하는 것이라고 본다. 더 이상 종교의 초월적 규범이 현실의 국가를 규정하지 않는 상황이 바로 정치적 해방이 지향하는 것이다. 여기까지는 바우어의 문제의식과 상통한다. 하지만 맑스는 종교로부터의 국가의 자립이 진정한 해방이라고 파악하는 바우어의 입론은 해방을 가로막는 억압의 본질을 비켜가는 잘못 설정된 문제틀이라고 비판한다. 맑스가 보기에는 인민이 억압적 상황에 놓여 있는 것은 종교의 지배로 인한 것이 아니라 국가의 진정한 토대인 '시민사회'[6]의 모순으로 인한 것이기 때문이다.

맑스는 시민사회야말로 모든 정치적 국가의 전제라고 말한다. 그리고 시민사회에서 인간은 자신의 이기적 욕망에 따라 행동하고 물적 이득을 추구하며 서로 투쟁하는 관계 속에 있다. 정치적 국가란 물질적 이해관계에 따라 서로 상쟁하는 인간들의 적대와 모순관계를 은폐하는 가상적인 통일성, 즉 시민사회의 인간들이 스스로를 공통이익을 위해 협력하는 '공동존재'로 파악하는 상상적 영역이다. 시민사회에서 인간은 서로

---

6) 맑스가 말하는 시민사회(Bürgerlichen Gesellschaft)란 헤겔이 『법철학』에서 '욕구의 체계'로서 정의한 시민사회, 즉 물질적 생산, 유통, 소비가 이루어지는 영역, 오늘날 경제라고 불리는 영역을 의미한다.

투쟁하고 갈등하는 자들로 존재하지만 국가에서는 공동선을 위해 협동하는 존재로 나타난다.

맑스에게 종교란 바로 시민사회와 국가 사이의 이와 같은 모순이 표현되는 현상적 수준의 문제일 뿐이다. 독일과 달리 유태인들이 시민권을 획득한 국가나 민주주의가 정착된 국가들에서도 종교는 여전히 없어지지 않았다. 종교의 다양성에 대한 인정이 있을 뿐 종교의 철폐로 인한 정치적 해방 따위는 이루어지지 않았다는 것이다. 그래서 맑스는 말한다. "종교로부터 해방은 비록 특권적 종교는 아니라 할지라도 종교를 존속시켰다. 특정 종교의 신자가 시민(citoyen)으로서의 자신과의 사이에 겪는 모순은 정치적 국가와 시민사회 간의 일반적인 세속적 모순의 한 부분일 따름이다. 스스로를 국가라고 천명하고 자신의 구성원의 종교를 사상시킨 국가는 기독교 국가의 완성이다. 종교로부터 국가의 해방이 종교로부터 현실적 인간의 해방인 것은 아니다."[7]

정치적 해방을 주장하는 자들은 그 구체적 형태를 인권의 제도적 보장에서 찾는다. 종교적 권위로 인간의 고유한 권리를 억압하거나 침해하는 일이 멈추어 질 때, 그리하여 인간 자체가 모든 권리의 척도가 될 때 비로소 정치적 해방이 이루어진다는 논리이다. 다시 말해 인간의 권리를 보장하는 국가질서가 확립될 때 비로소 정치적 해방이 달성되었다는 것이 그들의 견해였다. 물론 맑스는 이러한 견해에 동의하지 않는다. 그는 소위 정치적 해방과 결부된 인권담론에서 해방의 계기가 아니라 오히려 또 다른 형태의 억압의 계기를 발견한다. 맑스는 우선 시민권(droits du citoyen)과 인권(droits de homme)을 구별한다. 시민권이 정치적 국가의

---

7) 칼 맑스, 『마르크스의 초기저작 : 비판과 언론』, 전태국 외 옮김, 열음사, 1996, 351쪽.

구성원이 가지는 권리라면 인권이란 시민사회의 구성원이 가지는 권리
이다. 맑스에 의하면 시민사회 구성원이 가지는 권리로서 인권이란 "인
간들과 공동체로부터 분리된 이기적인 인간들의 권리 외에 아무것도 아
니라는 사실"[8]에 다름 아니다.

이런 관점에 입각해 맑스는 특히 「인권선언」에 나타난 인권의 핵심
적 가치들인 자유, 평등, 소유, 안전이 무엇을 의미하는지 밝힌다. '타인
의 권리를 침해하지 않는 한 모든 것을 할 수 있는 능력'(선언 6조)으로서
자유란 "인간과 인간의 결속에 기초하는 것이 아니라 오히려 인간과 인
간의 구별에 기초한다. 자유는 이 구별의 권리이며, 제약된, 자기 자신에
게 한정되어 있는 개인의 권리이다."[9] 자유권이 이처럼 이해될 때, 사적
소유권이야말로 한 인간을 다른 인간과 구별할 수 있도록 해주는 핵심적
권리이며, 자유권을 실천적으로 구현할 수 있는 원천이라 할 수 있다. "사
적 소유라는 인권은 타인과의 관계는 일체 단절한 가운데 사회와도 무관
하게 자신이 재산을 마음대로 향유하고 처분할 수 있는 권리, 즉 자기만
의 이용의 권리이다."[10] 사적 소유권이야말로 시민사회의 토대를 이루는
것이다.

사실상 맑스에게서 시민사회란 일종의 자연상태와 유사한 성격을
갖는다. 자신의 경제적 이익을 무한정하게 추구하는 이기적 인간들의 세
계가 시민사회이다. 다만 이것이 홉스적 사회계약론의 자연상태와 다른
것은 경제적 이익을 추구할 권리가 타인의 경제적 이익을 침범해서는 안

---

8) 맑스, 『마르크스의 초기저작 : 비판과 언론』, 354쪽.
9) 같은 책, 355쪽.
10) 같은 책, 355쪽.

된다는 룰에 의해 묶여 있다는 점에 있다. 평등은 시민사회에서 모두가 경제적 이익을 이기적으로 추구할 권리의 평등을 의미한다. "여기서 평등은 비정치적 의미의 것으로, 위에서 기술한 바로 그 자유의 평등, 즉 누구나 균등하게 자기의존적 단자로 간주된다는 의미에서의 평등에 지나지 않는다."[11] 안전이란 시민사회의 이기적 개인이 자신의 자유, 평등, 소유의 권리를 누릴 수 있는 상태를 경찰의 힘으로 보장받을 수 있는 권리이다. "안전은 시민사회 최고의 사회적 개념으로서, 다름 아니라 전체 사회는 오직 그 구성원 개개인의 인격과 권리와 재산을 지켜 주기 위해 존재함을 의미하는 경찰 개념이다."[12] 안전에의 권리는 개인들의 경제적 이익추구를 보장하는 '이기주의의 안정화'를 보장하는 권리라는 것이다.

맑스는 인권을 인간의 '현실적 해방', 즉 진정한 해방을 보장할 수 없는 불충분한 권리라고 보았다. 아니 그것은 프랑스혁명의 승리자들인 부르주아지의 권리를 보장하기 위한 허위의식으로서의 '이데올로기'에 불과한 것이었다. 봉건제와 절대군주정에 의해 억압되었던 시민사회에서 이기적 개인들이 자신의 경제적 이익을 최대한 추구할 수 있는 권리에 대한 요구가 바로 '인간의 권리'라는 이름으로 제기되었던 것이다.

그러므로 이른바 인권 중에서 그 어느 것도 이기적 인간, 시민사회의 구성원으로서의 인간, 즉 자기에게 매몰되고 자신의 사적 이익과 사적 의지에 매몰되어 공동체로부터 분리된 개인을 초극하지 못한다. 인권 속에서는 인간이 유적 존재로서 파악되기는커녕 오히려 유적 삶 그 자체 곧

---

11) 맑스, 『마르크스의 초기저작 : 비판과 언론』, 355쪽.
12) 같은 책, 356쪽.

공동사회(gemeinschaft)가 개인의 외부에 있는 영역, 개인의 본원적 자립성에 대한 제약으로 나타난다. 자연적 필연성, 욕구와 사적 이익, 각자의 재산의 보존과 각자의 이기적 인격만이 개인들을 하나로 묶는 유일한 끈이다.[13]

결국 인권이라는 가치를 내세워 이룬 '정치적 혁명'으로서 프랑스혁명은 시민사회의 해방, 이기적 인간의 권리를 정치적으로 보장하는 혁명이었다. 그렇기 때문에 인권을 위한 정치적 혁명은 진정한 의미에서 인간의 현실적 해방, 진정한 해방을 쟁취하지 못한다. 인간의 진정한 현실적 해방이란 인간이 다른 인간과 더불어 연합하여 유적 존재가 되는 것을 통해서 이루어지는 것이기 때문이다. "현실적이고 개별적인 인간이 추상적 시민을 자신 속으로 환수하고, 개별적 인간으로서 자신의 경험적 삶, 개별적 노동, 개별적 관계 속에서 유적 존재가 되었을 때, 그리고 인간이 자기 '고유의 힘'을 사회적 힘으로 승인하고 조직하며, 따라서 그 사회적 힘이 더 이상 정치적 힘의 형태로 자기 자신으로부터 분리되지 않을 때, 이때 비로소 인간 해방이 완성된다."[14] 그리고 그러한 인간 해방이란 부르주아지의 지배질서, 사적 소유에 기반한 시민사회의 질서, 즉 자본주의의 폐절로 가능하다. 자본주의에 대한 폐절 없이 인간해방 역시 없다는 것이다. 맑스에게 인권은 사실상 자본주의적 인간의 무제한적 이윤추구를 정당화해 주는 권리, 자신의 생존과 안락을 위해 더 많은 이윤을 추구해야 하는 이기적 인간의 권리, 동물적 존재의 권리에 지나지 않는 것이

---

13) 맑스, 『마르크스의 초기저작 : 비판과 언론』, 356쪽.
14) 같은 책,

었다. 그러므로 인권은 인간해방을 위한 권리가 될 수 없다는 것은 그에게 너무나도 자명했다.

3. 아렌트 : 인권은 충분히 실효적인가?

프랑스혁명 효과 중 하나는 그것이 근대적인 국가 간 체계를 확립시켰다는 데 있다. 종교개혁으로 인해 발발된 30년 전쟁이 종결되면서 유럽은 베스트팔렌에서 국경을 획정하는 조약을 맺게 된다. 이로써 근대적 영토국가의 시대로 진입하는 길이 열렸다. 그러나 프랑스혁명이 있기 전까지는 근대적 국민국가를 구성하는 국민 개념이나 국민주권 개념이 실체적으로 작동하지는 않았다. 프랑스혁명은 여타의 민족들에게 국가수립의 의지를 자극했으며 유럽에서 근대적 국민국가의 탄생을 촉발하는 중요한 계기 가운데 하나가 되었다.

물론 오늘날 세계체계를 형성하고 있는 국가 간 체계가 지금의 형태로 완성된 것은 제2차 세계대전 이후라고 할 수 있다. 제2차 세계대전 이후 서구 제국의 식민지들이 대부분 독립하면서 세계의 모든 대지는 이제 국민국가에 의해 분할되었고 세계의 모든 인구는 형식적으로 국민국가의 일원이 되었다. 그리고 국가는 모든 인간적 권리의 실제적 보증자이자 구현자로 등장하게 되었다.

그런데 전세계가 국민국가들로 구성된 체계에 의해 질서화되면서 권리의 문제에 있어서 새로운 사태가 발발하게 된다. 사실상 유럽에서 국가의 구성원들이 모두 동일한 민족적·종족적 기원을 공유하지 않았기 때문에 국가의 구성원인 국민들이 내부로부터 분할되는 상황이 발생한 것이다. 가령 혁명을 통해 탄생한 프랑스 공화국의 국민들 중 50%만 프랑스어 사용자였다. 나머지 반은 브르통어, 프랑스령 프로방스어, 바스크어, 알자스어, 카탈란어, 코르시카어, 오크어, 또는 크레올어 등 다양한 언어들을 사용하였다. 새롭게 통일국가를 수립한 이탈리아 왕국에서는 단지 3%만이 표준 이탈리아어를 사용했다. 이와 같은 상황을 독일, 영국, 폴란드, 오스트리아 등 유럽의 여러 국민국가가 공유하고 있었다.[15]

결국 국민국가들은 인구의 다수를 차지하는 종족을 중심으로 언어와 문화를 통합하는 국민 만들기(nation building) 프로젝트를 수행하게 된다. 그리고 이런 문화적 통합에 동참하지 않는 소수민족들의 권리를 제한했고 다른 종족들이 자국으로 이주해 오는 것 역시 막기 시작한다. 더욱이 국민 만들기 프로젝트가 반드시 이질적인 종족들을 하나의 문화로 통합하는 방식으로만 이뤄졌던 것은 아니다. 오히려 유럽의 여러 나라들은 종족적 기원이 다른 종족들을 자기 나라에서 추방하는 정책을 선호했다.

국가를 수립하는 데 실패한 소수민족들이 대규모 추방의 가장 일차적인 대상자들이었다. 이렇게 추방된 이들은 무국적자 혹은 난민이라고 불리게 된다. 특히 대규모의 난민 발생은 제1차, 제2차 세계대전을 겪으면서 본격화된다. 제1차 세계대전과 러시아혁명 이후 "수백만의 러시아인들, 수십만의 아르메니아인들, 수천의 헝가리인들, 수십만의 독일인들, 50만 명 이상의 에스파냐인들"이 무국적자가 되었으며, 제2차 세계대전이 끝난 이후에는 "'인정된' 무국적자는 100만이 되고, 1000만 이상의 이른바 사실상의 무국적자들"이 양산되었다.[16] 어느 국가에도 소속되지 못한 자들, 국적을 상실한 자들에게 주어진 이름은 난민이었다. 그리고 난

---

15) 헌트, 『인권의 발명』, 212쪽.
16) 한나 아렌트, 『전체주의의 기원』 1권, 이진우·박미애 옮김, 한길사, 2007, 505쪽.

민이 의미하는 바는 그들이 더 이상 국가에 의해 보증되고 구현되는 현실적인 권리의 체제에 포함되지 못하는, 단지 '인간'이기만 한 존재라는 것이었다.

이러한 상황에서 국가 없는 자들에게는 양도할 수 없는 권리로서의 인권이란 무의미한 것이 되었다고 아렌트는 말한다. "국민의 권리를 상실하는 것이 인권의 상실이나 마찬가지이고 전자는 필연적으로 후자를 따라다닌다는 것"[17]이다. 근대 국민국가 체제에서 국민으로서의 권리, 즉 시민권은 '권리를 가질 권리'가 되었고, 국민의 권리 상실은 곧 권리를 가질 권리의 상실을 의미한다. 국가 밖에는 권리의 지대가 존재하지 않는 것이다.

아렌트에 의하면 국가로부터 추방된 인간은 자신의 사회적 삶에 의미를 부여하는 '고향'을 상실한 것이다. 아렌트는 인간의 삶을 단지 생물학적 삶에 대한 동물적 집착으로부터 구별해 주는 것이 바로 '행위'에 있다고 보았다. 그에게 행위란 무엇보다 타인과 공존하는 세계 안에서 타인과는 다른 자신의 독특성을 말로써 타인에게 증명하는 정치적 활동을 의미하는 것이다. 이와 같은 정치적 활동의 공간이 바로 고대 그리스인들이 폴리스(polis)라고 불렀던 영역이며 아렌트가 강조하는 공론 영역이다. 공론 영역에 참여함으로써, 그리하여 타인과 말을 주고받으며 함께 공동체의 의사를 결정하는 과정을 통해서 인간은 비로소 자신의 실재성을 획득하게 된다. 공론 영역을 통하여 "우리가 보는 것을 보고 우리가 듣는 것을 듣는 타인의 현존으로 인하여 우리는 세계와 우리 자신의 실재성을 확인한다."[18]

---

17) 같은 책, 526쪽.

생물학적 차원에서 보자면 필멸의 존재이고, 생존을 위해 삶의 시간 대부분을 필요를 채우는 활동에 매진해야 하는 존재를 자유를 누리는 불멸의 존재인 인간으로 만들어 주는 조건이 바로 타인과 교류하는 행위의 공간인 공론 영역이며 그것은 정치라는 활동에 의해 구축되는 것이다.

정치의 영역은 직접적으로 함께 행위하는 데서, 즉 '말과 행위의 공유'에서 발생한다. 그래서 행위는 우리 모두에 공통적인 세계의 공적 부분에 가장 밀접한 관계를 가질 뿐만 아니라 공론 영역을 구성하는 활동이기도 하다.[19]

오늘날의 공론 영역, 정치적 공동체는 국민국가라는 형태로 존재하고 있다. 그렇다면 국민국가에 참여할 법적 자격을 상실했다는 것은, 다시 말해 어떤 인간이 난민이 되었다는 것은 무엇을 의미하는 것일까? 그것은 한 인간이 정치적 공동체에서 자신의 견해와 실천을 의미 있고 유효한 것으로 만드는 '행위'의 가능성을 박탈당했음을 뜻한다. 그러할 때 그에게 남은 것은 그저 살아 있다는 사실, 즉 동물적 생명뿐이다. 그는 정치적 공동체로부터 배제됨으로써 그가 권리의 주체로 타인에게 승인될 수 있는 조건 자체를 박탈당했다. 국민의 권리를 잃는 것은 곧 양도할 수 없는 인권을 잃는다는 것이다. 더 이상 국민국가에 참여할 법적 자격이 없는 존재에게 인권이라는 것은 단지 그가 생명체에 불과한 존재일 뿐이라는 사실을 지시하는 기호에 불과한 것이 된다.

---

18) 한나 아렌트, 『인간의 조건』, 이진우·태정호 옮김, 한길사, 2005, 102쪽.
19) 같은 책, 260쪽.

인권의 근본적 박탈은 무엇보다 세상에서 거주할 수 있는 장소, 자신의 견해를 의미 있는 견해로, 행위를 효과적 행위로 만드는 그런 장소의 박탈로 표현되고 있다. …… 인권을 빼앗긴 사람들은 바로 바로 이런 극단적인 궁지에 처해 있는 것이다. 그들은 자유의 권리가 아니라 행위의 권리를 박탈당했고, 좋아하는 것을 생각할 권리가 아니라 의사를 밝힐 권리를 빼앗겼다.[20]

아렌트에 의하면 국적이 없는 자들은 국적이 있는 범죄자보다도 더 권리가 없는 존재이다. 국적이 있는 범죄자는 권리를 제한당하지만 국적이 없는 자들에게는 권리 자체가 존재하지 않기 때문이다. 대부분의 경우에는 억압에 처하게 되고 드물게 간혹 이들에게 어떤 특권이 주어지기도 하지만 그 모든 것이 그들에게는 '우연'일 뿐이다. "그들이 무엇을 하고, 했고, 앞으로 할 것인지에 전혀 상관없이"[21] 말이다.

이는 국적을 상실한 자들은 자신의 삶을 개선하고 자신이 속한 세계를 보다 좋은 곳으로 만드는 그 어떤 행위도 주체적으로 할 수 없는 상태, 즉 철저한 정치적 무기력의 상태에 처해 있음을 뜻한다. 자신의 능동적 행위로 자기 삶의 조건을 변화시켜 가고 타인과 차이를 만들거나 소통하며 상호 협력할 수 있는 것은 오로지 국가의 시민일 경우에만 가능하기에 국가로부터의 추방은 사실상 인간적 삶의 조건으로부터 추방이라고 할 수 있다. 국가로부터 추방된 자들은 인간을 진정한 인간으로 만들어 주는 행위라는 '인간의 조건'을 상실한 것이다. 인권이란 이런 인간의 조

---

20) 아렌트, 『전체주의의 기원』 1권, 532~533쪽.
21) 같은 책, 533쪽.

건을 상실한 자들에게 주어지는 권리이기에 그것은 아무런 의미도 가지지 못하는 권리이다. 국가를 초월한 보편적 자연권으로서 인권이란 근대 국민국가 체제에서는 무의미한 것이 되었다.

4. 아감벤 : 인권, 호모 사케르의 권리

잘 알려져 있다시피 아감벤은 한 국가의 최고 권력, 즉 주권 권력이 근본적으로 시민을 국가가 보장하는 권리의 지대로부터 추방할 수 있는 절대권에 의해 정초되어 있다고 파악한다. "주권자란 예외상태를 결정하는 자"[22]라는 칼 슈미트의 주권에 대한 유명한 정식을 아감벤은 자신의 주권 이해의 기반으로 삼는다. 그에 따르면 주권이란 합법적으로 법을 중지시킬 수 있는 권력, 다시 말해 예외상태를 선포할 수 있는 권력이다. 그리고 법의 중지로서 예외상태가 의미하는 것은 법이 보장하는 시민의 권리가 일거에 중지됨을 의미하는 것이다. 예외상태를 선포할 수 있는 권리, 법을 법에 의해 중지시킬 수 있는 권리가 주권 권력을 규정하는 최종심급이다. 법을 수립하거나 법을 집행하는 권력은 이에 비하면 차라리 이차적인 것이다.

이러한 슈미트의 생각을 이어받으면서 아감벤은 예외상태를 모든 법질서의 근원, 국가의 주권체제에 숨겨진 비밀로 파악한다. 정상적인 법질서에 대한 일시적 이탈로서 예외가 존재하는 것이 아니라 오히려 예외가 일차적이며 규칙은 예외에 의해서 비로소 구축된다는 것이다. 다시 말해 규칙이 예외를 만드는 것이 아니라 예외가 규칙을 만든다. 혹은 예외

---

22) 칼 슈미트, 『정치신학』, 김항 옮김, 그린비, 2010, 16쪽.

가 있어야 비로소 규칙이 실효화 될 수 있다. "슈미트에 따르면 주권적 예외에서 문제는 바로 법적 규칙을 유효하게끔 만드는 조건 그 자체, 그리고 그와 더불어 국가 권위의 의미 자체이기 때문이다. 주권자는 예외상태를 통해 법이 유효하기 위해서 필요한 상황을 창출하고 보장한다."[23] 예외상태야말로 서양 주권의 역사를 관류하는 비밀이다.

하지만 아감벤이 슈미트를 단지 반복하는 것만은 아니다. 아감벤은 슈미트의 예외상태가 그저 법에 의한 법의 중지라는 역설적 사태만을 뜻하는 것이 아니라 이 역설적 구조를 통해서 비로소 법이 '생명' 혹은 살아 있는 존재를 자신의 질서 안으로 끌어넣을 수 있게 된다는 점을 동시에 강조한다. 예외상태는 생명체를 고유한 대상으로 삼는 정치, 즉 생명정치와 결부되어 있다. 그는 예외상태의 생명정치적 의미를 "법이 스스로를 효력 정지시킴으로써 살아 있는 자들을 포섭하는 근원적 구조"[24]라고 말한다. 그런데 도대체 법이 '살아 있는 자들을 포섭'한다는 것은 무엇을 의미하는 것일까? 아니, 인간의 생명을 자신의 질서 안에 끌어들이기 위해 왜 법은 스스로 그 효력을 정지시켜야 하는 것일까?

아감벤에 따르면 고대 그리스에는 삶/생명(life)을 일컫는 두 가지 단어가 존재했다. 그 하나는 비오스(bios)로서 "어떤 개인이나 집단에 특유한 삶의 방식"[25]을 의미한다. 이때 그 '특유한 삶의 방식'이란 사실상 정치공동체인 폴리스에 소속되어 폴리스의 공적 업무에 참여할 수 있는 자격을 가진 시민으로서의 삶, 즉 고대 그리스인들이 '정치적 삶'(bios

---

23) 조르조 아감벤, 『호모 사케르』, 박진우 옮김, 새물결, 2008, 59쪽.
24) 조르조 아감벤, 『예외상태』, 김항 옮김, 새물결, 2009, 17쪽.
25) 아감벤, 『호모 사케르』, 33쪽.

politikos)[26]이라고 표현했던 삶의 방식이었다. 다른 하나는 조에(zoe)로서 "모든 생명체(동물, 인간 혹은 신)에 공통된 것으로, 살아 있음이라는 단순한 사실"[27]을 지칭한다. 그것은 정치공동체에 의해 규정된 시민적 권리와는 무관한 삶, 단지 생존이라는 생물학적 과제에만 관계된 삶이었다. 아감벤에게 조에는 결코 폴리스의 영역, 즉 시민의 삶을 의미 있게 만들어 주는 정치적이거나 문화적 활동의 장에 포함될 수 없는 것이었다.

그러나 고대 로마의 정치 제도에는 정치적 삶이 아니라 단지 생존으로서의 삶을 보여 주는 어떤 형상이 존재했었다고 한다. 그 형상이 바로 아감벤의 유명한 개념인 '호모 사케르'(Homo Scare)이다. 고대 로마에서는 시민이 어떠한 이유로 인하여 그의 모든 정치적 권리를 법에 의하여 일거에 박탈당하고 절대적인 무권리 상태에 처하게 되는 경우가 있었다. 이때 그에게 주어지는 이름이 '호모 사케르', 즉 '성스러운 인간'이다. 어떤 시민이 호모 사케르로 지목된다면 그를 다른 시민이 죽이더라도 살인죄가 성립되지 않게 된다. 뿐만 아니라 호모 사케르는 공동체의 희생제의에 제물로 봉헌될 수도 없는 존재였다. 즉, "그를 살해한 자에 대한 사면과 그를 희생물로 바치는 것의 금지"[28]가 호모 사케르를 규정하는 특징이다. 그는 생물학적으로 살아 있지만(생존), 정치공동체의 그 어떤 공적 활동에도 참여할 수 없는 정치적으로는 죽은 존재였다. 호모 사케르는 법적으로는 죽은 존재이기에 그를 살해하더라도 그것은 법적으로 처벌

---

26) 가령 다음과 같은 아리스토텔레스의 언급을 참조하라. "가장 두드러진 삶의 유형은 세 가지인데, 지금 막 이야기한 삶(향락적 삶―인용자)과 정치적 삶, 그리고 관조적 삶이다." 아리스토텔레스, 『니코마코스 윤리학』, 20쪽.
27) 아감벤, 『호모 사케르』, 33쪽.
28) 같은 책, 159쪽.

되어야 할 범죄가 아니며, 또한 그는 시민들의 공동체에서 아무런 의미가 없는 존재이기에 그의 죽음이 희생제의에 제물로도 바쳐질 수 없는 존재이다. 생물학적 삶과 정치적·사회적 죽음이 한 사람의 신체 안에 동시에 체현된 존재가 바로 호모 사케르이다.

고대 그리스에서의 비오스에 대비되어 조에라고 불렸던 것, 혹은 고대 로마에서 호모 사케르의 삶이 보여 주었던 것을 아감벤은 단지 살아 있다는 사실 외에는 그 어떤 의미도 없는 삶/생명이라는 의미에서 '벌거벗은 삶'(bare life)이라고 개념화한다. 그리고 바로 이 벌거벗은 삶이야말로 주권의 근간을 이루는 예외상태의 진정한 상관물이다. 주권자에 의해 예외상태가 선포되면 법이 보장하고 있던 시민들의 권리는 즉각 중지되고 유보된다. 즉 정치공동체에 의해 보장되어 있는 시민으로서의 정치적 삶이 중단되는 것이다. 그리고 그러할 때, 정치적 공동체 이전에 존재하는 순수한 생명체로서의 삶이 드러난다. 그것은 단지 생물학적 의미에서의 생명, 즉 벌거벗은 삶이다.

결국 아감벤에게 주권이란 바로 시민적 삶을 벌거벗은 삶으로 만들 수 있는 권력을 의미하는 것이다. 예외상태의 선포를 통해 주권은 시민의 모든 권리를 박탈하고 그에게 단지 생명체로서의 존재만을 남겨 두게 된다. 주권이 예외상태를 선포하는 권력이라는 말은 곧 주권이 시민의 삶을 아무런 권리도 보유하지 못한 그저 생물학적으로 생존하기만 하는 삶, 즉 '벌거벗은 삶'으로 만들 수 있는 정당한 권리를 보유하고 있다는 것을 의미하는 것이다.

그렇다면 이제 예외상태란 '살아 있는 존재', 즉 벌거벗은 삶을 법이 포획하는 근원적 장치라는 아감벤의 주장은 보다 분명하게 이해될 수 있을 것이다. 주권은 정치적 권리에 의해 규정되는 시민을 철저한 권리-없음의 상태, 단지 살아 있다는 생물학적 사실만을 자신의 유일한 토대로 가지고 있는 무기력한 존재로 만들 수 있는 권리를 바탕으로만 작동할 수 있는 권력이다. 다시 말해 주권이란 근본적으로 시민의 정치적 권리를 무화할 수 있는 힘, 시민을 벌거벗은 생명으로 만들 수 있는 힘에 기반하고 있는 폭력의 정치적 형태라는 것이다. 그리고 주권의 이러한 성격이 바로 오늘날 우리가 살아가는 근대의 정치적 성격을 규정하는 가장 핵심적인 차원이다.

아감벤은 근대에 이르러 벌거벗은 삶, 다시 말해 '호모 사케르'를 결정하는 권력으로서 주권 권력의 성격이 가장 명백해졌다고 주장하며, 그런 의미에서 나치의 유태인 수용소(camp)야말로 근대의 노모스(nomos)가 발생한 장소였다고 말한다. 이는 생명체로서의 인간, 혹은 인간의 생명 그 자체가 정치의 핵심적 대상이 되는 생명정치가 근대에 이르러 탄생하게 되었다는 푸코의 논의와 밀접한 관련을 맺는다.[29] 하지만 푸코와 달리 아감벤은 생명정치 시대에도 여전히 주권 권력이 핵심적이라고 생각한다. 주권이 작동하는 방식이 이제 생명정치적인 것이 되었다는 것이다. 즉 주권의 핵심적 관리대상이 생명 그 자체가 되었다.

아감벤에 의하면 특히 20세기 들어서 의회민주주의 국가가 어느 순간 전체주의 국가로 변형되고, 전체주의 국가가 별다른 어려움 없이 의

---

29) 푸코, 『"사회를 보호해야 한다"』. 특히 이 책의 마지막 강의인 '1976년 3월 17일' 강의가 생명정치를 가장 집중적으로 다루고 있다. 푸코는 근대적 권력을 사법적-주권적 모델에 입각해서 파악하는 것을 일종의 시대착오적 관점이라고 일관되게 비판하고 있다. 권력을 이해하기 위해서는 무엇보다 그것이 작동되는 구체적 기술과 장치들을 분석해야 한다는 것이 푸코의 입장이다. 푸코에게는 근대적 권력에 여전히 사법-주권이라는 축이 존재하는 것은 사실이지만 그보다는 규율의 기술과 장치, 그리고 안전의 기술과 장치가 근대적 권력의 작동에서는 훨씬 더 중요한 역할을 담당하기 때문이다.

회민주주의 국가로 변형되는 현상이 바로 주권 권력과 생명정치가 동일화되었음을 보여 주는 증거이다. "이 두 경우 모두 정치가 이미 오래 전에 생명정치로 바뀌어 이제 정치의 유일한 진정한 문제는 벌거벗은 생명에 대한 보살핌, 통제, 향유를 보장하는 데 가장 효율적인 정치 조직의 형태가 무엇인지를 결정하는 것일 뿐이라는 맥락에서 이러한 변형이 이루어진 것이었다."[30] 근대에 이르러 주권이 생명정치화 되면서 그것은 시민들의 정치적 권리를 일순간에 박탈할 수 있는 전체주의적 권력의 성격을 잠정적으로 보유하게 되었다.

오늘날 인권은 무엇보다 국가에 의한 시민의 권리침해 혹은 박탈의 폭력에 대항하기 위한 근거로서 논의된다. 인간은 그의 국적, 성별, 연령, 종교, 신념에 상관없이 그 자체로 존엄하며 그 존엄성은 결코 침범될 수 없다는 것이 인권에 대한 일반적 이해이다. 그래서 인권을 강조하는 자들은 배제의 폭력에 맞서 인권을 보장하라고 외치고 있다. 그런데 아감벤은 이러한 인권 개념에 대해서 근본적인 의문을 제기한다. 인권이란 사실상 정치적 권리를 박탈당한 존재들의 공허한 권리에 불과하다는 것이다. "인권은 단지 인간이 즉각 다시 사라져 버리는(또는 결코 그 자체로 드러나서는 안 되는) 시민의 토대인 한에서만 인간에게 부여된다(또는 인간에게서 생겨난다)."[31]

그는 난민에 대한 아렌트의 논의를 이어받으면서 인권이란 어떠한 정치적 권리도 가지지 못한 자들을 위한 권리에 지나지 않을 뿐이라고 비판한다. 현재의 전지구적인 국민국가 체계 안에서 인권이란 아무런

---

30) 아감벤, 『호모 사케르』, 240쪽.
31) 같은 책, 251쪽.

의미를 가지지 못한다. "국민국가라는 체계 속에서 이른바 신성불가침의 인권이라는 것은 특정 국가의 시민들에게 귀속된 권리로서의 형태를 취하지 못하는 즉시 전혀 보호받지 못하며 또 아무런 현실성도 없다는 것"[32]이다.

아감벤이 보기에 인권이란 벌거벗은 삶의 권리이다. 단지 오늘날의 현실에서만 그렇다는 것이 아니라 이는 인권이 최초로 국가적 차원에서 선언되던 1789년 프랑스혁명에서부터 그랬다는 것이다. 아감벤에 의하면 1789년의 「인권선언」은 앞에서 지적한 주권과 생명정치가 동일화되는 바로 그 순간을 보여 주는 텍스트이다.

> 인권선언문들은 자연적 생명이 국민국가의 법적·정치적 질서 속에 기입되는 원초적 형태를 대표한다. 앙시앙 레짐 하에서는 정치적 무관심의 대상이자 신에게 귀속되는 창조물의 생명이었으며, 고대 그리스 시대에는 조에로서 정치적 삶(비오스)과는 (적어도 외견상으로는) 명백하게 구분되었던 바로 저 벌거벗은 생명이 이제 국가 구조 속으로 완전히 진입하게 되었으며, 더 나아가 심지어 국가의 정당성과 주권의 세속적 토대가 되었다.[33]

이러한 비판의 핵심에는 1789년의 선언이 권리를 곧 출생이라는 생물학적 생명의 탄생과 연결시키고 있다는 점이 자리 잡고 있다. 모든 인간은 자유롭고 평등한 권리를 가지고 태어난다(1조). 하지만 그 권리는

---

32) 아감벤, 『호모 사케르』, 248쪽.
33) 같은 책, 249쪽.

정치적 결사체 혹은 공동체, 즉 국가에 의해 보장될 수 있다.(2조. "모든 정치적 결사의 목적은 인간의 자연적이고 소멸될 수 없는 권리를 보전함에 있다"). 정치공동체 내에서 이루어지는 태생적 권리의 보장은 결국 주권이 출생부터 권리를 가진 이들에게 있기에 가능하게 되는 것이다. 즉 국민주권론이 보여 주는 바가 바로 이것이다(3조. "모든 주권의 원천은 본질적으로 국민에게 있다").

인간이 갖는 권리의 기원은 출생으로까지 소급되는데, 그 출생부터 권리의 주체가 될 수 있는 것은 곧 그가 국민이라는 사실, 그가 국가라는 정치공동체의 구성원으로서 태어난다는 사실에 기인하는 것이다. 근대적 정치질서가 인권선언과 불가분한 관계를 맺고 있다는 것은 인권이 바로 벌거벗은 삶을 포섭하기 위한 근대 정치의 장치 역할을 하였음을 의미한다.

> 1789년에서 오늘날에 이르는 권리선언들의 목표가 초법적인 영원한 가치를 선포해 입법자로 하여금 권리를 존중하게 만드는 것이었다는 식으로 생각하는 건 그만두자. 이제는 근대 국가에서 수행한 실질적 기능에 따라 그 권리선언들을 이해해야 할 때이다. 사실 무엇보다 인권은 벌거벗은 자연적 생명이 국민국가의 법적-정치적 질서에 등록됐다는 시초의 형상을 나타내는 것이다.[34]

아감벤에 의하면 1789년의 선언은 시민의 침해될 수 없는 권리 위에 국가를 정초하는 민주적 권력의 구성원리와 같은 것이 아니다. 이 선

---

34) 조르조 아감벤, 『목적없는 수단』, 김상운·양창렬 옮김, 난장, 2009, 30쪽.

언과 그 이후 각종 인권선언들은 사실상 벌거벗은 삶을 주권-법의 근간으로 위치짓는 과정의 표현이었을 뿐이다. 이 선언들은 정확히 권리의 국민화/국가화를 보여 주는 텍스트였으며, 국민국가 외부에는 권리의 창출 지대가 없음을 확인하는 문서였다. 권리는 출생으로 귀속된다. 국가 내부에서 태어났으면 시민적 권리의 주체가 된다. 하지만 국가 밖에서 태어났다면 그에게 보장된 권리란 사실상 단지 인간일 뿐이기만 한 존재의 권리, 즉 인간이라는 생물학적 종으로서의 권리밖에는 없다.

오늘날 인권이 필요한 자들은 출생에 의해 보장받아 오던 국민적 권리를 잃어버린 이들이다. 그러나 그들에게 인권이란 자신 스스로 자신의 삶의 형태를 구축할 수 있는 정치적 권리가 아니다. 인권이란 자신의 무력함을 인정하고 그 자리에 속박되어 그저 생물학적 생명을 단순히 유지할 수 있는 권리밖에 되지 못한다. 그래서 아감벤은 인권을 강조하는 자들의 논리는 인간의 권리와 정치적 권리, 다시 말해 인권과 시민권의 분리를 전제로 하며 이는 벌거벗은 삶을 정치적 무권리의 지대에 무기력하게 고정시키는 효과를 낳는다고 비판한다.

오늘날 우리가 겪고 있는 인도주의와 정치 사이의 분리는 인권과 시민권의 분리의 가장 극단적인 단계에 해당된다. 하지만 궁극적으로 볼 때 오늘날 점점 더 초국가적인 조직들과 긴밀하게 협조하고 있는 인도주의 기구들은 단지 인간의 생명을 벌거벗은 또는 신성한 생명의 형상으로만 포착할 수 있으며, 따라서 맞서 싸워야 할 세력들과 본의 아니게 비밀스러운 유대를 맺는다.[35]

---

35) 아감벤, 『호모 사케르』, 258~259쪽.

시민권, 다시 말해 정치적 권리로부터 분리된 인권이란 다양한 삶의 형태들을 창안해 낼 잠재력(potentiality)[36]을 상실한 자들, 곧 무력한 자들의 권리에 지나지 않는다는 것이다. 인권의 논리는 결국 벌거벗은 삶을 재생산해 낼 뿐이라는 것이 아감벤의 인권 이해이다. 그러므로 배제의 폭력과 투쟁하기 위해서 인권이란 피해야 하는 함정이며, 버리고 떠나야 하는 짐일 뿐이다.

5. 바디우 : 인권, 인간-동물의 권리

현존하는 프랑스의 가장 급진적인 철학자 가운데 한 사람인 알랭 바디우 역시 인권에서 역설적으로 인간을 인간으로 만들어 주는 어떤 차원이 사라져 버리는 사태를 발견한다. 그러한 한에서 그는 인권에서 그 어떤 해방적 가능성도 찾을 수 없다고 생각한다. 바디우에게 인권이란 정치의 반대물이며 그것은 해방적인 권리가 아니라 오히려 반동적인 권리에 해당하는 것이다. 바디우에게 인권은 기존의 지배적 질서 안에서 자신의 동물적 이해관계에 충실한 자들의 권리에 지나지 않는다.

인권을 강조하는 담론들 속에서 그는 정치적인 것으로부터 벗어나 윤리라는 초월적 영역으로 이동하려는 탈정치화, 혹은 반정치화의 흐름을 읽어 낸다. 그가 보기에 현재 인권을 강조하는 담론들이 힘을 얻고 있는 상황은 "혁명적 맑스주의와 그에 의존하는 진보적 개입의 모든 현상

---

36) 아감벤은 구체적인 삶의 형태들을 창안하는 잠재력으로서 삶을 '삶-의-형태'(forme-de-vie)라고 표기하며, 벌거벗은 삶이란 '삶-의-형태'를 상실한 삶을 의미한다. 이에 대해서는 「삶-의-형태」(아감벤, 『목적없는 수단』)를 참조하라.

들의 붕괴와 연관[37]"되어 있다. 1980년대 말, 역사적 사회주의가 붕괴되고 체제 변혁적 실천과 사유의 노선이 '거대담론'의 폭력으로 치부되며 종언이 선포된 이후, 인류에게는 '인권'이라는 왜소한 권리만이 남게 되었다는 말이다. 공산주의라는 해방의 정치에 관련된 이념이 쇠퇴한 자리에는 자본주의체제만이 유일하게 현실적으로 가능한 질서라는 승인과 그 권력 형태인 의회 민주주의에 대한 찬동만이 남게 되었고, 그러한 체제 한계 내에서 이를 합리적으로 조정하는 원리로서 인권이 강조되고 있을 뿐이라고 바디우는 파악한다.

바디우에 의하면 이렇게 해방적 정치의 가능성을 봉쇄하는 담론으로서 인권의 역할은 정확히 동시대의 또 다른 유행담론인 윤리의 역할과 동형적이다. 바디우에게 정치란 지금의 세계를 규정하는 질서 안에 새로운 것을 기입해 내는 실천이다. 그것은 모두에게 평등하게 전달될 수 있는 보편적인 것의 성격을 가지고 있다. 이 보편적인 것이 기존 세계 안에 기입되면 세계의 질서는 변화하게 되는 것이다. 그러나 지금은 그러한 해방적 정치가 아니라 현실의 권력관계로서의 정치만이 남아 있다고 바디우는 비판한다. 그리고 그러한 정치의 궁극적 판단 원리는 이제 윤리라고 불리는 것이다. "이때 윤리란 악을 구분할 수 있는 선험적 능력(왜냐하면 윤리의 현대적 용법에 있어서는 악 — 또는 부정적인 것 — 이 우선적인 것이기 때문이다. 사람들은 야만적인 것에 대한 합의를 전제한다)이자 동시에 판단의 궁극적 원리, 특히 정치적 판단의 궁극적 원리로 간주된다. 이때 판단의 궁극적 원리란, 선험적으로 식별 가능한 악에 대항하여 명시적으

---

37) 알랭 바디우, 『윤리학』, 이종영 옮김, 동문선, 2001, 11쪽.

로 개입하는 것이 선이라는 원리이다."[38] 즉 해방의 정치를 대체하는 윤리란 선과 악 사이의 투쟁에 관한 담론이며, 이때 선과 악의 관계는 선에 대한 악의 우선성에 의해 규정된다는 것이다. 악은 명백하고 자명한 것이고 선이란 그러한 악을 제어하고 관리하는 것에 불과하게 된다. 이러한 윤리적 지향이 정치의 목표가 된다. 그러할 때 정치에서 윤리란 곧 인권의 보장을 의미하게 된다.

바디우에게 인권이란 "생명과 관련하여(살해와 처형의 공포), 몸과 관련하여(고문, 가혹 행위, 기아의 공포), 문화적 정체성과 관련하여(여자들과 소수자들에 대한 모욕과 공포) 공격받지 않고 학대받지 않을 권리들"[39]이다. 즉 인권이란 곧 "악이 아닌 것에의 권리들"[40]인 것이다. 그렇기 때문에 윤리가 악의 제어인 만큼 인권은 윤리와 그 내포가 사실상 같다. 윤리와 인권은 권력의 정치적 장에서 이렇게 동일화된다. 그리고 그러한 인권-윤리는 정확히 서구 자본주의의 승리를 승인하는 하나의 철학적·정치적 방식이다. 바디우에게 이는 너무나도 자명한 사실이다. 그래서 바디우는 말한다.

윤리와 인권이라는 테마는 서양 부자들의 만족에 찬 이기주의, 위력의 행사, 광고에 부합한다는 것이 입증되었다. 사실이 바로 그러하다.[41]

이와 같은 바디우의 견해는 인도주의가 인권담론의 헤게모니를 장

---

38) 바디우, 『윤리학』, 15쪽.
39) 같은 책, 16쪽.
40) 같은 책, 16쪽.
41) 같은 책, 14쪽.

악한 1990년대의 정세와 관련이 있다. 하지만 이는 단지 정세적 문제만이 아니다. 바디우는 인권담론 자체의 이론적 중심에 치명적인 문제가 있다고 생각한다. 그 이론적 중심에는 권리의 주체이자 담지자인 '인간'에 대한 특정한 가정이 있다. 인권이 상정하고 있는 소위 '보편적 인간성에 대한 가정'이 문제라는 것이다.

바디우에 의하면 이때 인권의 담지자이자 주체로 가정되는 '보편적 인간'이란 사실상 '단지 살아 있는 존재', '그저 생명을 가진 존재'로서의 인간이다. 인권이 전제하는 인간성이란 자신의 존재를 그 생물학적 토대(infra)와 동일시하는 것에 의해 규정된다. 손쉽게 상처받고 파괴될 수 있는 생명체의 순수한 특질과 인간성이 다르지 않은 것으로 파악되는 것이다. 윤리란 이러한 인간성, 즉 생명체로서의 순수한 존재를 보호하고 지키는 것을 최우선의 가치로 삼는다. 그것을 파괴하는 악으로부터. 그 윤리의 다른 이름이 바로 인권임은 물론이다.

하지만 바디우는 묻는다. 그와 같이 이해되는 인간이 도대체 다른 움직이는 생명체인 동물과 어떤 차이점이 있느냐고? 인간을 그가 속한 생물학적 계통에 포함되는 다른 동물들과 구별(개별화)하게 하는 본질은 무엇이냐고? 인간을 생명체로서의 순수한 특질, 그 생물학적 토대에 입각하여 파악하는 인권-윤리적 관점에서 인간이란 사실상 동물과 다를 바 없는 존재라고 바디우는 말한다. "물론 인류는 동물의 한 종이다. 인간은 죽어야만 하고, 또 다른 생명체를 죽인다. 그러나 이러한 역할들 가운데 어떠한 것도 인류를 생명체의 세계에서 개별화시켜 주지 못한다."[42]

바디우는 '생명체의 세계에서 개별화'된 인간을 '주체'라고 명명한

---

42) 바디우, 『윤리학』, 18쪽.

다. 이때 바디우가 말하는 주체란 흔히 현대철학에서 말하는 권력이나 질서에 의해 그 특성이 규정되는 존재로서의 주체가 아니다. 가령 학생은 시험, 체벌, 수업태도, 학생다움 등의 장치에 의해 형성되는 특정한 주체이고 회사원은 근태, 실적, 업무평가, 회식, 연봉 등의 장치에 의해 구성되는 특수한 주체일 뿐이라는 식의 현대 주체형성이론에서 말하는 주체 개념과는 전혀 다른 의미로 바디우는 주체라는 개념을 사용한다.

물론 그렇다고 바디우가 자신의 이성에 기초하여 합리적이고 자율적으로 판단하고 행동하는 근대적 주체로 회귀하는 것은 아니다. 그에 의하면 주체란 진리-사건의 돌발에 대한 경험에 의해 탄생하게 된다. 그가 말하는 진리-사건이란 어떤 척도나 단일 원리에 의해 구조화된 기존의 세계 안에서는 드러나지 않던 어떤 것, 계산되지 않고 재현되지 않았던 어떤 것, 그래서 존재하지 않는 것으로 치부되던 어떤 것의 돌발적 출현을 뜻한다. 기존의 세계 안에서 진리는 언제나 섬광처럼 나타났다 사라지는 사건으로서만 나타난다. 바디우에 의하면 진리는 주어지는 것으로부터 유래하는 것이 아니다. 그렇다면 진리는 어디에서 유래하는 것인가? 바디우에 의하면 "진리는 사라짐에서 유래할 수밖에 없다."[43]

바디우에게 진리란 불안정성과 무한성을 그 특질로 하는 순수 존재를 체계화하고 총체화하는 질서화에 저항하는 순수 존재의 드러남이다. 바디우에게 순수 존재란 공백(le vide)이다. 수학의 집합론을 자신의 존재론을 위한 근거로 삼고 있는 바디우에게 공백이란 모든 집합 안에 존재하지만 세어지지 않는 공집합과 같은 것이다. 서로 어떤 동질적 특성도 공유하지 않는 서로 다른 것들을 특정한 조건에 따라 묶을 수 있을 때 성

---

43) 알랭 바디우, 『조건들』, 이종영 옮김, 새물결, 2006, 267쪽.

립하는 하나의 집합 안에도 공집합이 존재하며, 공집합을 셈하기 위해서 그 집합의 멱집합을 구한다고 하더라도 그 안에는 공집합이 존재한다. 공집합은 모든 집합 안에 항상-이미 존재하며 그리하여 집합에 의한 셈을 완결되지 못하게 만드는 것이다.

모든 총체화된 질서 안에는 그 질서에 의해서 규정될 수 없는 공백이 존재한다. 비록 그 질서 안에서 공백은 존재하지 않는 것으로 치부되지만 그것은 어느 순간 돌발적으로 출몰한다. 바디우는 이러한 공백의 드러남을 진리라고 부르며, 그 진리는 출현하자마자 사라지는 섬광과 같은 것으로만 질서 안에서 나타난다고 말한다. 진리는 그래서 사건이라는 형태로 출몰한다. 진리의 존재 형태가 있다면 그것은 사건이다. 그리고 이 공백의 출현, 즉 진리-사건이야말로 해방적 정치를 가능하게 만드는 차원이다. "해방적 정치는 공백에서 생겨난다. 그 공백은 기존 세계의 잠재적인 비일관성처럼 사건이 도래시키는 것이다. 해방적 정치의 언표는 그러한 공백 자체에 대한 명명들이다."[44]

그러나 진리가 사건인 만큼 그것은 금방 사라지는 것이다. 그것은 "현존하여 반복될 수 없"[45]는 것이다. 진리는 그것이 우연적으로 돌발하는 것을 경험한 어떤 이가 자신이 경험한 사건을 진리로 확신하고 기존의 체계화된 세계 안에 그것을 기입하고자 하는 끊임없는 투쟁을 전개할 때 비로소 현존할 수 있게 된다. 바디우가 말하는 주체란 자신이 경험한 사건의 진리성을 확신하고 그것에 충실한 자를 말한다. 진리-사건에 대한 충실성으로 기존의 체계화된 세계 안에서 비-존재로 치부되었던 어

---

44) 바디우, 『조건들』, 297쪽.
45) 같은 책, 267쪽.

떤 것을 구축하기 위해 끝까지 투쟁하는 자가 바로 바디우가 말하는 '주체'이다.

바디우는 이러한 진리-사건에 충실한 투사로서의 주체를 가장 잘 형상화하는 인물 가운데 하나로 사도 바울을 든다. 투철한 유태인으로서 유태교를 이단으로부터 지키기 위해, 다시 말해 예수 그리스도를 따르는 반역자들을 처단하기 떠난 길 위에서 부활한 예수라는 진리-사건과 마주친 자. 그리하여 이제는 선민의식에 사로잡힌 유태인의 예외주의적 질서와도 투쟁할 뿐만 아니라 당시 세계를 지배하던 제국 로마의 총체적 질서와도 투쟁하였던 사도 바울이야말로 바디우가 말하는 주체의 대표적 형상이다.

> 실제로 바울의 단절은 순수한 사건—아직 구체적으로 하나의 세계와 사회에 기입되도록 운명지어져 있기는 하지만 어떤 세계나 사회의 특수한 법칙들에 객관주의적으로 할당될 수는 없는 사건— 속에 뿌리내리고 있는 진리에-대한-의식의 형식적 조건들과 그것의 필연적 결과들에 근거하고 있다.[46]

이러한 주체는 더 이상 인간-종으로서 자신의 생물학적 토대에 속박된 자가 아니다. 주체는 진리에의 충실성을 통해 필멸의 존재라는 자신의 생물학적 한계를 넘어서 불멸의 존재가 된다. 그리고 주체의 이와 같은 불멸성이 바로 그를 생명체의 세계로부터 개별화시켜 주는 차원이다.

인권이 부정하는 것이 바로 인간의 불멸성, 혹은 주체의 차원이다.

---

46) 알랭 바디우, 『사도 바울』, 현성환 옮김, 새물결, 2008, 208쪽.

인권이 보호하려는 인간들이란 바로 자신의 생물학적 특질에 속박되어 있는 자들이며, 생존에의 욕망에 의해 지배되는 자들, 보다 안락한 생존에의 욕구가 그의 모든 관심과 활동을 지배하는 자들이다. 이들이 도대체 동물과 다른 점은 무엇이란 말인가? 바디우에게 동물과 다를 바 없는 단지 살아 있는 생명체로서 인간이란 자신의 동물적 본능과 욕망에 의해 지배되는 존재이다. 먹고 사는 문제에 매몰된 이기적 존재, 먹고 사는 차원에서 자신의 이익을 지속하고자 하는 충동에 의해 규정되는 존재가 바로 동물과 구별되지 않는 인간이다. 그는 자기 존재의 지속에 대한 욕망에 속박된 자일 뿐이다. 이는 곧 자기 생명의 유지를 최고의 가치로 두고 살아가는 개인, 금전적 이득의 추구를 지상과제로 설정하고 살아가는 개인, 이윤의 창출을 모든 활동의 근본원리로 삼는 개인과 다르지 않다. 바디우는 이러한 존재를 '인간-동물'[47]이라고 부른다. 인권이란 바로 이러한 인간-동물의 권리에 지나지 않는 것이다.

---

47) 바디우, 『윤리학』, 58쪽, 60쪽.

4장_ 인권을 넘어선 인권
인권과 정치적 주체화

1. 인간의 동물화 그리고 인권

제2차 세계대전을 전후한 시기 프랑스의 지성들에게 매우 큰 영향력을 행사한 철학자인 알렉상드르 코제브는 헤겔에 관한 그의 강의에서 '역사의 종언'에 대해 이야기했다고 한다.[1] 이때 종언이란 '행위의 종언'을 의미하며 그것은 피를 부르는 '전쟁과 혁명의 종언'을 의미하는 것이었다. 세계인권선언이 제정된 해이기도 한 1948년 미국을 여행하던 코제브는 역사의 종언이 실제로 이루어지는 모습을 목격한다. 물질적 풍요로움 속에서 모두가 안락하게 그러나 더 이상 더 나은 세계에 대한 열정이나 동경이 없이 하루하루를 살아가는 사람들의 사회가 그의 눈에 비친 당시 미국 사회였다. 역사의 종언 이후 지속되는 사회 속에서 인간은 이제 자신의 생물학적 존재의 만족, 혹은 자기의 보존만을 유일한 삶의 의미로 여긴다. 코제브는 이런 인간의 형상을 '동물'이라고 이름 붙였다.[2]

---

1) 이하 코제브와 관련된 논의는 다음 책에 준거한다. 김홍중, 『마음의 사회학』, 문학동네, 2009. 특히 이 책의 2장 「삶의 동물/속물화와 존재의 참을 수 없는 귀여움」.

그렇다면 이처럼 인간의 삶이 더 이상 동물적 삶과 구별되지 않는 역사 이후의 세계 속에서 인간의 권리란 어떤 의미를 가지는 것일까? 1장에서 본 바와 같이 서구에서 헤게모니 체제의 본격화와 더불어 개인들의 권리 보장은 강화되어 갔다. 특히 개인들의 자기 보존의 권리, 즉 생존권이 사회적으로 보장되면서 더 이상 그 사회의 인간들은 정치적 변혁에의 꿈을 꾸지 않게 되었다. 국가는 개인의 사적 영역을 임의적으로 침범하지 않으며 그 영역 속에서 개인들은 각자의 욕망을 표현할 자유를 획득했다. 완전고용을 추구하는 경제정책과 사회보장을 통해 생존에 대한 강박이 사라졌고 이제 삶을 즐길 수 있게 되었다. 자유권과 사회권이 어느 정도 보장된 사회에서 개인들은 더 이상 다른 세계를 향한 열망과 연대의 의지 따위는 필요하지 않게 되었다.

하지만 코제브가 역사 이후의 사회라고 생각한 미국은 결코 모든 인간이 풍요와 안락 그리고 안전 속에서 동물적 삶에 만족하며 살아가는 사회는 아니었다. 새로운 사회 혹은 세계로의 이행이라는 꿈 또한 완전히 포기된 것은 아니었다. 마틴 루터 킹이나 말콤 X로 대표되는 1960년대 흑인의 인권운동이나 유럽의 68혁명과 공진하며 전개된 반전운동 그리고 여성주의 운동이 여전히 다른 세계를 꿈꾸는 정치적 열정을 표출하였다. 코제브는 그런 의미에서 역사의 종언, 즉 동물적 삶의 일반화를 너무

---

2) 그러나 동물이 역사의 종언 이후 등장하는 인간의 유일한 형상인 것만은 아니다. 1956년 코제브는 일본 방문을 통해서 역사의 종언 이후를 살아가는 또 다른 인간의 형상을 발견한다. 그것의 이름은 속물이다. 속물이란 철저하게 타인의 시선에 의해 자기 존재와 삶의 의미를 규정하려는 자의 형상이다. 그에게는 자기 자신과 대면하는 내면적 성찰의 공간이란 존재하지 않는다. 그의 모든 행동은 타인의 시선 앞에서 전시된 것이다. 그의 욕망도, 기쁨도, 불행도, 고통도 모두 타인의 시선 앞에서만 의미를 가지는 존재가 속물이다. 속물에 대한 보다 자세한 논의는 김홍중의 『마음의 사회학』을 참조.

일찍 선언했다.

차라리 동물은 신자유주의가 전지구적 지배질서가 된 오늘날의 현실에서 더욱 타당한 인간의 형상이 되었는지도 모른다. 그러나 지금의 동물화는 코제브가 말하는 동물화와는 전혀 다른 조건에서 발생하며 그 의미도 완전히 다른 것같아 보인다. 오늘날의 동물화 역시 인간의 삶이 철저하게 생물학적 존재의 보존 욕구, 즉 생존에 대한 절대적 욕구로 환원되는 것을 근본적 특징으로 하고 있다. 하지만 그러한 동물화는 코제브가 미국에서 발견한 풍요로운 사회와는 아무런 상관이 없다. 신자유주의라는 오늘날의 사회체제는 단지 생존하는 것에만 자신의 에너지를 쏟기에도 벅찬 삶, 즉 그저 생존만을 위해 정향된 삶들을 양산한다. 신자유주의 체제가 보장하는 권리의 영역으로부터 추방당한 자들의 삶, 사회적 배제의 대상들이 바로 오늘날 동물화된 인간의 형상을 보여 주고 있는 것이다. 오로지 자기 보존, 그 가운데서도 생물학적 생존의 유지가 최대 과제가 되어 버린 비참한 삶이 오늘날 동물화된 인간의 모습이다.

3장에서 살펴본 것처럼 인권에 대한 비판들은 결국 인간의 권리라는 담론 속에서 발견되는 인간의 모습이 사실은 동물적인 것과 크게 다르지 않다는 것에 집중되어 있다. 맑스가 인권담론이 전제하는 인간의 모습으로 제시한 이기적 욕구에 이끌리는 개인이나, 아렌트가 인권의 주체로 제시하는 난민, 즉 모든 정치적 권리를 박탈당한 '단지 살아 있기만 한 존재'로 퇴락한 자들의 삶은 동물적 생존과 그리 멀지 않은 곳에 자리 잡고 있다. 아렌트의 논의를 이어받고 있는 아감벤에게서도 인권은 사실상 동물적 삶인 조에(zoe)에 대한 권리에 불과한 것이며, 바디우는 직접적으로 인권이란 인간-동물의 권리에 불과할 뿐이라고 말한다. 그리고 이들이 인권에서 동물화된 인간의 권리를 발견하는 것은 무엇보다 그 권리가 생물학적 생존에 매몰되어 있기 때문이다. 생물학적 생존과 그 욕구를 절대화할 때 인권이란 해방적 실천으로서의 정치로부터 벗어난 권리 개념이 된다는 것이다. 이러한 맥락에서 동물화란 탈정치화와 다른 것이 아니며 인권의 주체 역시 동물과 구별되지 않는 존재에 지나지 않게 된다.

인권의 정치가 여전히 해방의 정치로서 기능하기 위해서는 인권이 동물화된 인간의 권리가 아니라 오히려 인간의 탈동물화, 즉 재인간화를 위한 권리로 작동해야 한다. 그리고 동물화가 사실상 탈정치화와 함께 가는 것이라면 재인간화는 재정치화와 동시적일 수밖에 없을 것이다. 동물화된 자들의 재인간화는 곧 그들의 정치적 주체화이다. 다시 말해 존재의 모든 역량을 단지 생존을 위해 투여할 수 있을 뿐인 이들, 그러한 생존에 매몰된 삶을 지속할 수 있게 해주는 최소의 조건을 지키기 위해서 자신과 비슷한 처지로 내몰린 사람들에 대해 동물적 경계심을 가지고 적대적이 되는 이들, 더 나은 세계에 대한 꿈을 상실한 채 하루하루를 연명해 가는 이들이 다시금 세계를 형성하는 주체로서의 꿈을 꾸고 행동하는 것이 바로 재인간화이며 정치적 주체화이다.

오늘날 인권은 과연 이와 같은 동물화된 인간의 재인간화를 촉발하는 계기가 될 수 있을까? 배제되고 추방당한 자들의 정치적 주체화를 위한 활력화의 자원이 될 수 있을까? 이 질문에 긍정적인 답변을 내놓을 수 있을 때 인권의 정치 역시 그 비판자들로부터 자유로울 수 있을 것이다. 다시 말해, 동물화의 압박 속에 놓인 자들이 그 압박에 저항하고 자신들의 인간화를 위해 투쟁하는 자들이 될 수 있는 자원, 정치적 주체화를 위한 자원으로서 인권이 활용될 수 있을 때 인권의 정치는 해방의 정치를 위한 하나의 이념이 될 수 있을 것이다. 그러나 그것은 어떻게 가능할까?

다행히 우리는 그러한 가능성을 적극적으로 검토하고 있는 두 사람의 사상가, 자크 랑시에르와 에티엔 발리바르를 여기서 만나게 된다. 인권의 정치를 다시 생각하는 그들의 작업에 잠시 주목해 보자.

2. 랑시에르 : 데모스의 권리

현재 인권이 처한 상황에 대해서 랑시에르 역시 부정적인 견해를 숨기지 않는다. 오늘날의 통치권력은 인권의 가치를 결코 부정하지 않는다. 심지어 인권을 수호한다는 명분으로 침략 전쟁을 불사할 정도로 인권을 적극적으로 옹호하고 있다. 하지만 이러한 상황 속에서 인권은 정치적 급진성과 불온성을 상실했을 뿐만 아니라 심지어는 지배자들이 자신을 정당화하기 위해 사용하는 제스처에 불과한 것이 되었다고 랑시에르는 비판한다. 그러나 그가 인권의 이념 자체를 부정하는 것은 아니다. 그에 의하면 오늘날 인권이 처한 상황은 인권 개념이 오용된 결과이며 그와 같은 오용은 인권에 대한 특정한 이해 방식, 혹은 오해와 결부되어 있다. 이때 인권이란 정치적으로 더 이상 자신을 주체화할 수 없는 자들, 즉 무기력한 자들이 필요한 보호를 받을 권리에 지나지 않는다. 이와 같은 인권 이해는 사실상 지금의 세계에서 인권을 정치적으로 무의미한 것이 되도록 만들고 있다. "마침내 그 권리들은 실제적으로 텅 빈 것처럼 나타나고 있다. 그것들은 완전히 쓸모가 없게 된 것처럼 보이는 것이다. 그리고 그것들이 무용한 것이 되면, 사람들은 자비로운 자들이 낡은 옷을 처리하는 것과 동일한 일을 한다. 그것들을 가난한 이들에게 줘 버리는 것이다."[3]

---

3) Jacque Ranciére, "Who is Subject of the Right of Man?", *South Atlantic Quarterly* 103, 2/3

하지만 과연 인권이란 정녕 희생자들의 권리의 권리, 더 이상 실제적으로 어떠한 정치적 권리도 가지지 못한 자들, 그 존재란 한낱 생물학적 존재에 지나지 않는 권리 없는 자들의 권리에 지나지 않는 것일까라고 랑시에르는 되묻는다. 그가 보기에 이러한 인권 이해는 인권으로부터 그 '정치적' 성격을 탈각시키는 어떤 사유 경향으로부터 비롯되는 것이다. 그와 같은 경향은 에드먼드 버크로부터 시작되어 맑스를 거쳐 한나 아렌트와 조르조 아감벤으로 이어지는 인권에 대한 비판적 사유의 흐름에서 끈질기게 반복되고 있다고 랑시에르는 파악한다.[4] 랑시에르는 특히 동시대적 맥락에서 인권을 비정치적 권리로 만들어 내는 사유의 대표자를 아렌트와 아감벤으로 지목한다. 이미 언급했듯이 아렌트는 난민의 경우가 보여 주는 것처럼 인권이란 정치적 권리를 상실한 자들의 권리로서 사실상 이는 무의미한 권리에 지나지 않는다고 주장한다. 랑시에르에 의하면 인권에 대한 아렌트의 이와 같은 입장은 "권력과 억압의 문제들을 탈정치화하고, 그것들을 더 이상 정치적이지 않은 예외성의 지대, 다시 말해 정치적 불일치라는 범위를 초월한 영역인 신성성의 지대에 위치"[5] 시키는 것과 다르지 않다. 아렌트의 인권비판은 인권으로부터 그 정치적 성격을 탈각시키는 논법이라는 것이다.

그리고 인권에 대한 아렌트의 사고방식은 아감벤에게 이어진다. 랑시에르는 아감벤에게서 예외상태와 그 안에 위치한 벌거벗은 삶이란 인간이 결코 벗어날 수 없는 숙명적 조건으로 나타나고 있다고 말한다. "어

(2004), p.307.
4) 자크 랑시에르, 「민주주의와 인권」, 박기순 옮김, 2008년 서울대 강연문.
5) Ranciére, "Who is Subject of the Right of Man?", p.299.

떤 종류의 권리주장도, 또는 권리를 행사하려는 어떤 투쟁도 애초부터 벌 거벗은 삶과 예외상태라는 양극 속에 갇혀 있을 뿐이다. 그런 양극은 일 종의 존재론적 숙명인 것처럼 보인다."[6] 다시 말해 이들의 논의는 난민들 이나 호모 사케르로 지목된 자들을 자신이 처한 조건을 투쟁을 통해 극 복할 수 없는 무기력한 존재들로 만들어 버리고 있다는 것이다.

랑시에르에 따르면 아렌트는 사적 영역과 구별되는 공적 영역으로 서 순수한 정치의 영역을 보존하기 위해 그 영역에 걸맞지 않은 자들을 정치의 무대로부터 추방한다. 즉, 공적인 문제를 다루는 영역인 정치의 영역으로부터, 소위 말하는 먹고 사는 문제들, 생물학적인 생존(zoe)의 필요와 관련된 문제들을 정치화하려는 이들을 배제하려는 것이 아렌트 의 기획이라는 것이다. 그리고 시민적 권리에 의해서 규정되는 정치적 삶(bios politikos)을 생물학적인 필요만을 채워 가는 동물적 삶(zoe)의 오염으로부터 보호하려는 아렌트의 정치학은 아감벤에게서도 반복되고 있다.

이러한 기획에서는 정치란 권력과 동일한 것이 되어 버린다. 다시 말 해, "점점 더 저항할 수 없는 역사-존재론적 숙명(신만이 우리를 거기서 구원할 수 있으리라)으로 여겨지는 권력"[7]과 정치는 다를 것이 없게 된다. 이러한 사유에서 정치는 철저하게 국가체제 안에서만 가능한 것이 된다. 즉 인간이 정치적으로 유의미한 존재가 되는 것, 정치적 주체가 될 수 있 는 것은 오로지 국가체제 하에 포섭될 때에만 가능하다는 것이다. 국가 체제, 국가권력에 의해 분배되는 권리의 체제야말로 모든 정치적 행동의

---

6) *Ibid.*, p.301.
7) *Ibid.*, p.302.

'역사-존재론적 숙명'이다. 그래서 이와 같은 논리에서 정치란 사실상 권력의 행사와 다르지 않게 된다고 랑시에르는 말하는 것이다.

아렌트와 아감벤의 인권론에서 나타나는 것처럼, 정치와 권력이 동일화될 때 인권은 정치적으로 무의미한 것이 된다. 랑시에르가 보기에 아렌트와 아감벤의 인권 비판은 인권이란 '권리 없는 자들의 권리'(=공허한 권리)이거나 '권리를 가진 자들의 권리'(=동어반복적 권리)에 불과하다는 주장을 핵심으로 삼고 있다. 국가체제에 의해 보장되는 시민권을 상실한 자들에게 인권이란 정치적으로 아무런 의미도 갖지 못하는 권리이다. 그것은 그저 자신의 생물학적 생존의 보호를 요청할 권리로서 '정치적 주체로서의 권리를 상실한 자들의 피보호 권리'에 지나지 않는 것이다. 이러한 권리는 공허하다. 반면 이미 시민권이라는 국가적 권리를 보유하고 있는 자들에게 인권이란 시민권과 구별되어 필요한 권리가 아니다. 국가체제 안에서 합법적으로 정치적 권리주체로서 자리매김한 자들은 그 체제 안에서 생존을 보장받고 있기에 인권이라는 생물학적 존재의 피보호 권리를 따로 요청할 필요가 없다. 그래서 시민적 권리를 가진 자들에게 인권이란 권리는 동어반복적인 것에 불과하다.

하지만 랑시에르는 아렌트와 아감벤의 이와 같은 인권 비판은 정치와 권력을 구별하지 못하는 그들의 숙명론적 사고 때문이라고 파악한다. 랑시에르는 인권의 정치적 의미를 재구축하기 위해서 우선 정치를 권력의 행사와는 전혀 다른 차원에서 규정하는 것으로부터 시작한다. 랑시에르는 정치(la politique)라는 개념을 매우 독특하게 규정한다. 그에게 정치란 권력을 통한 이해관계의 조정이나 타협 행위 혹은 권력의 획득과 운영 등과 같은 것이 아니다. 정치란 결코 권력의 행사와 같은 것이 아니다.[8] 권력의 행사는 차라리 치안(police)의 영역이다. 그는 정치를 치안과 대립시킨다. 치안이 "사람들을 공동체로 결집하여 그들의 동의를 조직하는 것으로 이루어지며, 자리들과 기능들을 위계적으로 분배하는 것"에 기초하여 작동하는 반면 정치란 모든 사람들의 평등을 입증하는 과정이다. 즉 정치는 "아무나와 아무나 사이의 평등 전제와 그 전제를 입증하려는 고민이 이끄는 실천들의 놀이로 이루어진다."[9] 그리고 랑시에르는 정치와 치안 사이의 이러한 구별에 기초하여 '정치적인 것'(le politique)을 치안과 정치가 서로의 과정을 방해하며 마주치는 장으로 규정한다.

한 공동체 내부의 구성원들에게 각자의 합당한 권리를 할당하는 권력의 작업이나 통치 행위, 다시 말해 치안은 아무리 '민주주의'적인 수사를 동원한다고 하더라도 근본적으로 차등적이고 위계적인 방식에 의해서 이루어진다. 치안의 논리가 주장하는 평등이란 각 개인의 능력과 자질의 차이에 따른 권리의 위계적 배분과 다른 것이 아니다. 통치에 적합한 자질을 타고난 자들은 더 많은 권력을 할당받을 수 있는 자격이 있으며 경영에 탁월한 능력을 가진 자들은 더 많은 부를 분배받을 수 있는 자격이 있다는 것이다. 이를 무시하면 공동체는 혼란에 빠지며 파괴될 수 있다고 지배의 논리는 말한다. 이미 플라톤이 말했던 바와 같이 평등이 필요하다면 그것은 산술적 평등이 아니라 기하학적 평등이어야 한다는 것이다.

하지만 랑시에르는 기하학적 평등, 즉 능력에 따른 차등적 권리의 할당이야말로 치안에 의해 구축된 감각이라고 말한다. 이러한 감각의 구축이야말로 치안의 일차적 업무이다. 랑시에르는 치안의 근본적 기능이 '감

---

8) 자크 랑시에르, 『정치적인 것의 가장자리에서』, 233쪽.
9) 같은 책, 133쪽.

각적인 것의 나눔'(partage du sensible)이라고 말한다.[10] 가령 기하학적 평등이란 능력과 자질의 불평등이라는 전제 하에 성립하는 평등에 대한 특정한 감각이다. 이러한 맥락에서 치안은 무엇보다 공동체의 성원들에게 그 공동체에서 각자에게 나누어지는 몫(part)에 대한 감각을 할당하는 작업으로 규정된다. 이러한 감각적인 것의 분할 체계 속에서 자리들과 기능의 위계적 분배가 가능하게 된다. 공동체 내에서 통치할 권리를 가진 자들의 특권은 그들이 그럴 만한 자질과 능력을 갖고 있기 때문에 당연한 것이라는 감각, 더 많은 부를 가진 자들은 그들의 탁월성 때문에 그런 것이고, 가난한 자들은 그들의 무능력 때문에 그런 것이기에 빈부의 격차는 자연스러운 현상이라는 감각을 형성하는 것이 바로 치안의 일이다. 치안이란 공동체 내에서 자격이 있는 자들과 자격 없는 자들을 가르는 어떤 감각의 분할선을 형성하는 것이다.

반면 정치란 이러한 감각적인 것의 분할을 다시 분할하게 만드는 활동, 공동체 내부에서 이루어진 몫의 할당에 대한 합의에 대해 이의를 제기하고 그 합의를 가능하게 하는 전제와 원리를 논란에 휘말리게 하는 활동, 즉 계쟁(litige)의 대상으로 만드는 활동을 뜻한다. 무엇보다 정치는 치안에 의해 이루어진 공동체 내의 자리들과 기능의 위계적 분배를 뒤흔드는 행위로서 그것은 모든 이의 평등을 입증하는 과정이다. 치안에 의해 자격 없는 자들로 분류된 이들, 능력이 모자란 자들로 규정된 이들도 자격이 있고 능력이 있다고 여겨지는 자들과 평등한 존재임을 입증하는 행위가 바로 정치인 것이다.

---

10) "치안의 본질은 억압이 아니며, 생명체에 대한 통제도 아니다. 그것의 본질은 감각적인 것에 대한 어떤 나눔이다"(랑시에르, 『정치적인 것의 가장자리에서』, 248쪽).

정치란 공동체의 질서 안에서 합의된 몫의 분배체제에 맞서 몫이 없는 자들, 자격 없는 자들이라고 여겨지던 이들이 그 체제의 경계 안으로 '부당하게' 침입하는 불화의 행위이다. 공동체의 공적 의사결정에서 참여할 능력도 자질도 없는 자들이기에 그 목소리를 들을 필요가 없다고 치부되던 자들이 자신들의 목소리를 몫이 있는 자들에게 들리게 하고 그들의 몫이 결코 치안에 의해 할당된 부분으로 제한될 수 없음을 몫이 있는 자들이 보도록 만드는 행동을 랑시에르는 정치라고 부르는 것이다. 각자의 능력과 자질에 따라 몫을 배분하는 치안이란 사실상 불평등을 전제로 이루어진 권리의 위계적 배분이며 이 위계적 배분을 문제시하고 그러한 치안의 질서에 이의를 제기하는 몫이 없는 자들의 정치는 모든 이의 평등을 전제로 이루어지는 실천이다. 랑시에르는 평등전제를 입증하는 과정, 즉 평등화 과정으로서의 정치를 '해방'과 동일한 것으로 이해한다. 정치란 평등화 과정, 해방의 실천을 지칭하는 이름이다. 이것이 정치의 고유한 의미이다.

정치를 이렇게 사유할 때 이제 인권 역시 다른 의미를 가지게 된다고 랑시에르는 말한다. 인권이란 철저하게 '정치적' 권리이다. 앞에서도 보았듯이 아렌트나 아감벤은 인권을 진퇴양난에 처하게 만드는 방식으로 탈정치화한다. 랑시에르에 의하면 인권을 빠져나올 수 없는 함정에 처하게 만드는 그들의 방식을 다음과 같이 정식화한다.

시민권은 인권이기도 하다. 하지만 인권은 정치화되지 않은 사람의 권리이다. 인권은 권리를 갖지 못한 자들의 권리인 것이다. 그렇다면 인권은 아무것도 아니다. 인권은 시민권이다. 시민권은 이러저러한 입헌국가의 시민이라는 사실에 결부된 권리이다. 이것은 그 권리가 권리를 가

진 자들의 권리라는 것을 뜻한다. 그렇다면 이것은 결과적으로 동어반복이다.[11]

그러나 랑시에르는 인권에 대하여 이와는 전혀 다른 정식을 제시한다. 그는 앞에서 제시된 두 가지 정식과는 다른 세 번째 정식이 존재한다고 말한다.

인권은 자신들이 가진 권리를 가지지 않고, 자신들이 갖지 않은 권리를 가진 자들의 권리이다.[12]

랑시에르는 인권의 세번째 정식은 권리의 두 가지 존재 양식과 결부되어 있다고 말한다. 그 첫번째 존재 양식은 성문화된 권리이다. 가령 1789년 프랑스혁명 가운데 탄생한 「인권선언」과 같은 것들이 바로 그와 같은 성문화된 권리이다. 이 선언에 명시된 권리들이 비록 실제적으로는 많은 이들에게 유보되어 있을지라도 그 권리들은 우리가 살아가는 세계를 구성하는 주어진 것들로 뚜렷하게 존재하고 있다. 그 선언이 성문화된 권리로 존재하고 있다는 사실은 그 선언에 명시된 권리들이 또한 획득될 수 있는 것임을 보여 주고 있다. 그 권리들이 아직 평등하게 구현되고 있지 못하다는 현실이 의미하는 바는 그 권리의 평등한 실현을 가로 막는 힘들이 존재한다는 것이며 그 힘들에 맞서 권리의 평등한 실현을 위한 투쟁의 필요성이다. 문서를 통해 선언된 권리들은 그 권리의 평등한 실현

---

11) Ranciére, "Who is Subject of the Right of Man?", p.302.
12) *Ibid.*, p.302.

을 위한 투쟁을 항상-이미 함축하고 있는 것이다.

또 다른 양식은 이미 주어진 것으로 존재하는 권리를 실제로 자신의 것으로 소유하지 못하는 자들의 행동을 통해서 존재하는 권리이다. 인권은 성문화된 권리들의 가시성을 바탕으로 구체적인 무엇을 만들어 내는 자들의 행동을 통해 실효화한다. 인권은 누가 권리를 실제로 소유할 수 있는 정당한 자격이 있는 자인가를 결정하는 기존의 합의에 대해 불화를 유발하는 자들, 즉 '정치'를 실행하는 자들의 권리라는 것이다. 성문화된 권리로부터 배제된 자들이 그 권리가 자신들의 것이라고 주장함으로써 누가 권리의 주체인가를 쟁점으로 만들 때, 그들이 실천하는 불화의 행동 속에서 인권은 존재하게 된다. 이런 맥락에서 인권은 하늘로부터 주어진 권리이거나 자연의 법칙에 속하는 권리가 아니다. 그것은 치안에 의해 구축된 권리의 배분체제를 뒤흔들고 그 체제를 재구성하기 위해 행동하는 이들의 정치적 실천과 더불어 실효화되는 권리이다.

그러므로 랑시에르에게 인권의 문제는, 아렌트나 아감벤과 달리 즉각적으로 정치의 문제가 된다. 누가 적합한 권리의 주체인지, 그리고 누가 부적합한 권리의 주체인지를 규정하고 구획하는 경계에 대해 불일치를 만들어 내는 과정이 정치이다. 이는 성문화된 권리와 그것을 가지고 무엇인가를 만드는 자들의 권리 사이의 간격을 매우는 실천이다. 그러한 실천을 통해서 인권은 자신이 가진 권리를 갖지 않고, 자신들이 가지지 않은 권리를 가진 자들의 권리가 된다. 다시 말해, 성문화된 권리로 인해 명목상으로는 그 권리를 부여받은 자들이지만 실제적으로 그 권리로부터 배제된 자(자신이 가진 권리를 갖지 않은 자들)이 치안에 의한 권리 분배에 대해 불화를 일으키는 행동을 통해 권리의 주체(자신이 갖지 않은 권리를 가진 자)가 되는 것이다.

그래서 랑시에르는 인권의 주체란 곧 정치의 주체라고 말한다. 아렌트나 아감벤과 달리, 나아가 버크나 맑스와도 달리 랑시에르에게 '인간의 권리'에서 인간이란 벌거벗은 삶, 즉 단지 생물학적 존재이거나 추상적 사고 속에서나 존재하는 자연적 인간, 또는 경제적 동기에 의해 활동하는 인간이 아니라 정치적 주체를 뜻하는 것이다. 랑시에르에게 정치적 주체란 어떤 국민이나 시민권과 같은 법적 자격이나 노동자계급이나 피억압 민족과 같은 특정한 사회적 위치나 정체성에 의해 미리 주어진 것이 아니다. 그것은 오히려 그러한 자격, 상태, 정체성으로부터 벗어나는 과정을 통해서 출현하는 사건적인 주체이다. 그런 의미에서 정치적 주체는 언제나 '정치적 주체-화'에 의해서 의미를 가지게 된다.

랑시에르에는 정치적 주체화를 "사이에 있는 한에서 함께 있기도 한 사람들이 평등을 현실태로 만드는 것이다"[13]라고 개념화한다. 랑시에르는 정치적 주체화를 잘 보여 주는 하나의 사례를 프롤레타리아라는 이름의 어떤 사용방식을 통해 제시한다. 프랑스혁명기에 활동했던 급진적 혁명가 오귀스트 블랑키는 반정부 활동으로 인해 기소를 당하게 된다. 그를 기소한 검사장이 블랑키에게 직업이 무엇이냐 묻자 그는 자신의 직업이 '프롤레타리아'라고 답했다고 한다. 검사장이 프롤레타리아는 직업이 아니라고 응답하자 그는 이렇게 답했다. "프롤레타리아는 정치적 권리를 박탈당한 우리 인민 대다수의 직업이다."[14]

프롤레타리아는 그들이 사이에(entre) ──여러 이름들, 지위들 혹은 정

---

13) 랑시에르, 『정치적인 것의 가장자리에서』, 141쪽.
14) 같은 책, 140쪽.

체성들 사이에, 인간성과 비인간성, 시민성과 그것의 부인 사이에, 도구로서의 인간의 지위와 말하고 사유하는 인간의 지위 사이에—— 있는 한에서 함께(esemble) 있기도 한 사람들에게 '고유한/적합한' 이름이었다.[15]

랑시에르에 따르면 프롤레타리아는 결코 사회적 지위집단의 이름일 수 없다. 심지어 그것은 생산수단의 소유 여부에 의해 규정되는 계급도 아니다. 프롤레타리아는 사회적 권리의 배분체계 내에서 할당되는 적절한 몫에 대한 치안의 계산 밖에 존재하는 자들, 즉 몫이 없는 자들의 이름들 가운데 하나라는 것이다. 이런 맥락에서 프롤레타리아는 사회적 정체성이나 계급적 상태에 부여되는 이름이 아니다. 그것은 기존 사회의 질서가 부여하는 정체성에 의해서는 사회적 질서를 구성하는 정당한 요소로 포착되는 부분(part)으로 셈해지지 않는 자들의 이름이고, 그래서 그에게 정당한 몫(part)도 없다고 치부된 존재들의 이름이며, 그러한 정체성과 사회적 상태로부터 벗어나는 자들의 이름이다. 블랑키는 프롤레타리아를 가난한 노동자계급과 동일시하려는 치안의 감각으로부터 벗어나 프롤레타리아를 몫 없는 자들의 몫을 위해 투쟁하는 자들의 이름으로 만들어 낸 것이다.

이런 맥락에서 정치적 주체란 치안이 부여한 자리와 기능, 정체성과 상태로부터 벗어나는 존재들, 그러한 자리, 기능, 상태들, 정체성 사이에 존재하는 자들이다. 그리고 이러한 탈정체화를 수행한 자들이 함께 구성해 가는 어떤 무리이다. 랑시에르는 이 무리를 데모스(demos)라는 이름

---

15) 같은 책, 141쪽. 강조는 저자.

으로 부른다.

치안에 의해 부여받은 정체성을 벗어난 자들, 모든 이들이 평등하다는 전제에 입각해 그것을 증명하기 위해 치안의 질서를 뒤흔들고 그 질서 안에서 자신들의 역량을 나타내며 자신들의 권리를 집요하게 주장하는 자들, 그러나 기존의 질서와 체제 내에서는 그들의 정체를 규정할 수 없는 자들이 바로 정치적 주체, 즉 데모스이다. 이들은 오로지 기존 질서의 밖에서, 기존 질서가 배분하는 사회적 위치와 정체성을 '벗어남으로써 함께하는' 과정을 통해서 비로소 존재하게 된다. 블랑키의 프롤레타리아가 보여 주는 것도 바로 이러한 정치적 주체화에 부여되는 이름이다.

인권이란 바로 정치적 주체화를 시작하는 자들의 권리이다. 그것이 어떤 초월적 기원을 가지고 있거나, 자연의 근원적 질서를 말하기 때문이 아니라 불평등한 현재의 질서가 부당한 것이며 자신들도 평등한 권리의 주체임을 증명하기 위해 활용할 수 있는 현실의 소여(the given)이기 때문이다. 그런 면에서 1789년의 「인권선언」은 그것에 대해 회의적인 이들이 비판하는 바와는 달리 충분히 해방적인 의미를 가지고 있다. 「인권선언」은 모든 이가 평등하다는 정치의 전제를 현실 속에서 뚜렷하게 가시화시키고 있기 때문이다. 현실 속에 분명히 존재하는 이 권리선언은 현재 그 권리를 향유하고 있지 못한 이들이 자신들 역시 「인권선언」이 말하는 평등한 권리의 주체임을 증명하기 위한 투쟁의 출발점으로 언제나 활용할 수 있는 것이고 또 다시 활용할 수 있는 것이다. 그리고 이러한 인권선언의 반복적 활용 속에서 정치적 주체화는 시작된다.

인권이란 「인권선언」에 항상 이미 내재하는 이러한 반복가능성을 활용하여 자신에게 실재화되지 못한 권리를 현실 속에서 구성해 가는 자들의 권리이다. 현실 속에서 나는 인간이지만 국가가 법으로 보장하는 시민의 권리를 온전히 누리고 있지 못하는 비시민일 수도 있다. 인간과 시민 사이의 간극이 존재하는 것이다. 그러나 비시민인 나는 「인권선언」이 주창하는 모든 인간이 곧 시민적 권리의 주체라는 평등선언을 활용하여 나 역시 시민적 권리의 주체임을 주장하는 행동을 할 수 있다. 이러한 행동 속에서 정치적 주체로서 인권의 주체는 만들어지는 것이다.

랑시에르는 정치적 주체화를 보여 주는 사례로서 프랑스혁명 당시 활동한 전투적 여성혁명가 올랭프 드 구즈를 제시한다. 그녀는 1789년의 「인권선언」이 보장한 권리들이 여성을 배제하는 현실에 맞서 투쟁하였다. 드 구즈는 프랑스혁명의 와중에서 정치적 투쟁으로 인해 단두대에서 죽어 간 여성의 현실이야말로 여성 또한 정치의 주체라는 것을 보여 주는 명백한 증거라고 주장했다. "여성들이 단두대로 갈 자격이 있다면 의회로 갈 자격도 있다"는 것이다. 랑시에르는 드 구즈의 이러한 언명이 아렌트나 아감벤이 제시하는 인권의 아포리아를 벗어나게 해주는 논리라고 말한다. '인권은 자신들이 가진 권리를 가지지 않고, 자신들이 갖지 않은 권리를 가진 자들의 권리'라는 인권에 대한 랑시에르 자신의 정식 역시 근본적으로 드 구즈의 논리와 다른 것이 아니다. "여성들은 권리선언(「인권선언」) 덕택에 자신들이 가진 권리를 박탈당했음을 증명해 보일 수 있었다. 그리고 그녀들은 공적인 행위를 통해서 헌법이 거부했던 권리를 자신들이 가지고 있음을, 자신들의 권리를 행사할 수 있음을 증명해 보일 수 있었다."[16]

랑시에르에게 인권이란 정치적 실천이라는 집단적 행위를 통해 실효화되는 권리이다. 정치라는 현행적 행위와 무관한 초월적으로 부여되

---

16) Ranciére, "Who is Subject of the Right of Man?", 304.

는 권리로서 인권은 존재하지 않는다. 인권은 자격 있는 자들, 공동체에서 정당한 자기 몫이 있는 자들이 합의한 권리 분배에 저항하고 자신들의 권리를 적극적으로 주장하는 몫이 없는 자들, 자격 없는 자들의 권리이다. 정당한 자격이 있는 자들 사이에 몫을 나누는 활동인 치안에 대항하는 정치적 주체인 데모스의 권리. 그것이 바로 인권인 것이다.

3. 발리바르 : 인권의 정치와 시빌리테의 정치

현재의 정세 속에서 인권의 급진성을 재발견하고 그것을 통해 해방의 정치를 새로이 규명하려고 시도하는 또 다른 철학자 가운데 한 사람이 에티엔 발리바르이다. 발리바르는 여전히 스스로를 맑스주의자로 자처하는 이론가이지만 맑스 자신을 비롯하여 그의 이름을 내걸고 이어져 온 정치적 사유와 실천의 전통 안에서 꾸준히 비판받아 온 인권을 오히려 맑스주의의 한계를 돌파할 수 있는 계기로 만들려고 노력하는 낯선 맑스주의자이기도 하다. 그는 여전히 계급적 분할에 의해 구성된 자본주의 사회를 넘어서려고 한 맑스적 문제의식의 장 속에 스스로를 위치짓지만 동시에 맑스와 맑스주의 이론에 내재하는 고유한 모순들과 아포리아(aporia)들을 탐구하며 맑스주의가 현재의 정세 속에서 적합한 실천의 방식으로 전화되기 위한 길(poros)을 찾는 작업을 시도하고 있다. 그리고 이와 같은 발리바르의 시도는 무엇보다 맑스주의의 역사에서 가장 많이 논의되어 왔지만 역설적으로 가장 사고되지 않았던 영역이었던 정치를 다시 사고하는 작업에 의해 이끌리고 있다. 이런 맥락에서 그는 인권의 정치를 주목한다.

　발리바르에 의하면 인권은 해방의 정치가 추구하는 자유와 평등의 보편화 과정과 관련된다. 그에게 인권은 자연권을 뜻하거나 국가에 의해 보장되는 법적 권리만으로 국한되는 것이 아니다. 그가 보기에 인권이란 고유한 의미에서 정치적 권리를 뜻한다. 이때 정치란 세계를 움직이는 원리라고 상정된 형이상학적 질서를 현실 속에 적용하는 도덕적 행위가 아님은 물론이거니와 국가를 비롯한 제도화된 권력기구들의 작용으로도 환원할 수 없는 것이다. 정치란 무엇보다 자신들의 권리를 구축해 가는 인민들의 집합적 행동, 인민이 자신의 자율성을 봉기를 통해 획득해 가는 과정을 뜻한다.[17]

그가 말하는 인권의 정치란 바로 누구나 이러한 정치의 주체가 될 수 있는 조건을 구축하는 정치이다. 즉, "정치에 대한 보편적 권리라는 윤리와 개인적 자유의 조건들을 집단적으로 창출하려는 기획을 접합"[18]하는 정치가 인권의 정치인 것이다. 인권의 정치는 정치적 주체, 국가와 사회의 제도라는 틀 속에서 향유하고 쟁취할 수 있는 권리의 주체에 어떠한 자격 제한도 없다는 것을 말하면서, 모든 사람이 이러한 정치적 권리의 주체가 될 수 있기 위한 조건을 만들어 내는 정치이다. 발리바르에 따르면 인권의 정치는 자신들을 정치적 권리의 공간에서 배제하는 모든 불평등과 억압에 맞선 인민들의 집단적 봉기에 준거점을 갖는다.

우리는 넓은 의미에서의 봉기, 또는 심지어 영속적 봉기라는 관념에 준

---

17) 발리바르는 정치를 우선적으로 다음과 같이 규정한다. "정치란 자신의 권리 확립 속에서, 그리고 그 확립에 의해 구성되는 인민(demos)('권리에서 자유롭고 평등한' 시민들 총체에게 이러한 유적 명칭을 준다면)의 자기결정의 전개이다." 에티엔 발리바르, 『대중들의 공포』, 최원·서관모 옮김, 도서출판b, 2007, 32쪽.
18) 에티엔 발리바르, 『마르크스의 철학, 마르크스의 정치』, 윤소영 옮김, 문화과학사, 1995, 185쪽.

거해야 한다. 이는 인권의 정치가 불평등과 압제에 대항하여 모든 가능한 형태로 봉기하는 사람들의 행위이며, 또한 그러한 정치는 자유 없이 평등 없고 평등 없이 자유 없음을 실천적으로 주장한다는 뜻이다. 따라서 누구도 그 자신 이외의 다른 사람에 의해 해방될 수 없지만 또한 누구도 다른 사람들 없이는 해방될 수 없는 것이다.[19]

다시 말해서 인권의 정치는 정치적 권리가 신의 명령이나 자연적 원리에 의해 부여되거나 권력자에 의해 주어지는 것이 아니라고 주장한다. 권리란 그것을 부정당한 자들이 직접 자신의 권리를 주장하며 싸우는 투쟁, 즉 봉기에 의해 쟁취되는 것으로 파악되며 인민의 이와 같은 봉기를 모든 정치적 권리 구축의 근거로서 긍정하는 정치가 인권의 정치이다. 동시에 그것은 이러한 봉기를 통한 인민의 자기 해방 과정, 혹은 권리의 구축 과정은 언제나 다른 이와의 연합을 통해서만 이루어지는 집합적인 과정에 의해 가능하다는 사실에 근거한 정치이다. 권리를 부정하는 자들에 맞서는 투쟁은 무엇보다 함께 싸우는 이들 서로가 서로에게 먼저 자신들이 쟁취하고자 하는 권리를 부여하는 호혜성에 입각할 때 가능하기 때문이다.

발리바르는 이와 같은 인권의 정치를 잘 보여 주는 사례가 1789년에 발표된 「인권선언」이라고 말한다. 보다 정확히 말한다면 「인권선언」과 현재 자신들에게 박탈된 권리를 쟁취하기 위해 이 선언에 천명된 진리를 지금-여기서 사용하는 자들의 실천이 인권의 정치가 무엇인지를 보여 준다는 것이다. 발리바르는 「인권선언」을 인권의 정치를 위한 어떤 기원

---

19) 발리바르, 『마르크스의 철학, 마르크스의 정치』, 185쪽.

적 문헌으로 읽는다. 이를 위해 발리바르는「인권선언」에 나타난 핵심적인 언표들에 대해서 두 가지 동일성을 발견해 낸다.

그 첫번째 동일성은 '인간'과 '시민'의 동일성이다. 일반적으로 인권은 '보편적이고 양도될 수 없으며 모든 사회적 제도와 독립적으로 존재하는 잠재적 권리'로 해석되며, 이에 대하여 시민권은 '실증적이고 제도화되어 있으며 제한적이지만 그러나 현실적인 권리'로 해석된다. 그러나 발리바르에 의하면 '권리선언'은 인간과 시민을 결코 구별하지 않는다. 다시 말해 권리선언에 언표된 권리들은 모든 시민들의 권리이자 동시에 모든 인간들의 권리라는 것이다.

> 「선언」을 다시 읽어 보면 '인간의 권리'와 '시민의 권리' 사이에 현실적으로 내용상의 어떤 편차도 어떤 차이도 존재하지 않음을 알게 된다. 즉 그 둘은 **정확히 동일한 것들**이다. 그 결과 적어도 그들이 자신들이 갖고 있는 권리의 성격과 외연에 의해서 실천적으로 '정의되는' 한――그런데 그렇게 하는 것이 바로 「선언」의 목적이다――**인간**과 **시민** 사이에도 편차나 차이는 존재하지 않는다.[20]

「인권선언」에 명시된 권리의 항목들은 인간들이 집단적 실천을 통해 획득할 수 있는 권리이다. 발리바르에 의하면「인권선언」자체가 모든 인간이 집단적 투쟁을 통해서 시민적 권리 주체가 되도록 하는 것을 목적으로 삼고 있다. 「인권선언」에 나타난 인간과 시민의 동일성이란 모든

---

20) 에티엔 발리바르, 윤소영 옮김, 「'인권'과 '시민권' : 평등과 자유의 현대적 변증법」, 에티엔 발리바르 외, 『'인권의 정치'와 성적 차이』, 공감, 2003, 17쪽. 강조는 저자의 것.

인간들은 집단적 행동을 통해서 '시민-되기'를 할 수 있음을 뜻한다. 그리고 이러한 인간과 시민의 즉각적 동일성이야말로 바로 「인권선언」이 주창하는 권리의 보편성이 갖는 의미이다.

　「인권선언」에 대한 발리바르의 관점에서 보자면 아렌트나 아감벤이 지적하는 인간과 시민 사이의 격차와 그로 인해 발생하는 인권과 시민권의 구별은 잘못된 구별이다. 인간의 권리는 국가 체제 속에서 오로지 정치적 권리를 가진 시민이 될 때에만 보장되며 그러한 시민으로서의 정치적 권리를 보장받지 못한 자들은 사실상 권리 없는 상태에 처할 뿐이고, 그와 같은 무권리 상태에 처한 이들에게 주어진 권리란 권리를 보유한 다른 주체의 선의에 의해 보호받을 권리일 뿐이라는 논리는 「인권선언」에 대한 명백한 오독이라고 할 수 있다. "시민이 되기 위해서는, 조건 없이, 인간인 것으로 충분하다."[21]

　두번째 동일성은 평등과 자유의 동일성이다. 인간과 시민의 동일성이 권리의 형식에 관한 문제라면 평등과 자유의 동일성은 권리의 내용에 관한 문제이다. 인권과 시민권은 근본적으로 자유와 평등의 동시적 보장 내지는 실현을 그 내용으로 갖는 권리이다. 그런데 여기서 관건적인 문제는 자유와 평등의 관계가 상호 함축적이라는 것에 있다. 일반적으로 자유와 평등은 서로를 배제하는 개념인 것처럼 이해된다. 가령 자유는 철저하게 개인적 차원의 문제이고 평등은 집단적 차원의 문제이기에 자유를 강조하면 집단성의 차원이 약화될 수밖에 없으며 평등을 중시하면 개인성의 차원이 침해받게 된다는 논리가 그렇다. 혹은 자유는 우선적으로 정치적인 문제인 반면 평등은 무엇보다도 경제적 문제라는 이해 역시 이런

---

21) 발리바르, 「대중들의 공포」, 34쪽.

통념을 잘 보여 준다.

하지만 발리바르는 평등과 자유는 근본적으로 동일한 것이라고 말한다. 그는 '애쿠아 리베르타스'(aequa libertas/평등한 자유)라는 고대 로마의 표현에 근거하여 자유와 평등의 동일성, 즉 양자의 상호 함축 관계를 '평등자유'(égaliberté)라고 명명한다.

> 문자 그대로 잘 읽어 본다면, 사실 「선언」은 평등이 자유와 동일하다는 것, 평등이 자유와 동등하다는 것, 그리고 그 역도 성립한다(두 항은 도치될 수 있다)는 것을 말하고 있다. 하나가 다른 하나의 정확한 '척도'인 것이다. 이것이 바로 내가 평등자유 명제라고 부르고자 한 것이다.[22]

발리바르에 따르면 평등과 자유의 동일성이 의미하는 것은 우선 양자가 외연적으로 같다는 것을 뜻한다. 평등과 자유가 구현되거나 부정되는 상황들은 '필연적으로 같은 것'이라고 그는 말한다. 다시 말해 자유가 가능할 수 있는 조건이 곧 평등이 가능할 수 있는 조건이며 그 역도 마찬가지라는 것이다. 이는 항상 자유가 압제되는 상황에서는 평등의 부인이 반드시 따랐으며 평등이 부정되는 시기에는 자유에 대한 억압이 동시적으로 발생했다는 역사적 사실이 보여 주는 바이다. 자유를 억제하는 권력의 형태들과 평등을 부정하는 권력의 형태들이 필연적으로 수렴한다는 사실에서도 자유와 평등의 동일성을 알 수 있다고 발리바르는 말한다. "사회적 불평등 없이 자유를 제한하거나 억압한 사례가 없으며, 또한 자

---

22) 발리바르, 「'인권'과 '시민권' : 평등과 자유의 현대적 변증법」, 20쪽.

유의 제한 또는 억압 없는 불평등의 사례도 없다."[23]

다시 말해서 자유 없는 평등은 불가능하고, 평등 없는 자유도 불가능하다는 것이다. 평등자유 명제가 우리에게 보여 주는 것은 평등과 자유는 어느 한 쪽을 정립하고 강화하기 위해서는 반드시 다른 한 쪽을 동시에 정립하고 강화해야만 하는 상호 전제적이며 상호 강화적인 권리라는 것이다.

「인권선언」은 "모든 인간이 곧 시민이다"라는 언명을 통해서 모든 인간이 스스로 평등자유를 쟁취할 수 있는 정치적 주체임을 주장한다. 「인권선언」에서 표현된 명시적 주장은 그것을 진리로 받아들이는 이들을 평등자유를 공적인 제도 안에 각인시키는 정치적 행동의 영역으로 인도한다. 「인권선언」은 생존을 위해 자신의 시간과 능력의 거의 전부를 노동하는 데 쏟아 부어야 하는 필연성에 얽매인 인간과 탁월한 자질과 후천적으로 습득된 능력 덕분에 공동체의 공적 업무를 처리할 수 있는 특별한 자격을 가진 자유의 영역에 거주하는 시민 사이의 구별은 근본적으로 불가능하다고 선언하는 것이다. 그러나 「인권선언」은 인간과 시민의 동일성이 단지 자연적 원리나 신적 질서에 의해 보장된다고 주장하는 것이 아니라 오로지 타인과 더불어 평등자유를 자신의 실제적 권리로 쟁취하기 위해 투쟁하는 자들에 의해 획득된다고 주장한다. 이러한 투쟁이 바로 일차적 의미의 정치이며, 「인권선언」은 **모든** 인간이 평등자유를 향유하는 시민이 될 때까지 그러한 정치가 끝나지 않을 것임을, 정치는 영원히 회귀하는 것임을 선언하는 것이다.

---

23) 발리바르, 「'인권'과 '시민권' : 평등과 자유의 현대적 변증법」, 23쪽.

평등자유 명제에 부합하는 제도들의 구축을 역사적으로 결정하는 조건들과 언표의 과장된 보편성 사이에는 영속적 긴장이 있을 것이다. 그렇지만 이 보편성은 항상 반복되어야 할 것이고, 그것 없이는 혁명적 정치가 있을 수 없는 진리효과가 재생산되려면 동일하게 변화 없이 항상 반복되어야 할 것이다.[24]

인권의 정치란 모든 사람이 시민적 권리의 주체라는 것을, 모든 인간이 평등자유의 향유주체이자 보장주체라는 것을 현실 속에서 구현해 가는 정치이다. 그런데 평등자유의 구체적 실현 양식은 구체적인 정세적 조건에 따라서, 시대적 맥락에 따라서, 사회적이고 경제적인 상황에 따라서, 정치적이고 이데올로기적인 여건에 따라서 달라진다. 「인권선언」에 의해 언표된 모든 인간의 시민됨이라는 진리, 평등자유의 보편화라는 진리는 변함없이 반복되지만 그 진리가 구체화되는 형태는 이 조건의 변화에 따라 변화한다. 「인권선언」의 본질적 진리는 항상 동일하게 반복되지만 그 진리가 구현되는 권리의 현행적 양태는 조건에 따라 변모되는 것이다.

다시 말해 비록 「인권선언」이 1789년이라는 특수한 정세적 조건 속에서 탄생한 문헌이지만 그 선언이 주장하는 평등자유의 본질적인 해방적 성격은 「인권선언」이 탄생한 구체적인 조건에 속박되지 않는다. 「인권선언」에 제시된 구체적 권리 항목들만이 정당한 권리의 내용들로 확정될 수 없으며 변화된 시대와 상황에 따라서 그 「인권선언」의 진리들을 구체화하는 권리의 항목들은 변형될 수 있다는 것이다. 그래서 「인권선언」에

---

24) 같은 글, 24쪽.

명시된 권리의 항목들과 그 선언의 진리에 입각하여 제기되는 현재적인 권리의 내용들 사이에는 긴장이 존재할 수밖에 없다. 그러나 이 긴장은 매우 생산적인 긴장이다. 모든 사람의 시민주체 되기는 상황과 조건에 따라 그 특정한 양상이 달라지는 것이며 평등자유가 현실 속에서 구체화되는 양상 역시 변화된다. 어제의 권리형태가 오늘의 권리형태를 속박할 수 없는 것이다. 「인권선언」은 그것이 명시하는 권리의 이념을 현실의 조건과 맥락 속에서 계속적으로 구체화해 가는 반복적 실천의 장을 영구적으로 개방한다.

발리바르는 이렇게 인권의 정치를 적극적으로 개념화하는 정치철학적 작업을 통해서 인권의 급진적이고 해방적인 차원을 예각화하고 있다. 그러나 그의 문제의식이 인권에 대한 철학적 비판에 맞서 인권에 새로운 철학적·정치적 의미를 부여하는 작업에 제한되는 것은 아니다. 정치에 대한 발리바르의 고민은 인권에 대한 새로운 철학적 반성을 넘어서 오늘날 평등자유의 보편적인 실현을 위한 정치를 불가능하게 만들고 있는 정세, 모든 인간의 시민됨이라는 시민권의 보편화를 위한 정치를 근본적인 위기에 처하게 하는 정세의 문제와 강력하게 결부되어 있다. 그러한 오늘날의 정세적 조건이란 폭력의 극단적 형태들에 의해서 규정된다. 발리바르는 현재 세계 곳곳에서 나타나고 있는 극단적인 폭력이 정치의 가능성의 조건 자체를 삭제할 위험성을 내포하고 있다고 파악하며, 그러한 폭력을 전위하여 다시 정치의 영역 안으로 끌어들일 수 있는 길을 모색하고 있다.

이를 위해 발리바르는 우선 정치의 층위를 세 가지로 나누며 각 층위에 걸맞는 정치의 개념을 구별한다. 앞에서 살펴본 인권의 정치란 이러한 구별에 의하면 사실상 '정치의 자율성'이라고 그가 부르는 영역에 속한다고 할 수 있다. 즉 보편적 권리를 구현해 가는 인민의 집단적인 봉기에 그 준거점을 가지고 있는 인권의 정치는 다른 차원에 의해 일방적으로 결정되거나 환원되지 않는 자율적 성격을 명백하게 가지고 있다. 발리바르는 이와 같은 정치의 자율성에 고유한 윤리적 형상을 '해방'이라고 명명한다. 하지만 정치의 자율성이 정치의 유일한 개념은 아니다. 발리바르는 정치의 자율성이란 언제나 특정한 구조나 조건을 전제로 하고 있으며 이 조건과 관련된 층위의 정치가 있다고 말한다. 이러한 층위에 존재하는 정치를 그는 '정치의 타율성'이라고 명명하며 이를 변혁이라는 형상과 연결한다. 이에 더하여 그는 '타율성의 타율성'이라는 세번째 정치의 개념을 제시하며 이를 자신이 시빌리테(civilité)라고 부르는 차원과 결부시킨다. 발리바르에게 있어서 정치란 해방의 정치, 변혁의 정치, 시빌리테의 정치라는 세 가지 층위로 분화되어 있다.

정치의 자율성은 이미 인권의 정치를 다룬 부분에서 논의했으므로 여기서는 다른 두 가지 정치의 개념들에 대해서 보다 자세하게 논의해 보도록 하자. 정치의 타율성이란 정치의 자율성이 실행되는 구조나 조건들을 말한다. 그러나 발리바르가 의미하는 타율성이 곧 일방적 규정성이나 결정인이라는 의미는 아니다. 그것은 자율적 정치가 실행되는 지반 내지는 지형에 가깝다. 정치의 타율성이란 이러한 지반과 지형, 혹은 조건의 전환이나 그것의 재구성과 관련된 정치이다. 이 조건은 해방의 정치가 작동하는 무대를 만들지만 그 작동의 구체적인 내용을 결정하는 것은 아니다.

정치의 타율성을 중요시하는 가장 대표적인 이론이 "인간은 자기 자신의 역사를 만든다. 그러나 자기 마음대로, 즉 자신이 선택한 상황 하에서 만드는 것이 아니라 이미 존재하는, 주어진, 물려받은 상황 하에서 만든다"[25]라는 유명한 문장에 집약되어 있던 맑스의 역사유물론일 것이다. 하지만 발리바르는 이러한 조건들, 즉 정치에서 타율성의 차원이란 단일한 것이 아니라고 말한다. 오히려 중요한 것은 자율성의 정치를 조건 짓는 타율성은 다양한 방식으로 모델화될 수 있다는 데에 있다. 가령 맑스가 정치의 조건으로 제시한 생산의 차원뿐만 아니라 푸코가 사회적 활동이 형성되는 조건으로 말한 권력관계들과 행위들의 전략적 그물망 등의 것들 역시 바로 정치의 자율성이 자리 잡는 조건들이라고 할 수 있다. 이 조건들을 변혁하는 정치가 바로 정치의 타율성으로서 변혁의 정치다. 변혁의 정치가 정치의 타율성이라는 이름을 부여받는 것은 해방의 정치가 실행되는 조건들이 변혁되지 않는다면, 해방의 정치는 그 이상의 구현에서 필연적으로 제약조건과 장애물에 부딪칠 수밖에 없기 때문이다.

타율성의 타율성이라는 정치의 세번째 층위는 정체성/동일성 (identity)의 문제와 결부되어 있다. 발리바르에 의하면 타율성의 타율성에 대한 논의가 필요한 것은 정치의 타율성, 즉 조건들이 정치의 자율성이 의존하는 최종심급이 아니기 때문이다. 오히려 "그 조건들을 결정적이게 하는 것은 조건들이 주체를 낳는 방식, 또는 조건들이 주체에 의해 경험되는 방식"[26]이다. 다시 말해, 주체들이 자신들이 놓여 있는 사회적 활동의 장을 어떤 방식으로 감각하며, 어떤 상상적 틀 속에서 경험하느냐의 문제이자 동시에 그 조건들이 그것에 대한 주체의 상상적 인지방식에 어떤 영향을 미치는가와 관련된 정치의 층위가 있다는 것이다. 그리고

25) 칼 맑스, 「루이 보나빠르뜨의 브뤼메르 18일」, 『칼 맑스 프리드리히 엥겔스 저작선집』 2권, 박종철출판사, 1997, 287쪽.
26) 발리바르, 『대중들의 공포』, 29쪽.

발리바르가 정치를 세 가지 개념으로 구별하는 것은 사실 오늘날의 정세 속에서 바로 이 세번째 층위와 결부된 정치의 개념이 관건적 쟁점이라는 문제의식 속에서이다.

흔히 프랑스어의 시빌리테(civilité)는 공손함, 교양, 친절함 등으로 번역되는 단어이다. 하지만 발리바르가 타율성의 타율성에 관련된 정치의 개념을 구축하는 과정에서 이 단어에 주목하는 것은 그것의 일상적 의미 때문은 아니다. 그는 시빌리테의 어원이 라틴어의 키빌리타스(civilitas)라는 점을 중요시한다. 키빌리타스는 정치체를 뜻하는 고대 그리스어의 폴레테이아(politeia)의 라틴어 번역어였고 시빌리테는 오레슴(St. Thoms Nicole Oresme)이라는 사람에 의해 "공동체의 창립, 통치"라는 의미로 사용되었다. 즉, 그는 시빌리테라는 단어의 정치적 기원을 중시하며 이 단어를 인접어인 시민권(citoyenneté)과의 관계 속에서 포착한다. 이러할 때 시빌리테는 정치적 주체로서 시민에게 요구되는 윤리 내지는 덕성이라는 뜻을 갖는 것이다.[27]

발리바르가 정치에서 시빌리테의 차원을 주목하는 것은 앞에서도 언급했듯이 현재 만연해 있는 극단적 폭력의 문제 때문이다. 그는 이러한 폭력의 형상을 '잔혹'이라고 명명한다. 잔혹으로서의 폭력은 정체성/동일성(identity)과 결부되어 발생하며 정치의 조건 자체를 근본적인 위기에 처하게 만드는 것이다. 시빌리테는 바로 "동일성의 폭력 자체를 대상으로 하는 정치"[28]를 뜻하는 것이다. 그렇다면 잔혹으로서의 폭력이 정

---

27) 이런 맥락에서 『대중들의 공포』의 국역자 중 한사람인 최원은 시빌리테를 '시민인류'으로 번역하고 있다. 반면 폭력의 문제와 시빌리테의 문제를 다룬 발리바르의 글들의 편역서인 『폭력과 시민다움』의 국역자 진태원은 이 단어를 '시민다움'으로 옮기고 있다.
28) 발리바르, 『대중들의 공포』, 57쪽.

치의 조건 자체를 근본적으로 위협한다는 것은 무슨 의미일까?

발리바르에 따르면 오늘날 문제가 되는 폭력은 두 가지 매우 극단적인 형태를 취하고 있다. 그 첫째는 그가 '초객관적(ultra-objectif) 형태'라고 부르는 폭력의 형태이다. 이 폭력은 권리를 박탈당한 자들, 가난한 자들, 배제된 자들에게 행사되는 폭력이다. 그것은 분명 현재의 권력체제와 결부된 폭력이다. 하지만 발리바르는 초객관적 폭력이 구조적 폭력과는 근본적으로 다른 것이라고 말한다. 구조적 폭력이란 어떤 체제의 성립과 작동의 과정에 언제나 내재된 하나의 기능이다. 이것은 무엇보다 체제의 작동에 대한 저항을 파괴하는 폭력이다. 가령 알튀세르의 억압적 국가장치와 같은 것이 구조적 폭력의 직접적 실행자(agent)라고 할 수 있다. 하지만 그것은 매우 억압적일지라 할지라도 결국 그 폭력의 체제 내적 기능은 식별될 수 있고 정치적 투쟁의 대상으로 만들 수 있는 것이다.

반면 초객관적 폭력은 체제의 작동과 유지라는 기능적 차원에 더 이상 속박되지 않는 폭력을 말한다. 이 폭력은 체제에 대해 저항하는 자들을 폭력으로 억압해 체제의 질서에 길들이는 것을 목적으로 작동하지 않는다. 이 폭력은 불필요한 자들의 제거와 절멸을 위해 행사된다. 이는 현재 "세계경제의 계획에 기입되어 있는, 수백만의 내버릴 수 있는 사람들의 총체적 제거"[29]와 같은 폭력이다. 즉, 수백만의 사람들을 더 이상 쓸모가 없는 잉여물로 만들 뿐만 아니라 이러한 잉여물이 된 자들을 제거하는 폭력이다. 치료약이 있음에도 불구하고 수백만의 인구가 에이즈로 죽어 나가는 아프리카의 상황, 폭발사고를 수습하기 위해 방사능이 만연한 핵발전소에 투입된 가난한 비정규직 노동자들이 죽어 가는 일본의 상황

---

29) 발리바르, 『대중들의 공포』, 59쪽.

등이 바로 폭력의 초객관적 형태가 보여 주는 것이다.

극단적 폭력의 또 다른 형태는 '초주체적 '형태''이다. 발리바르는 초주체적 폭력의 핵심에는 '증오의 이상화'(idéalisation)가 자리 잡고 있다고 말한다. 그가 말하는 증오의 이상화란 근본적으로 타자성에 대한 맹목적 증오와 그로 인한 파괴충동이 하나의 이상 내지는 이념의 위상을 획득하게 된 상태를 의미한다. 가령 유고슬라비아 연방 해체 이후 발발한 내전 중에 행해진 학살과 폭력들이 이를 잘 보여 준다. 보스니아의 '종족정화' 과정 중에 자행된 수많은 강간은 적대집단의 여성이 적의 아이를 임신하도록 하기 위한 것이었다고 한다. 평생 치유될 수 없는 고통을 그녀와 그녀가 속한 공동체에 가하는 것을 목적으로 한 잔혹한 폭력.

발리바르에 의하면 이와 같은 극단적 폭력은 구체적 개인이 분명한 의도와 목적에 입각해서 행하는 것이지만 근본적 층위에서 보자면 그 폭력의 의지는 개별적이거나 집단적인 주체를 넘어서는 차원에서 작동되는 것이다. 이같이 주체로 환원될 수 없는 폭력의 의지를 발리바르는 프로이트-라캉 정신분석학의 용어를 빌려 '사물'(chose)이라고 말한다. 이러한 초주체적 차원의 극단적 폭력은 동일성에 대한 개인의 상상 속에서 발생하는 것이다. 이렇게 상상된 동일성이란 그 외의 모든 다른 동일성을 배척하고 제거해야 하는 것으로 인식/오인하는 배타적인 동일성이다. 그것은 "정확히 자기 속에 있는(있다고 그가 '믿는') 동일성, 타자 전체에 대해 총체적으로 배타적이고, '우리'와 '자기' 내부의 이타성(異他性)의 그모든 흔적을 제거함으로써 자기의 고유한 실현을 오만하게 명령하는 이러한 동일성[이라는 사물]"[30]을 말한다. 타자성에 대한 이상화된 증오를

---

30) 같은 책, 60쪽.

통해 작동하는 배타적 동일성은 단지 타자를 죽임으로써 제거하는 것에 그치지 않고 '죽음 이상의 것', 즉 죽음보다 더한 고통을 타자에게 가하려고 하는 의지를 실행한다.

이러한 극단적 폭력의 문제는 그것이 악이라는 것에 있지 않다. 진정한 문제는 그 폭력에 고유한 '비전환성'에 있다. "어떤 폭력(극단적 폭력은—인용자)은——개인적 폭력들을 집단적 폭력들로 재통합함으로써, 또 그 폭력들을 이데올로기적 헤게모니에 연관시켜 권력장악 및 제도적 공고화의 수단이나 해방과 변혁의 수단으로 주도면밀하게 또는 그렇지 않게 활용함으로써—— 억압하거나 또는 추방하거나(이것이 본질적인 부분에서 정의^{justice}, 로고스, 사회적 유대^{lien}와 같은 정치적인 것의 이론화들의 목표이다) 할 수 없고, 또한 '역사를 만드는' 수단으로 정치적으로 전환할 수도 없다"[31]는 것이다. 단지 타자에 대한 철저한 파괴와 절멸만을 욕망하는 폭력, 그래서 정치적 권리의 쟁취나 권리의 억압을, 물적 조건들을 변혁하는 정치적 의미와 지향성을 가진 폭력으로 전환될 수 없는 성격의 폭력이 바로 극단적 폭력이다. 즉, 그 폭력은 정치화가 불가능한 폭력, 폭력의 정치적 전환이 불가능한 폭력이다.

극단적 폭력이 정치화될 수 없다는 것은 그 폭력의 주체(차라리 비-주체)들 역시 정치적 주체로의 변신이 불가능하다는 것을 의미한다. 초객관적 폭력은 보편적인 정치적 권리에 대한 역사적 믿음을 '우스꽝스러운 것'이 되도록 만들고 있다. 이 폭력은 그것에 희생되는 개인들과 집단들을 철저하게 정치적으로 무기력화한다. 초객관적 폭력에 의해 배제된 인구들, 자신들을 제거하고 절멸하려는 폭력으로부터 자신을 지켜야 하는

---

31) 발리바르, 『대중들의 공포』, 60~61쪽.

이들, 곧 일상적인 생존의 조건이 예외적 재난의 상태와 다를 바 없는 이들에게는 그저 생존을 지속하는 것, 목숨을 연명하는 것만도 이미 너무나 벅찬 일이 된다. 발리바르는 이처럼 재난상태가 되어 버린 생존의 조건을 '객관적 잔혹의 일상성'이라고 부른다.[32] 잔혹으로서의 생존조건은 배제된 이들이 자기 자신을 그와 같은 조건을 변혁하고 자기 해방을 쟁취할 수 있는 역량을 가진 정치적 주체라고 스스로를 인지할 가능성 자체를 막고 있다. 단지 살아 있음을 유지하는 것 이상을 기대하지 못하도록 만드는 것이다.

폭력의 초주체적 형태는 배제된 자들, 과잉수탈을 당하는 자들 사이에 연대와 연합의 조건을 파괴한다. 해방은 위로부터 주어지는 것이 아니라 아래로부터 쟁취되는 것이며, 해방을 아래로부터 쟁취하기 위해서는 무엇보다 권리 없는 자들이 먼저 서로를 평등한 권리주체로 승인하고 서로에게 권리를 상호적으로 부여하는 연대와 연합의 과정이 선행되어야 가능한 것이다. 하지만 유고슬라비아 내전 당시의 '인종청소', 소말리아의 종족학살을 비롯한 아프리카에서의 잔혹한 폭력, 빈민가 어린아이들을 심심풀이로 쏘아 죽이는 브라질 자경단의 폭력, 흑인 청년들과 히스패닉 청년들 사이에 벌어지는 미국 슬럼가의 폭력들이 보여 주는 것처럼 오늘날 배제된 자들은 타자를 연대의 상대가 아니라 증오의 대상으로 바라보고 있다. 그리고 이러한 폭력들은 곧잘 타자에 대한 이상화된 증오로 증폭되며 초주체적 폭력으로 변성된다. 발리바르는 이러한 폭력을 '메두사의 얼굴을 한 잔혹'이라고 표현한다. 그리고 이러한 잔혹한 폭력의 순환 속에서 배제된 자들은 서로를 연대의 상대가 아니라 절멸의 대상으로

---

32) 같은 책, 59쪽.

파악하게 된다.

　발리바르가 지적하듯이 잔혹한 폭력의 형태들, 혹은 극단적 폭력들은 사실상 서로 연동되고 중첩되어 있는 것이다. 초객관적 폭력은 일상적 생존 조건이 이미 잔혹한 것이 되어 버린 자들로 하여금 자신과 동일한 조건에 처한, 그러나 자신과는 다른 정체성/동일성을 가지고 있다고 판별되는 자들을 증오의 대상으로 상상하게 만든다. 이렇게 그들은 초주체적 폭력의 담지자가 된다. 그리고 이는 이들이 동일성을 상상하는 방식과 밀접하게 결부되어 있다. 발리바르는 모든 인간의 동일성은 결코 하나의 동일성으로 환원될 수 없다고 말한다. 동일성은 항상-이미 복수적이라는 것이다. 기본적으로 동일성은 어떤 동일성 집단에의 소속을 통해 형성된다. 가족, 학교, 직장, 계급, 민족, 국가, 종교 등이 바로 그러한 동일성 집단이다. 그리고 언제나 한 개인은 동시에 어떤 가족의 일원이자 특정한 회사의 직원이며 한 종교의 신자 등이다. 오직 가족의 일원이기만 하고, 회사의 직원이기만 하고, 종교의 신자이기만 한 개인이란 사실상 존재할 수 없다. 어떤 개인의 사회적 동일성이란 사실상 그가 소속된 복수의 동일성 집단들이 공존할 수 있다는 사실로부터 형성되는 것이고, 그 개인의 다양한 동일성들이 통합될 수 있다는 사실로부터 구축되는 것이다. 그리고 그러할 때 나와는 다른 이에게서도 나와의 동일성을 발견할 수 있으며 공존 가능성을 찾을 수 있다. 타자 역시 복수의 동일성 집단에 소속된 존재이며 그 역시 나처럼 다양한 정체성을 동시에 소유하고 있는 존재임을 알게 되기 때문이다. 그는 나와 다른 존재, 즉 타자이지만 동시와 나와 같은 존재, 즉 동일자이기도 한 존재이다.

　발리바르에 의하면 이러한 다층적 소속의 공존에 의해 확보되는 다양한 정체성들 사이의 공존 가능성은 다양한 소속 집단들을 매개하고 통합하는 상급의 틀이 있어야 가능하다. 가령 근대사회에서는 국민국가가 그러한 매개와 통합의 틀로서 기능을 했다.[32] 항상 완벽하게 작동한 것은 아니지만 국민이라는 이데올로기와 국가 제도는 그 안에 존재하는 종교적 차이나, 문화적 차이, 정치적 입장의 차이를 상대적으로 매개하고 통합하는 역할을 하였던 것이다. 물론 그 안에서도 종교, 문화, 종족, 정치적 입장의 차이로 인한 갈등과 투쟁이 발생하며 위계적인 권력관계가 형성된다. 하지만 이러한 갈등관계가 상대에 대한 맹목적 증오로 뒤덮인 완전한 절멸이나 파괴를 향해 나아가지는 않았다. 국민국가라는 제도적이고 이데올로기적 틀 안에서 위계적 권력관계는 역전 가능한 것으로 위치지어졌으며 이러한 역전은 제도화된 정치적 과정을 통해 이루어질 수 있는 것으로 인지되었던 것이다.

그러나 국민국가의 쇠락을 경험한 대중들, 혹은 국민국가의 권리보장 체제로부터 배제되어 사실상 국가가 없는 상태에 처한 대중들은 자신의 동일성들을 매개하고 통합하던 상급의 틀이 상실된 상황에 놓이게 된다. 역사적 사회주의의 몰락과 자본주의 질서의 전일적 세계화 이후 본격화된 국민국가의 쇠락과 국민국가로부터의 배제는 다수의 인구에게 초객관적 폭력의 경험으로 다가왔다. 그리고 이 잔혹한 폭력은 동일성의 차원에서 두 가지 결과를 가져왔다. 그것은 개인들의 동일성을 오로지 유일

---

33) 발리바르는 헤겔의 『법철학』에 나타나는 인륜성으로서의 국가야말로 복수의 소속 집단들과 정체성들을 매개하고 통합하는 상급의 틀을 가장 잘 보여 주는 개념이라고 한다. 물론 발리바르가 헤겔적 인륜성의 회복을 대안으로 내세우는 것은 아니다. 헤겔에게 존재하는 강력한 국가주의적 경향이 국가의 폭력성을 강화할 가능성, 국가에 의해 인정되는 정체성들만 존재 가능한 것이 되고 그 밖의 것들은 폭력적으로 배제될 가능성, 자본주의 체제를 경제적 기반으로 가지고 있는 근대 국민국가 내부에서 발생하게 될 계급적 양극화의 문제에 대한 침묵 등은 헤겔의 인륜성-국가에 대해 발리바르가 완전히 동의할 수 없는 이유가 된다. 『대중들의 공포』, 특히 66~69쪽.

하고 배타적인 동일성으로 환원하거나 아니면 복수적 동일성이 통합되지 못하고 여러 동일성들 사이를 부유하는 상태로 몰아가는 것이다. 다시 말해 오로지 성적 대상이기만 한 존재, 단지 노동자이기만 한 존재, 오로지 한 종교의 신자이기만 존재, 단지 한 종족의 일원이기만 존재가 되어 버리거나 그 어떤 일관된 동일성도 형성하지 못한 존재가 되어 버리는 것이다.

절대적으로 한 사람이 되거나 아무도 되지 못한다. 그리고 아마도 우리가 마주하고 있는 몇몇 폭력의 상황들은 이러한 극단성들 가운데 한쪽으로 개인들과 집단들이 내몰리게 되는 것으로 드러날 때뿐 아니라, 이러한 극단성들 각각의 불가능성들이 서로 만날 때, 즉 그것들이 한쪽 극단에서 다른 쪽 극단으로 난폭한 진동 속에서 탈출구를 찾을 때 생산된다는 가설을 세울 수 있을 것이다.[34)]

극단적 폭력들이 정치의 조건들을 불가능하게 만든다는 것은 결국 그것이 정치적 주체화의 가능성을 삭제한다는 것이다. 해방의 정치이건 변혁의 정치이건 정치는 무엇보다 인민의 집단적 결속을 통한 권리 없는 자들의 정치적 주체화를 전제한다. 그러나 극단적 폭력은 개인들의 동일성을 극단화시킴으로써 그들의 결속, 즉 연대의 가능성을 차단하는 것이다. 이 폭력은 연대의 가능성뿐만 아니라 타자와의 공존 가능성조차 위태롭게 만들고 있다. 극단적 폭력에 의해 형성되는 삶의 조건은 타자를 연대의 상대가 아니라 절멸의 대상으로 상상하도록 몰고 간다. 즉, 극단적

---

34) 발리바르, 『대중들의 공포』, 64쪽.

폭력에 시달리는 자들은 자신과 다른 자들, 타자들을 연합과 연대의 상대로 인지하기보다는 생존을 위해 필요한 제한된 자원을 두고 싸워야 하는 적으로 상상하게 되기 쉽다는 것이다. 그리고 이와 같은 자신과 타자의 동일성에 대한 상상의 방식은 정확히 이데올로기의 문제이다.[35)]

그렇다면 해방의 정치와 변혁의 정치 외에 또 다른 정치의 층위가 요청될 수 밖에 없다. 정치의 가능성을 삭제하는 폭력에 맞서는 정치, 곧 정치적 주체화를 가로막는 동일성의 상상방식으로서의 이데올로기를 전화하는 정치가 필요한 것이다. 바로 동일성의 문제와 결부된 이데올로기의 전화를 위한 정치가 바로 시빌리테의 정치이다.

> 나는 정치가 총체적인 동일화와 부유하는 동일화의 불가능한(그럼에도 불구하고 어떤 의미에서는 상당히 실제적인) 한계들 사이에서 동일화의 갈등을 해결하는 한에서 그러한 정치를 시빌리테라고 부를 것이다. 이러한 의미의 시빌리테는 확실히 모든 폭력을 제거하는 정치는 아니지만, 그것은 정치(해방, 변혁)를 위한 (공적, 사적) 공간을 제공하고 폭력 그 자체의 역사화를 허용하는 방식으로 동일화의 극단성들의 사이를 벌려 놓는다.[36)]

---

35) 이데올로기에는 여러 가지 의미들이 동시에 존재하지만 발리바르의 논의 맥락에서 가장 중요한 점은 이데올로기가 무엇보다 개인들이 다른 개인들과의 관련 속에서 자신의 동일성/정체성을 상상하는 방식이라는 것이다. 하지만 이미 알튀세르가 보여 주었듯이 이데올로기는 단지 관념의 차원에서 형성되고 작동하는 것이 아니다. 그것은 언제나 물질적 조건을 바탕으로 가지고 있다. 극단적 폭력에 의해 조성되는 삶의 조건, 혹은 폭력을 극단화하는 사회적 조건이 바로 대중들이 자신의 정체성/동일성을 상상하는 방식의 물질적 조건을 이룬다.

36) 같은 책, 65쪽.

시빌리테의 정치는 폭력의 비-주체를 정치의 주체로 전화하는 정치이며, 이것은 정체성/동일성에 대한 대중적 상상의 전화, 즉 대중들의 이데올로기를 전화해 가는 정치이다. 이를 통해 이상화된 증오에 의해 추동되는 폭력을 다시 정치적 의미망 안으로 끌어들이며 배제된 자들의 연합을 가능하게 하는 이데올로기적 조건을 구축해 가는 정치이다.

시빌리테의 정치가 효과적으로 실천될 때, 즉 잔혹으로서의 폭력을 다시 정치라는 (절멸이 아니라) 갈등의 영역으로 끌어들일 수 있을 때 인권의 정치 역시 가능해 질 것이다. 변혁의 정치뿐만 아니라 인권의 정치와 해방의 정치가 가능하기 위해서는 무엇보다 이데올로기의 전화를 실행하는 시빌리테의 정치가 시급히 요청되는 것이다. 결국 시빌리테의 정치란 서로 다른 동일성들의 공존 가능성과 연대의 가능성을 창출하는 정치이다. 이 가능성이 창출되어야 정치적 주체화 역시 가능하다. 정치적 주체화는 권리를 박탈당한 자들, 배제된 자들 서로가 서로에게 권리를 부여하는 호혜적 행위를 통해 가능한 것이기에 시빌리테의 정치는 대중들이 자신과 타자의 정체성을 상상하는 방식에 인권의 요구를 새겨 넣는 것과 다른 것이 아니다.

4. 인권의 정치와 정치적 주체화

인권을 사유함에 있어서 정치적 주체화는 랑시에르와 발리바르 모두에게 관건적인 문제이다. 인권이 상정하는 인간이 정치적 주체로 이해될 때 인권은 비로소 해방적 의미를 획득할 수 있다. 그리고 이때의 정치적 주체란 국가체제에 의해 권리주체로 승인된 합법적 주체를 뜻하는 것이 아니다. 이들이 말하는 정치적 주체란 자신의 권리 없는 상태에 저항하며 자신의 권리를 창출하고 쟁취하기 위해 연합하여 투쟁하는 자들의 실천에 의해 규정된다. 그런 의미에서 정치적 주체는 국가권력과 제도로 환원되지 않는다.

하지만 그들이 공히 정치적 주체화에 대해 강조한다고 해서 정치적 주체화에 대한 두 사람의 이해 사이에 차이가 없는 것은 물론 아니다. 랑시에르에게 정치적 주체화는 우연적 사건의 성격이 매우 강하다. 그렇기에 정치적 주체화는 조직이라는 응고된 형태로 지속되지 않는다. 또한 정치적 주체는 기존 체제와 제도의 틀 안에서 활동하는 자들이 아니다. 정치적 주체는 기존의 체제나 제도의 틀을 침범하고 전복하는 존재들이지 그 체제와 제도의 전환이나 새로운 체제와 제도의 구성을 담당하는 존재들이 아니다. 이런 맥락에서 랑시에르에게 정치적 주체화란 사실상 기존 질서를 해체하는 봉기의 주체를 뜻하는 것이라 볼 수 있다. 또한 그의 정치적 입장은 큰 틀에서 일종의 아나키즘적 경향을 갖는다고 하겠다.

반면 발리바르는 정치적 주체화를 조직 및 제도의 문제와 보다 상관적인 것으로 이해한다.[37] 그에게 정치적 주체가 된다는 것은 합의를 통해 형성된 기존 질서에 불화하며 그 질서를 전복하고 해체하는 집단적 봉기의 행위자가 된다는 것만을 의미하지 않는다. 오히려 이러한 전복과 해체

---

37) 제도에 대한 발리바르의 강조는 그의 맑스주의 전화 프로젝트와 밀접한 관련이 있다. 발리바르는 맑스주의의 중요한 아포리아 가운데 하나가 국가소멸론으로 대표되는 맑스주의의 이론적 아나키즘과 연관되어 있다고 본다. 그러나 이로 인해 맑스주의는 국가가 단지 '지배계급의 고충처리위원회'에 불과한 것이 아니며 국가가 대중들의 동일성과 맺는 관계를 충분히 사고하지 못했음을 그는 지적하고 있다. 물론 발리바르가 국가를 무조건적으로 긍정하는 것은 아니지만 국가, 나아가서 제도라는 조건을 설립하고 구성하는 문제는 정치의 문제에서 관건적임을 그는 강조한다. 발리바르에게 제도의 문제, 그리고 국가의 문제가 갖는 의미에 대한 보다 상세한 논의는 다음 글을 참조하라. 장진범, 「에티엔 발리바르 : 도래할 시민(권)을 위한 철학적 투쟁」, 홍태영 외, 『현대정치철학의 모험』, 도서출판 난장, 2010.

의 과정은 조직화의 계기를 필요로 한다고 생각한다. 또한 정치란 단지 봉기의 계기에 의해서만 규정될 수 없으며 기존의 제도를 전환하고 새로운 제도를 설립하는 구성적 계기 역시 포함하고 있음을 강조한다. 그래서 발리바르는 정치적 주체를 기존 질서의 전복과 해체의 과정에 의해 이끌리는 봉기적 정치의 주체임과 동시에 새로운 질서를 구축해 가는 구성적 정치의 주체로 이해한다. 발리바르는 그러한 정치적 주체를 '시민'이라고 부른다. 그에게 정치적 주체화란 시민-되기를 뜻하는 것이다.

그러나 이러한 강조점의 차이에도 불구하고 정치적 주체화란 결국 권리 없는 자들, 배제된 자들이 평등하고 자유로운 권리의 주체가 되기 위한 출발점이라는 것만큼은 이들 사이에 공통된 관점이라 할 것이다. 다수의 인구가 자신의 정치적·경제적·사회적·문화적 권리들을 박탈당하는 사태가 만연해지는 지금의 시대에서 인권의 정치적 함의란 무엇일까? 인간의 삶이 그저 생물학적 생존을 지속해 가기 위한 고투와 동일한 것이 되도록 몰아가는 체제, 수많은 인구를 생존 전쟁의 지대로 내모는 체제, 다수의 사람들이 그저 자신의 직접적 생존에 위협이 되지 않는다면 타자의 삶이 파괴되어도 무방하다는 감각을 가지도록 만들어 가는 이 체제 하에서 인권은 어떤 정치적 의미를 가지는 것일까?

인권의 정치에 대한 랑시에르와 발리바르의 논의가 보여 주는 것은 이러한 참담한 시대, 참혹한 체제를 끝내기 위해서는 무엇보다 배제된 자들, 박탈된 자들이 스스로 정치적 주체가 되어야 한다는 것이다. 인권은 단지 인간이라는 특권적 생명체의 생존의 유지를 위한 권리가 아니다. 랑시에르와 발리바르가 전개하는 인권의 정치학이 보여 주는 것은 인권이 동물화된 존재로서의 인간을 위한 권리, 모든 정치적 삶의 형식을 잃어버린 단지 살아 있기만 한 자의 권리가 아니라는 점이다. 그들은 앞 장에서 살펴 본 사상가들이 비판한 인권 개념을 넘어서는 인권 개념을 구축하고 있다. 즉 인권은 결국 탈정치화된 자들의 권리가 아니라 바로 정치적 주체화를 시도하는 자들의 권리라는 것이다. 그리고 오늘날의 상황, 다수의 인구가 배제되고 몫이 없는 자로 지정되며 권리를 박탈당하고 극단적 폭력에 노출되는 신자유주의 지배체제에서 인권의 정치란 무엇보다 바로 권리를 박탈당한 자들의 정치적 주체화를 모색하는 정치일 것이다.

간주곡 2 _ 돌볼 필요가 없는 생명, 살 가치가 없는 생명

자살의 일상화, 혹은 비정상적인 것의 정상화?

자살이라는 단어는 나에게 하나의 표상과 함께 다가온다. 무엇인가에 절망하고 고통스러워하는 사람이 한강 다리의 난간에 올라간다. 그러면 경찰과 기자들, 그리고 시민들이 모여들고 그는 경찰에게 다가오면 뛰어내릴 것이라고 위협하며 자신의 억울함과 울분을 토해 낸다. 그 장면이 한동안 내가 자살을 떠올리면 동반되는 표상이었다. 하지만 실제로 스스로 목숨을 끊겠다며 '해프닝'을 벌인 이들이 정말 자살하는 경우는 드물다 한다. 그런 경우는 대개 '자살소동'으로 끝을 맺고 난간에 올라갔던 이는 무사히 내려오는 경우가 대부분이라는 것이다.

아마도 자살소동을 벌이는 사람은 정말 죽기 위해 그런 것이 아니라 오히려 살 힘을 얻기 위해서 그랬는지도 모르겠다는 생각이 든다. 그가 한강 다리의 난간에 올라간 것은 자신의 울분을 토로할 수 있는 기회를 얻기 위함이었을 것이다. 자기 목숨을 담보로 벌인 그 소동 덕분에 다른 이들의 주목을 받게 되었고 그는 그들에게 너무나 힘들고 고통스럽다고 하소연이라도 할 수 있는 기회를 얻을 수 있었다. 그렇게 한바탕 '난리'를 벌이고 나면 난간에서 내려와 현실에서의 삶을 어쨌건 다시 시작할 수 있는 계기를 마련했던 것이다.

그런데 최근에는 누가 한강 다리 난간 위에 올라가 자살 소동을 벌였다는 소식을 들은 적이 없는 것 같다. 대신 누군가 '조용히' 스스로 삶을 마감했다는 소식들만이 종종 들려온다. 살아갈 힘을 잃어버린 사람들, 깊은 절망과 견딜 수 없는 고통에 놓인 이들은 더 이상 자신의 아픔을 타인들에게 호소하려 하지 않는다. 그저 침묵 속에서 스스로 목숨을 끊을 뿐이다. 그들은 살아서, 목숨을 담보로 하고서라도 더 이상 말하지 않는다. 이제 그들은 자신의 생이 마감된 이후 발견되는 유서를 통해서 겨우 말한다. 심지어 오늘날 자살하는 많은 이들은 유서조차 남기지 않는다. 그들은 그저 자살이라는 사실만을 통해 말한다. 그 말은 말이 아닌 말이다. 이미 침묵과 동일화되어 버린 말.

이제는 자살소동을 벌이고 현실로 돌아가더라도 달라질 것은 아무것도 없다는 사실을 사람들은 너무나 잘 알게 되어 버렸다. 아무리 자살 소동을 벌인다고 그러한 소동을 벌일 수밖에 없도록 만들었던 현실은 결코 변하지 않는다는 것을 사람들은 알게 된 것이다. 자살이 10, 20, 30대 사망원인의 1위, 40대와 50대 사망원인의 2위인 한국 사회에서 구체적 개개인의 자살은 더 이상 강렬한 의미를 담지하지 못하게 되었다. 언제부터인가 한국은 자살이 매우 '자연스러운' 죽음의 방식이 되어 버린 사회가 되었다. 마치 교통사고 사망이 그렇듯이 자살은 한국 사회를 살아가는 개인들이 당할 수 있는 정상적 죽음의 양상이 되어 버렸다. 그리고 살아 있는 것이 죽는 것보다 못하다고 느끼는 이들은 너무나도 '자연스럽게' 자살을 선택한다. 우리 사회의 소위 '비정상적인 것의 정상화'를 보여 주는 또 다른 모습이 바로 일상다반사가 되어 버린 자살이다.

생명권력과 죽음의 문제

미셸 푸코는 1976년 콜레주 드 프랑스에서 "'사회를 보호해야 한다'"라는 제목으로 일련의 강좌를 진행한다. 이 강좌의 마지막 강의에서 푸코는 근대국가의 인종주의라는 문제를 다루면서 규율권력과는 다른 충위에서 기능하면서 규율권력과 함께 작동하는 권력으로서 '생명권력'이라는 새로운 개념을 제시한다.

푸코에 의하면 생명권력은 인구라는 범역적(global) 수준에서 나타나는 생명의 활동에 대해 개입하는 기술을 통해 작동하는 권력이다. 그것은 "출산율과 사망률, 다양한 생물학적 무능력, 그리고 환경의 영향에 대해서" 개입했으며 "이 모든 것에서 자신의 앎을 선취하여 권력 개입의 장을 규정했다."[1] 권력의 이와 같은 개입은 인구의 생명을 강화하고 적극적으로 활용하기 위해서였다. 생명권력은 명백히 "생명에 관심을 기울이는 기술"[2]이다. 이는 푸코가 기회가 있을 때마다 강조하는 바와 같이 권력의 생산적 성격, 즉 적극적(positive)인 차원을 보여 준다. 생명권력은 무엇인가를 억압하거나 금지하는 소극적(negative) 방식에 의해 규정되지 않는다. 그것은 인구의 생명활동을 보장하고 육성하는 것을 소임으로 하는 적극적 권력이다. 생명권력은 무엇보다 인구의 생명을 돌보는 권력인 것이다.

그러나 "'사회를 보호해야 한다'"의 마지막 강의에서 푸코가 정말 관심을 기울였던 문제는 생명권력을 어떻게 개념화할 것인가는 아니었다.

---

1) 푸코, 『"사회를 보호해야 한다"』, 283쪽.
2) 같은 책, 287쪽.

오히려 그는 생명권력이 국가의 주된 권력 행사의 기술이 된 시대에 왜 국가에 의한 특정 인구의 제거, 학살 등이 발생하게 되는가라는 문제에 초점을 맞추었다. 군주의 권력을 특징짓는 생사여탈권이 일차적으로 생명을 죽이는 힘을 통해서 작동하며 신민의 생명/삶은 방치하는 권력("죽게 만들고 살게 내버려 둔다")인 반면, 근대국가의 생명권력은 생명을 과장하며 육성하고 강화하며 죽음을 최대한 회피하는 권력("살게 만들고 죽게 내버려 둔다")이다. 그런데 군주권력은 일정하게 쇠퇴하여 왔고 생명권력은 강화되어 왔다. 그런데 왜 19세기 말과 20세기에 들어서 국가에 의한 대량살육, 단지 정치적인 적들만이 아니라 자국의 인민들을 죽음으로 몰아가는 사태가 벌어지게 되었는가? 왜 생명권력의 통치 하에서 살육이 발생하는가? 즉 "생명권력의 경제 내에서 죽음의 기능"[3]은 무엇인가? 이것이 "'사회를 보호해야 한다'"에서 푸코가 생명권력과 관련하여 던지는 질문이다.

　　푸코는 그 원인을 생명정치와 결부된 근대의 인종주의에서 찾는다. 푸코에 의하면 근대적 인종주의는 철저하게 생명정치적 현상이다. 생명권력은 전체 인구의 생명현상을 효과적으로 관리하기 위해서 이 인구의 건강성을 해칠 수 있다고 판단되는, 그러나 그 인구에 내포된 특정 부분을 제거할 필요를 느낀다. 마치 개인의 유기체적 신체에 내포된 부분이지만 그 신체의 생명을 위협하는 암세포를 제거하듯이 인구의 일정한 부분이 그 인구 집단 전체의 생명력을 위협한다고 판단되면 제거해야 한다. 이때 전체 인구의 생명력을 저해하는 요소로 지목된 인구의 부분이 열등한 인종으로 규정되는 것이다. 　'

---

3) 같은 책, 297쪽.

인종주의는 생명권력이 인구 전체의 건강한 생명을 관리하기 위해 그 인구에서 제거해도 되는 대상을 식별하고 규정할 수 있는 일종의 인식론적 장치, 혹은 지식의 격자 역할을 한다. 나치에서 볼 수 있듯이 인간을 하나의 종으로 파악하고, 이 종을 그 내부에서 다시 우월한 종과 열등한 종으로 분할하여 우월한 종이 열등한 종에 의해 오염되고 약화되는 것을 막기 위해 열등한 종 자체를 말살하는 권력의 작동이 바로 생명권력과 결부된 인종주의의 효과이다. "이 메커니즘이 작동할 수 있다는 것은 제거해야 할 적이 정치적 의미의 적수가 아니라, 인구 전체의 내부적 혹은 외부적 위험이기 때문이다. 다시 말하면 생명권력 체계 안에서 죽음에의 강제는 그것이 정적에 대한 승리가 아니라 생물학적 위험의 제거, 즉 제거의 직접적인 결과로서 종 혹은 인종의 강화를 지향할 때만 수락할 수 있는 것이다. 인종 혹은 인종주의는 규범화 사회에서 죽음에의 강제를 수락하는 조건이다."[4]

생명권력 하에서 부정성으로서의 죽음은 결코 일차적이지 않다. 그것은 우월한 인구 집단, 즉 우수한 인종의 건강을 강화하고 부양한다는 긍정적 작용을 위해 열등한 인종을 죽이는 부정적 작용을 동반하는 것이다. 그리고 우리는 현재 이러한 생명권력의 통치 속에 살아가고 있다고 푸코는 판단한다.

이제 생명권력의 자장 안에서 사회는 인종적·종족적 연속체로 표상된다. 생명권력은 그 연속체를 구성하는 인구의 생명력을 부양하고 강화하는 것을 자신의 중심적 목적으로 삼아서 작동한다. 반면 그 생명력을 저해하는 것, 위협하는 것에 대한 제거의 활동이 동시적으로 진행된다.

---

4) 푸코, 『"사회를 보호해야 한다"』, 294쪽.

범죄자와 비행자, 광인과 무능력자들을 비롯한 비정상적 행위자들이 바로 이 제거, 추방, 자격박탈의 대상이 되는 것이다. 사회는 이들의 위협으로부터 보호되어야 하는 것이다.

간단히 요약해 보면, 인종주의는 내가 한 종족이나 한 인구의 일원이고 살아 있는 다수의 통일체의 한 요소일 때, 타인들의 죽음은 내 자신을 생물학적으로 강화해 준다는 원칙에 의해 생명권력의 경제에서 죽음의 기능을 확보해 준다.[5]

이러한 인종주의에 의해 '죽게 하고 살게 내버려 두는' 군주권의 기능이 되돌아온다. 생명권력은 주권이라는 죽임의 권력을 대체한 것이 아니라 그것이 작동하는 맥락을 바꿔 놓은 것이다. 자기 종족의 생명활동, 즉 사회를 그 내적 위험으로부터 보호하기 위해 죽임의 권력으로서 군주적 지상권, 즉 주권의 기능이 유지된다.

돌볼 필요가 없는 생명

하지만 이와 같은 생명권력이 특정한 인구 집단을 전체 인구의 생명력을 저해하는 위험요소로 규정하여 제거하는 것, 즉 생명권력의 경제에서 죽음의 기능과 한국 사회의 자살은 무슨 관계인가? 우리 사회에서 발생하는 자살은 국가의 직접적 폭력에 의해 특정 인구가 제거되는 것도 아니고 더욱이 인종주의적 함의와는 무관한 것이 아닌가? 이런 의문은 타당

---

5) 같은 책, 297쪽.

한 것이다. 나 역시 생명권력과 죽음 그리고 인종주의의 관계에 대한 푸코의 논의를 한국 사회의 자살 문제에 직접적으로 적용하는 것은 무리가 있다고 생각한다.

그러나 현재 만연해 가고 있는 자살에서 우리가 주목해야 할 지점은 그것이 한국 사회의 특정한 맥락에서 발생하는 사회적 죽음이라는 데 있다. 그리고 그 '사회적 맥락'은 권력의 작동방식이라는 정치적 차원과 결부되어 있다는 점이 중요하다. 다시 말해 지금의 우리 사회에서 빈번히 발생하는 자살의 문제와 오늘날 한국 사회의 통치권력이 작동하는 방식 사이에는 중요한 연관이 있다는 것이고 이 연관을 해명하는 데 푸코의 생명권력론은 개념적 도구로 사용될 수 있다는 것이다.

일단 푸코는 생명권력의 경제에서 죽음이 의미하는 바를 단지 국가폭력에 의한 특정 인구의 직접적 살해로 한정시키지 않는다는 점이 중요하다. 생명권력은 특정 인구 집단에게 죽음을 강제한다. 그러나 이때 죽음에의 강제는 단지 생물학적 생명을 빼앗는 것만이 아니다.

> 죽음에의 강제라는 말로 나는 단순히 직접적인 살인만을 뜻하는 것이 아니라 모든 간접적인 살인, 예컨대 죽음의 위험에 노출시키는 것, 어떤 사람들에게 죽음의 위협을 증가시키는 것, 혹은 그저 단순히 정치적 죽음이나 추방, 방치 등을 의미한다.[6]

즉 한 인구의 건강한 생명력을 저해하거나 약화시킬 수 있는 특정한 인구 집단에게 생명권력이 행사하는 죽음의 권력(죽음에의 강제)은 그 인

---

6) 푸코, 『"사회를 보호해야 한다"』, 295쪽.

구 집단이 더 이상 살아가기 거의 불가능하게 만들어 버리는 간접적인 방식으로도 작동하는 것이다.

그렇다면 전체 인구의 생명활동을 약화하는 인구란 어떤 존재들인가? 푸코에 의하면 그들은 일차적으로 각종 유전병을 비롯한 질병이나 정신과 정서, 그리고 신체상의 장애 등을 가진 인구였다. 그야말로 '생물학적'으로 건강하지 못한 자로 분류된 이들이었다. 동시에 사회의 규범으로부터 일탈하는 다양한 비행자들, 즉 비정상인들이 또한 그러한 위험한 인구 집단으로 규정되었다.

하지만 생명권력에 대한 푸코의 논의는 전체 인구의 건강을 해치는 자들이 꼭 이렇게 직접적인 생물학적 장애로만 규정되지 않을 수도 있음을 보여 준다. 『성의 역사 1권 — 앎의 의지』에서 푸코는 생명권력의 등장을 자본주의와 연결시키고 있다.

이 생명권력은 의심할 여지없이 자본주의에 불가결한 요소였으며, 자본주의는 생산체제 안으로의 육체의 통제된 편입을 대가로 치르고 경제적 과정에 따른 인구 현상의 조절을 조건으로 해서만 확고해질 수 있었다. 그런데 자본주의는 그 이상의 것을 요구했다. 자본주의에는 육체와 인구의 증가, 그것들의 강화와 동시에 활용 가능성 및 순응성이 필요했으며, 힘과 적성과 전반적 삶을 최대로 이용할 수 있으면서도 그것들의 예속화를 더 어렵게 만들지 않을 권력행사의 방법들이 필요했다.[7]

---

7) 미셸 푸코, 『성의 역사 1권 — 앎의 의지』, 이규현 옮김, 나남출판사, 1994, 151쪽. 강조는 인용자. 번역 일부 수정.

생명권력이 자본주의와 결부되면서 관리하고 조절하고자 했던 인구의 생명력은 무엇보다 노동하는 자들의 생산성과 순응성을 의미했다. 자본의 지배에 대한 순종과 노동의 효율성이 생명권력이 돌봐야 하는 인구의 생명력을 구성하는 핵심적 요소였다는 것이다. 근대권력은 인간의 생명력을 가치생산과정에서의 효율성과 그 과정에 대한 순응성을 높이는 방식으로 관리하려 했던 것이다.

푸코에 의하면 근대적 인간의 생명은 전체적 수준에서도, 그리고 개별적 수준에서도 이제 권력의 적극적인 관심의 대상이자 돌봄의 대상이 된다. 규율권력이 각 개별 신체를 주어진 역할에 따라서 최적화하는 임무를 떠맡았다면 생명권력은 개별 신체를 넘어선 생명체의 전반적 수준, 즉 인구라는 전체적 층위에서 생명력을 관리하는 기능을 담당하였다. 이렇게 개인에 대해 행사되는 규율권력과 인구에 대해 행사되는 생명권력이 서로 교차하며 인간의 생명은 생산에 활용되고 그러한 활용에 순응하게 된다.

생명권력의 헤게모니 하에서 작동되는 주권적 권력, 즉 인민에게 죽음을 강제하는 권력의 기능 역시 자본주의 체제 하에서의 생산성과 순응성이라는 문제틀 속에서도 파악할 수 있을 것이다. 그렇다면 인구의 생명력을 저해하고 감소시키는 자들의 정체 역시 우리의 맥락에서 보다 명확해진다. 그들은 생산성이 떨어지는 자들이며 자본의 지배에 순응하지 않는 자들이다. 인구 전체의 생산성을 감소시키는 부분, 가치 생산에 도움이 되지 않거나 그 효율성이 떨어지는 부분이 바로 인구의 생명력을 저해시키는 위험요소로 규정될 수 있는 것이다. 또한 권력이 제시하는 규범에 순종하지 않는 자들, 규율에 의한 신체의 최적화를 거부하거나 그런 규율에 순응하지 않는 자들이 또한 그러한 위험요소이다. 순응하지 않는 불온한 자들, 생산성 향상을 가로막는 무능력한 자들, 바로 이런 이들이 '죽음에의 강제'에 노출되어야 하는 사람들이 된다.

앞에서 지적한 바와 같이 죽음에의 강제가 단지 생명의 직접적 살해만을 뜻하는 것은 아니다. 생명에 대한 직접적인 살육이 죽음에의 강제가 적극적으로 이루어지는 방식이라면 '죽음의 위험에 노출시키는 것, 어떤 사람들에게 죽음의 위협을 증가시키는 것, 혹은 그저 단순히 정치적 죽음이나 추방, 방치' 등은 소극적 작동방식이라고 할 수 있다. 나는 푸코의 생명권력론과 한국 사회의 급증하는 자살을 연관시킬 수 있는 지점이 바로 소극적으로 작동하는 죽음에의 강제에 있다고 생각한다.

생명권력의 틀 안에서 작동하는 죽음권력은 위험한 인구 집단들이나 불필요한 인구 집단들에 대한 직접적 제거와 살해라는 방식을 통해 적극적으로 작동한다. 그렇다면 이 죽음 권력이 소극적으로 작동하는 방식은 그러한 인구 집단의 성원들이 더 이상 생존을 유지하기 불가능하게 만드는 방식으로, 생존을 위한 조건들과 환경을 극도로 악화시키는 방식으로 작동한다고 할 수 있지 않을까? 즉, 생존을 유지하고 생활을 영위할 수 있는 자원들과 그러한 자원을 얻을 권리를 박탈하는 방식으로 위험하고 불필요한 특정 인구 집단의 생존과 생활을 극도의 위기로 몰아넣는 것이다.

공간적으로 비유하자면 권력에 의해 무능하고 불온한 자들이라고 규정된 이들은 생존과 생활의 권리가 존재하지 않는 곳으로 '추방'되어 버리는 것이다. 그 곳은 자신의 모든 힘을 단지 생존을 위하여 투여하더라도 살아남기가 너무나도 힘겨운 공간이며 살아 있는 것이 죽는 것보다 못한 공간이다. 이 공간 속에서 추방된 자들의 삶은 더 이상 권력의 돌봄 대상이 아니다. 그들의 생명은 생명권력이 돌봐야 하는 생명이 아닌 것이다. 그들은 각자 알아서 생존해 가야 한다. 권력은 그들을 '살게 내버려 둔다'. 하지만 그들의 죽음 역시 권력은 적극적으로 방지하려 하지 않는다. 권력은 그들을 또한 '죽게 내버려 둔다.' 생명권력이 무능하고 불온한 자들에게 죽음을 소극적·간접적으로 강제하는 방식이란 그들을 권리의 지대로부터 추방하는 것, 그들의 생명을 돌볼 필요가 없는 생명으로 만드는 것이다.

신자유주의와 살 가치가 없는 생명

우리는 신자유주의가 국가의 통치원리가 된 대한민국에서 이렇게 생존과 생활을 위한 자원을 박탈당한 자들, 그러한 자원에 접근할 권리를 빼앗긴 사람들이 갈수록 늘어가고 있음을 목도하고 있다. 즉 생명권력에 의해 자행되는 죽음의 강제에 노출된 인구가 늘어가고 있는 것이다. 이들은 삶을 이어가기 위한 자원들을 박탈당하고 그러한 자원에 접근할 권리를 제한당하거나 금지당하고 있다. 권력은 이들이 삶을 영위해 가는 것이 거의 불가능한 조건으로 몰아넣는 방식으로 그들에게 죽음을 강제한다. 살아 있는 것이 죽는 것보다 무가치하게 여겨지는 환경 속에 그들을 가두며 그 환경 속에서 무능하고 불온한 자들로 규정된 자들은 삶을 스스로 포기하게 되는 것이다.

　사회학자들은 이러한 추방, 권리의 박탈, 돌볼 필요가 없는 생명화의 과정을 '사회적 배제'라고 개념화한다. 카스텔은 사회적 배제를 "특정한 개인들과 그룹들이 어떤 주어진 환경에서 제도와 가치에 의해 고안된 사회 표준 내의 자율적인 생계를 이어갈 수 있는 위치로의 접근을 제도적으로 금지당하는 과정"[8]으로 정의한다. 오늘날 한국 사회의 급증하는 자살은 사회적 배제와 관련되어 있다. 배제된 자들이 자신이 살아 있다는 사실에서 고통과 절망만을 경험할 뿐이라고 느끼게 될수록 그들은 삶을 유지해야 할 필요성을 느끼지 못하게 된다.

삶의 고통을 죽음의 고통보다 더 크게 느끼는 이들이 이렇게 하나둘 자신의 목숨을 끊고 있으며 심지어 같은 처지에 놓인 가족들의 생명을 자신의 삶과 더불어 종결시키고 있다. 이러한 자살은 단지 도파민, 세로토닌, 노르에피네프린 등 신경전달물질의 화학적 불균형으로 인해 발생하는 우울증에만 그 원인을 돌릴 수 없는 것이다. 심지어 우울증이 자살의 직접적인 원인인 경우에도 그와 같은 신경전달물질의 화학적 불균형을 발생시키는 원인은 사회적 배제라는 제도적이고 구조적 맥락과 결부되어 있다.

2008년 보건복지부가 발표한 '제2차 자살예방종합대책'은 우울증이 자살의 중요한 원인이라고 말하고 있다. 이 자료에 의하면 연간 우울증 진료인원은 2007년 52만 5천 명으로 2001년 이후 연평균 7.4%가 증가하였고, 주요우울장애의 평생유병률[9]은 2001년 4.0%에서 2006년 5.6%로 증가하였다. 그러나 이 자료에서도 우울증 증가의 주요 원인을 사회적 요인으로 규정하고 있다. 이 자료는 실업률, 소득양극화, 가계부실이 증대되면 자살증가율이 높아진다는 것을 단적으로 보여 주고 있다.

결국 지금의 한국 사회에서 급증하는 자살이 생명권력의 작용에 의해 무능하고 불온한 자들로 규정된 특정 인구의 배제와 밀접한 관련이

---

8) 카스텔, 『밀레니엄의 종언』, 97쪽.
9) 평생 동안 주요 우울증에 한번 이상 이환된 적이 있는 비율.

있다는 것은 곧 한국의 신자유주의가 다수의 인구들을 체계적으로 배제하는 과정의 이면이라고 할 수 있다. IMF 이후 한국 사회의 신자유주의적 재편이 본격화되면서 그 체제의 관점에서 생산성이 없다고 간주된 인구는 먹고 살기 위한 자원의 분배체제로부터 배제되며 생활과 생존의 수단을 박탈당한다. 자본은 경영상의 이유로 생산성에 도움이 되지 않는다고 판단한 노동자들을 정리해고하며 실질적인 노동의 권리로부터 배제된 비정규직 노동자들을 양산한다. 영세 중소상인들은 자본의 개발이익을 위해 평생을 일궈 온 일터에서 내쫓기고 농민들은 군사기지 건설, 골프장 건설, 핵발전을 위한 송전탑 건설 등으로 인해 삶의 터전이었던 땅에서 추방당한다.

이렇게 추방당한 자들, 배제된 인구는 삶의 가능조건 자체를 박탈당하게 되고 생존은 온전히 그 개인의 몫으로 남게 되는 것이다. 그들의 생명은 권력이 돌볼 필요가 없는 생명이기에 각자 알아서 유지하도록 방치되며 설혹 도저히 생명을 유지할 수 없어서 죽게 되어도 무방한 생명이다. 아감벤의 표현을 빌리자면 그 생명은 더 이상 '살 가치가 없는 생명'[10]이다. 아감벤은 가령 안락사의 문제와 같이 생물학적 생명의 유지 여부가 그 자체로 정치적인 결정의 직접적 대상이 되는 현상을 중심으로 생명에 대한 가치 결정의 문제가 주권이 작동하는 정치적 영역이 되는 사태를 논의하면서 이 표현을 사용한다. 하지만 주권이 어떤 인간 혹은 인구의 생명에 대해서 살 가치가 없다고 결정하는 것이 반드시 그 생명에 대한 집적인 제거의 실행으로만 나타나는 것은 아닐 것이다.[11] 특정 인

10) 아감벤, 『호모 사케르』.
11) 가령 나치의 경우나 스탈린 정권이 그와 같은 결정을 통하여 수많은 생명을 제거하고 종결한

구로부터 생존과 생활을 위한 가능조건을 박탈함으로 그들의 삶이 죽는 것보다 못한 상태로 만들어 버리는 권력의 작동은 정확히 특정한 인구의 생명을 암묵적으로나마 더 이상 살 가치가 없는 것이라고 규정하는 것과 다르지 않다. 살 가치가 없는 생명에게는 삶을 위한 수단들이 박탈되며 그러한 박탈에도 불구하고 그들은 이제 알아서 살아가야 한다. 더 이상 살아가지 못한다면, 그래서 죽게 된다면 그 역시 어쩔 수 없는 일이 된다.

푸코는 생명권력의 문제의식을 국가를 권력의 기술(技術)이라는 측면에서 규정하려는 기획 속에서 구축하고 있다. 그는 국가에 어떤 본질을 부여하는 방식으로 국가론을 구축하는 것이 아니라 국가를 그것이 권력을 실행하는 방식과 기술의 측면에서 규정하려고 한다. 푸코에게 근대적 국가란 생명권력이라는 권력의 행사방식에 의해 특징지어지는 것이다. 그러나 동시에 푸코는 근대국가가 생명권력의 형태를 취하게 되는 것이 자본주의와 밀접한 연관을 가지고 있음을 인식하였다. 그런 의미에서 생명권력이란 사실상 국가와 자본의 동맹 내지는 결속 속에서 작동하는 권력의 기술이라 할 수 있다.[12]

것은 사실이지만 현재적 맥락에서는 권력에 의해 살 가치가 없다고 결정된 자들이 국가장치에 의해 직접적으로 제거되는 경우가 역사적으로 실재했었다. 그러나 아감벤은 이러한 권력의 작동방식이 민주주의로부터 이탈한 특정한 독재권력의 횡포에 불과한 것으로 보지 않는다. 아감벤에 의하면 살 가치가 없는 생명을 결정하는 것은 모든 주권권력의 핵심에 놓인 차원이다. 여기서 아감벤은 근대의 주권권력의 중핵에는 생명의 가치를 직접적으로 결정하는 권력으로서 생명권력이라는 차원이 있다는 것을 강조한다. 즉 그는 생명권력화된 주권권력의 일반적 구조의 문제에 주목하는 것이다.

12) "권력 '제도'로서의 거대한 국가기관들의 발전이 생산관계의 유지를 보장했다면, 사회체의 모든 위상들에서 나타나고 대단히 다양한 제도들(가족, 군대, 학교 또는 경찰, 개인에 관한 의학 또는 집단들에 대한 행정)에 의해 이용되는 권력의 '기술'로서 19세기에 창안된 해부·생명정치의 기본 사항들은 경제적 과정과 그것의 전개 그리고 그 과정에 끼어들어 그것을 뒷받침하는 세력의 위상에서 작용했으며, 또한 사회적 차별과 계층화의 요인으로서 효력을 발휘함으로써 이 두 가지 움직임 각각의 세력에 영향을 끼쳤고 지배 관계와 패권 효과를 보증했다. 그

'죽음'에 의한 통치

오늘날 한국 사회에서 죽음에의 강제에 놓인 자들은 권력이 전체 인구의 생명력을 강화하고 활용하는 데 방해되는 존재들이며 권력의 관리에 순응하지 않는 자들이다. 국익이라는 명분으로 포장된 자본의 수익을 저해하는 자들, 국가와 자본의 개발계획에 위해가 되는 자들, 국가경제의 통계지표 제고에 방해가 되는 자들이 바로 그들이다.

결국 생명권력은 자신이 돌볼 필요가 있는 생명과 돌볼 필요가 없는 생명을 결정하는 권력이기도 하다. 그리고 신자유주의 사회에서 돌볼 필요가 없는 생명은 갈수록 늘어나고 있다. 푸코의 말대로 생명권력은 '살게 만드는' 권력이지만 신자유주의 사회에 그 권력은 또한 죽음을 자신의 중요한 통치수단으로 활용하는 '죽게 만드는' 권력이기도 한 것이다. 통치는 인구의 삶을 육성하는 것을 과업으로 삼지만 그 권력은 어떤 이들의 죽음을 다른 이들의 삶을 육성하는 수단으로 사용한다. 생명의 통치는 죽음을 포함하고 있는 것이다.

리고 인간의 축적을 자본의 축적에 맞추어 조절하고 인간 집단들의 증가를 생산력의 확대와 이윤의 차별적 배분에 결부시키는 두 가지 조작은 다양한 형태 아래 그리고 여러 가지 방법을 통해 이루어지는 생명권력의 행사에 의해 부분적으로 가능하게 되었다."(푸코, 『성의 역사 1권 — 앎의 의지』, 152쪽).

5장 _ 인권, 관개인적 권리와 인간-양태의 권리

스피노자와 인권의 문제

1. 휴머니즘 없는 인권?

프랑스혁명과 더불어 전복적 정치의 언어로 등장한 인권은 철저하게 열린 이념이었다. 인권이라는 기표 안에는 무수히 다양한 기의들이 혼재되어 있었다. 신체와 사상의 자유, 사적 소유의 권리, 경제적 이윤추구의 권리, 경제적 평등, 여성의 자기결정권, 독립된 국가를 구성할 권리, 연합과 협력의 권리, 지배자와 통치자 없이 살아갈 권리 등이 인권의 이름으로 표출되었다. 그리고 인권의 이름으로 천명된 권리들 가운데는 하나의 원리로 환원될 수 없는 이질적인 권리들과 서로 모순되고 상충되는 권리들이 동시에 존재했다. 이러한 권리들을 억압해 온 신분제적 정치질서를 전복하는 투쟁의 과정에서는 다질적인 권리들이 공존할 수 있었으나 구체제가 전복된 이후에는 이제 그러한 권리들 간에 투쟁이 시작되었다.

이 투쟁에서 승리한 것은 백인 부르주아 남성들의 자유주의적 인권이었다. 그리고 자유주의가 주창한 인권이란 근본적으로 자본주의 체제를 조건으로 한 것이었으며 국민국가라는 권력의 형식에 의해 보장되어야 하는 권리들이었다. 월러스틴의 말대로 프랑스혁명에 대한 대응으로 탄생한 보수주의, 자유주의, 사회주의는 결국 자유주의로 수렴되었고 이 때 현실적 정치 프로그램으로서 자유주의를 특징짓는 것은 국가 중심의 발전전략이었다.[1] 다시 말해 인권이라는 다질적이고 다양한 권리들이 경합하던 이념적 장은 자본주의와 국민국가체제라는 자유주의 질서에 의해 봉합된 것이었다. 근대 국민국가체제와 자본주의는 인권을 백인 남성 부르주아지의 권리로 한계 지음으로써 프롤레타리아트와 여성, 비서구인 등 다른 소수자들의 급진적 권리 요구를 봉쇄하였다. 특히 국민국가는 민족주의, 혹은 더 나아가 인종주의와의 결합을 통하여 국민적 통일성을 형성함으로써 소수민족이나 종족들의 권리를 제한하거나 박탈하였다. 이렇게 근대성의 지배적 형태가 구축되었다.

자유주의의 권리개념이 기본적으로 '소유(권)적 개인주의'[2]를 바탕으로 삼고 있다는 점에서 자유주의가 말하는 인간의 권리란 독립적이고 자기완결적인 개인이 배타적으로 소유한 권리라고 할 수 있다. 그리고 이는 개인의 사적 소유권과 그 개인들 사이에서 이루어지는 시장에서의 자유로운 교환이라는 자본주의의 이상형과 상동적이라는 것은 어렵지 않게 알 수 있다. 그러나 과연 인권이란 이렇게 독립적 개인의 배타적 사적 소유물과 동형적인 권리일까?

나는 오늘날 여전히 인권의 가치를 옹호하고자 할 때, 다시 말해 인권에 대한 현재의 비판들을 참조하면서 그 비판들이 제기한 문제들을 인권담론이 넘어서려 할 때 우리가 일차적으로 던져야 할 질문은 다음과 같다고 생각한다. 독립적 개인이라는 개념을 권리의 기체(subject)로 삼

---

1) 이매뉴얼 월러스틴, 『자유주의 이후』, 강문구 옮김, 당대, 1996.
2) C. B. 맥퍼슨, 『소유적 개인주의의 정치이론』, 이유동 옮김, 인간사랑, 1991.

지 않을 때 '인권'에서의 '인'(人)이란 무엇을 의미하는가? 즉 인간의 권리에서 그 인간이 개인이 아니라면 어떤 인간을 말하는 것인가? 이때 인권의 주체는 어떤 존재인가? 또한 인권이 개인의 자유를 최우선하는 도덕적 가치로 삼는 자유주의로부터 탈각될 때 인권이란 어떤 가치를 지향하는 권리 개념인가? 개인의 자유를 도덕적 질서로 상정하는 인권관을 넘어서고자 할 때 인권은 어떤 이념적 지향을 가져야 하는 것일까? 그리고 그 이념적 지향이 도덕의 차원이 아니라 정치의 차원에서 구축되어야 한다는 것은 어떤 의미인가?

그러나 이 물음에 대한 답이 주어진다고 인권에 대한 물음이 끝나는 것은 아닌 듯하다. 인권을 그 비판자들로부터 구원하기 위해서는 그것을 자유주의로부터 자유롭게 만들면 충분한 것일까? 즉 인권의 탈자유주의화가 이루어지면 인권에 대한 모든 혐의들 역시 거둬질까? 사정이 그렇게 간단한 것 같지는 않다. 미셸 푸코는 그의 대표적 저작 가운데 한 권인 『말과 사물』의 결론에 해당하는 문장을 이렇게 쓰고 있다.

어쨌든 한 가지는 확실하다. 즉 인간은 지식에 제기된 가장 유구한 문제도 가장 지속적인 문제도 아니다. 누구라도 비교적 짧은 역사와 제한된 지리적 마름질(16세기부터의 유럽문화)을 검토한다면, 거기에서 인간은 최근에 발견되었다고 확신할 수 있다. …… 사유의 고고학이 보여 주듯이 인간은 최근의 시대에 발견된 형상이다. 그리고 아마 종말이 가까운 발견물일 것이다. 만약 그 배치가 출현했듯이 사라지기에 이른다면, 18세기의 전환점에서 고전주의적 사유의 밑바탕이 그랬듯이 만약 우리가 기껏해야 가능하다고만 예감할 수 있을 뿐이고 지금으로서는 형태가 무엇일지도, 무엇을 약속하는지도 알지 못하는 어떤 사건에 의해 그 배치가 뒤흔

들리게 된다면, 장담할 수 있건대 인간은 바닷가 모래사장에 그려 놓은 얼굴처럼 사라질지 모른다.[3]

서구의 에피스테메, 즉 인식과 앎의 조건을 구성하는 조건들의 특성을 르네상스, 고전주의, 그리고 근대라는 시대의 분절에 따라 구별하며 탐사했던 푸코의 결론은 '인간'이라는 형상이 결코 초역사적 실체가 아니라는 것이었다. 인간은 근대의 발견물이다. 푸코는 노동, 생명, 언어에 대한 각 시기들의 담론들을 분석하며 각 시기에 고유한 에피스테메의 종별성을 밝혀낸다. 르네상스 시기의 에피스테메는 유사성에 의해, 고전주의 시기의 에피스테메는 분류표에 의해 종별화되는 것이라면 근대의 에피스테메는 무엇보다 현상의 이면에 존재하면서 그 현상을 규정하는 어떤 본질이나 실체가 있다는 믿음에 의해서 규정된다. 그리고 그러한 본질 혹은 실체의 자리에 있는 것이 바로 인간이었다. 다시 말해 노동, 생명, 언어와 같은 현상과 그에 대한 지식은 인간이라는 실체를 바탕으로 성립하게 된다는 것이다. 이러한 에피스테메 안에서 세계의 중심이자 준거로서 인간이라는 관념이 등장한다. 즉, 인간이라는 관념은 근대적 에피스테메라는 특정한 앎의 배치가 만들어 낸 주조물이라는 것이다.

인권은 인간이 모든 권리의 원천이자 담지자이며 주체라는 선언과 더불어 이 세계에 출현했다. 인권이라는 사상은 다른 무엇보다 인간을 중심으로 가치의 체계를 형성하는 사고방식이며 인간의 존엄성과 특권적 지위를 세계와 역사의 척도로 삼는 사고방식, 곧 휴머니즘에 입각하고 있다. 하지만 푸코의 관점에서 보자면 이 존엄한 인간이란 사실 특정한 역

---

3) 미셸 푸코, 『말과 사물』, 이규현 옮김, 민음사, 2012, 525~526쪽. 강조는 인용자.

사적 시기에, 특수한 앎의 배치 속에서 만들어진 관념일 뿐이다. 인권이 그렇게도 철저하게 모든 권리형식의 원리이자 원초적 근거라고 믿는 인간이란 19세기에 만들어진 하나의 담론적 구성물이라는 것이다. 그래서 푸코는 인간이라는 토대로부터 진실된 지식의 구축과 정치적 해방과 윤리를 구축하려는 모든 시도에 대해 냉소한다. "인간이나 인간의 지배 또는 인간의 해방에 관해 여전히 말하고자 하는 모든 이에 대해. …… 인간학으로의 편입 없이는 형식화하고자 하지 않고 미망의 타파 없이는 신화화하기를 바라지 않으며 사유하는 것은 바로 인간이라고 곧바로 생각하지 않고는 사유하려고 들지 않는 모든 이에 대해, 이 모든 어색하고 뒤틀린 형태의 성찰에 대해 우리는 철학적 웃음, 일정 부분 조용한 웃음으로 대답할 수밖에 없다."[4] 푸코는 이렇게 인권의 토대인 '인간'을 해체하고 있다. 그렇다면 인간이 해체된 이후에 인권이란 여전히 유의미한 것일까? 인간중심주의로부터 벗어날 때 인권이란 도대체 어떤 것일까? 휴머니즘 이후에도 인권이란 여전히 의미를 가지는 이념일 수 있을까?

2. 인권 : 관개인적 권리

자유주의에 봉합된 인권

자유주의에 의한 인권의 봉합은 다음과 같은 방식으로 이루어진다. 우선 자유주의는 인권을 개인의 권리를 중심으로 규정함으로써 인권을 개인주의와 사적 소유의 패러다임으로 봉합하였다. 가령 존 로크가 보여 주는 바와 같이 개인의 모든 권리는 그가 자신의 신체를 소유하고 있다는 사

---

4) 같은 책, 468~469쪽.

실에서 비롯되는 것이다.[5] 그리고 이때 소유는 무엇보다 철저한 배타성을 그 본질로 한다. 내 신체는 나의 것이기에 타인이 임의적으로 침해할 수 없는 것이며 내 신체를 사용하여 내가 획득한 나의 재산도 타인의 영향력을 배제하는 배타적 성격을 갖는다. 개인성이란 타자와 공유불가능한 자신의 고유성(property)으로부터 나타나는 것이다. 정치적 질서란 이렇게 자신의 신체를 소유한 개인들 사이에 맺어지는 계약에 의해 성립되는 것이며, 그러한 한에서 모든 정치질서는 소유권이라는 정초적 권리에 바탕을 두고 수립되는 것이다. 정치질서의 기초가 개인이 소유한 권리인 이상 모든 정치질서는 이 개인의 권리를 보호하는 것을 목적으로 하여야 한다. 인권의 근거는 바로 각 개인에게 고유한 자기 신체와 그 신체를 사용하여 획득한 자산의 소유라는 차원에서 규정되는 것이다. 여기서 사적 소유권에 기반한 인권의 자유주의적 봉합이 이루어진다.

또한 자유주의는 개인의 권리 가운데서도 자유를 거의 일방적으로 특권화시켰다. 자유주의가 금과옥조로 삼는 개인의 자유란 일차적으로 국가이건 집단이건 다른 개인이건, 타자로부터 자신의 소유를 침해당하지 않을 권리이다. 이렇게 자기 외부, 혹은 타자의 영향력이 최소화된 상태에서 자신이 소유한 것을 자신의 욕망과 의지대로 처분할 수 있는 권리, 즉 선택할 수 있는 권리가 바로 자유이다. 이 자유는 소극적 차원에서 보자면 자신이 소유하는 신체, 생각, 감정, 재화 등을 유지할 수 있는 권리이며 적극적 차원에서 보자면 그러한 소유들을 확장해 가는 데 있어서 방해받지 않을 권리이다. 이를 인권에서 자유의 지상권화라고 부를 수 있을 것이다.

---

5) 존 로크, 『통치론』, 강정인·문지영 옮김, 까치, 1999.

자유주의가 인권을 봉합하는 이와 같은 방식들은 타자성의 배제를 암묵적인, 그러나 근본적인 원리로 삼고 있다. 명시적으로 타자와의 관계를 부정하지 않는다고 하더라도 인권의 사적 소유권화와 자유의 지상권화와 같은 자유주의적 인권 개념에서 타자란 결국 자기 완결적인 존재로서 개인이 소유하는 권리를 보장하기 위해서는 부인되어야 할 존재일 수밖에 없다.

많은 자유주자들이 지적하는 바와 같이 개인의 자유는 타인의 자유를 침해하지 않는 선에서 절대적으로 보장되어야 하는 권리이다. 이러한 논리에서 나의 자유의 한계는 정확히 타자의 자유를 뜻한다. 즉, 내 자유가 타자의 자유를 침해하게 된다면 내 자유는 제한되어야 한다. 그렇다면 나의 자유가 무제한적인 것이 되기 위해서는 내가 그의 자유를 침해할 수 있는 타자와의 만남이 없어야 한다. 완전한 자유의 실현은 타자의 부재를 통해서만 가능하다. 타자와 상호작용을 할 수 밖에 없는 영역에서 나는 나의 의지와 욕망의 일방적 실현을 무조건적으로 주장할 수 없다. 이 영역에서 나의 의지와 욕망은 타자의 의지와 욕망이라는 제한 조건을 만나게 되며 타자와 공존하기 위해서는 내 의지와 욕망의 실현을 일정하게 양보할 수밖에 없다. 다시 말해, 타자의 존재로 인해 나는 내 자유를 일정하게 제한하거나 유보할 수밖에 없는 것이다. 그러므로 타자는 나의 자유 실현 과정에서 한계를 의미한다. 가장 이상적 수준에서 나의 자유를 온전히 실현하기 위한 방법은 타자와의 관계를 전적으로 배제하는 것이 된다. 타자와 전적으로 무관한 지대에서 살아가는 것이 불가능하다면 적어도 나의 자유는 타자로부터 가능한 멀리 떨어져 있을수록 더 많이 보장된다. 각 개인의 자유의 정도는 타자가 침해할 수 없는 자기만의 배타적 공간을 확보한 만큼 보장될 수 있는 것이다.

이러한 자유 개념은 정확히 자유를 비롯한 제권리를 소유로 이해하는 자유주의의 또 다른 입장과 상통하는 것이다. 자유주의에서 소유란 무엇보다 사적 소유이며 사적 소유권이란 무엇보다 배타성을 통해서 정의되는 권리이다. 내가 소유한 것에 대해 타자의 영향력이 미친다는 것은 그것에 대해 내가 사적 소유권을 가지고 있지 못함을 의미한다. 사적 소유란 나 외에 그 누구의 의지나 욕망이 개입해 들어올 수 없는 철저한 배타적 영역을 내가 확보함으로써 가능한 것, 다시 말해 혼자만 가진다는 의미에서 독점의 지대에서만 성립 가능한 것이다. 인권이 소유권으로 이해된다면 인권은 타자와의 공유 불가능성에 의해서 보장되는 권리가 된다. 타자의 영향력이 최소화될수록 나의 권리는 증대하게 된다.

이와 같은 인권의 자유주의적 봉합은 인권을 근본적으로 탈정치화하는 효과를 발생시킨다. 자유와 소유권에 의해 정초되는 인권은 결국 타자를 부인할 수밖에 없다. 하지만 타자가 존재하지 않는 곳에서 정치란 발생하지 않는다. 정치에서 타자의 존재는 나의 의지와 욕망으로 완전히 장악할 수 없는 존재가 있다는 것, 나의 의지와 욕망을 일방적으로 관철시킬 수 없는 존재와 내가 대면할 수밖에 없다는 것을 뜻한다. 그래서 나는 타자와 갈등하거나 협력하며 각자 상이한 의지와 욕망에 의해 충돌하기도 하고 서로 공통된 의지와 욕망에 따라 협동하기도 한다. 타자성의 존재로부터 비롯되는 충돌과 협동의 과정이 정치이다. 그런 의미에서 정치란 근본적으로 타자의 존재. 즉, 나와는 다른 또 다른 주체가 존재한다는 복수적 주체성의 지대로부터 출현하는 것이다.

하지만 자유주의가 말하는 인권이 자연법(natural law)으로부터, 혹은 인간의 도덕적 본성(nature)으로부터 도출되는 규범인 이상 그 규범적 영역에는 오로지 단 하나의 주체만이 존재한다. 그 규범을 따르지 않는 자는 자연법을 위반하는 자요 도덕적 본성을 벗어난 자이기 때문이다. 여기서는 사실상 타자란 존재할 수 없다. 도덕은 현실에 존재하는 상이한 주체들 사이의 관계성에 의해 영향을 받아서 변경되거나 수정되는 것이 아니다. 그것은 항상-이미 정당한 것으로 상정된 규범인 이상 각 개인들의 상이성이나 차이를 묻지 않는다. 네가 누구이건 따라야 할 규범이 도덕인 것이다. 도덕의 영역에 상이한 주체란 존재하지 않는다. 그렇기에 그 영역에서 대립이나 갈등 역시 존재할 수 없다. 다만 초월적 규범에 대한 위반만이 존재할 뿐이다. 도덕의 영역에서는 갈등이나 불화를 발생시키는 타자성의 지대란 존재하지 않는다.

자유주의는 타자와의 관계를 배제한 자기 완결적인 개인을 인권의 주체로 상정한다. 이때 개인이란 소유권이라는 배타적 성격에 기초한 존재로서 타자와 교류를 필요로 하지 않는 존재이다. 이러한 사적 개인은 마치 라이프니츠가 세계를 구성하는 실체라고 부른 단자(monad)와 같은 존재이다.

개체성과 관개체성

그러나 자유주의가 가정하듯이 개인은 과연 타자가 없이도 존재하고 활동할 수 있는 자립적 존재인 것일까? 개인성이란 배타성과 자립성을 통해 성립하는 것일까? 그리고 인권이란 바로 그러한 자기 완결적 개인에 의해 사적으로 소유되는 재산(property)과 같은 것일까? 이는 인권의 주체, 즉 인간의 권리에서 권리의 주체로 규정된 인간이란 어떤 존재인가에 대한 물음이다. 물론 자유주의의 인간 개념을 비판하고 넘어서고자 하는 작업이 개인성이 사상된 민족이나 국민과 같은 집단주의적 인간 개념으로의 복귀나 인류와 같은 추상적 이념형으로 후퇴의 길을 걸어서는 안될 것이다. 다른 이에 의해 대체될 수 없는 개인의 특이성(singularity)에 대한 긍정 역시 양보할 수 없는 가치이다. 그러므로 개인성을 긍정함과 동시에 타자를 배제하는 것이 아니라 타자와의 적극적 관계를 조건으로 하여 성립되는 개인성의 개념을 구축하는 것이 인권의 탈자유주의화를 위해서 중요한 작업이 될 것이다. 그리고 나는 타자와의 적극적 관계를 항상-이미 함축하고 있는 개인성의 개념을 모색하는 작업에서 스피노자의 사유는 매우 중요한 도구들을 제공해 준다고 생각한다.

스피노자는 이 세계에 존재하는 만물은 모두 신이 자신의 역량을 표현하는 특수한 방식이라고 말한다. 물론 스피노자가 말하는 신이 기독교나 이슬람교 혹은 다른 고대 종교에서 말하는 어떤 인격적 특성을 가진 그런 신은 아니다. 오히려 스피노자는 신을 마치 인간과 유사한 존재로 이해하는 신관을 비판한다. 그는 신을 인간처럼 인격성을 소유한 존재로 이해하는 것은 인간이 자신의 특성에 미루어 신을 멋대로 상상하는 방식일 뿐이라고 비판한다. 스피노자는 신을 사실상 모든 구체적 존재자들을 산출해 내는 자연과 다르지 않다고 이해하며(신즉자연$^{Deus, sive Natura}$), 이 산출적 힘을 가진 자연을 실체라고 부른다. 신이란 실체를 지칭하기 위해 그가 사용하는 다른 이름일 뿐이다. 스피노자에게 신과 자연 그리고 실체는 정확히 동일한 존재이다. 신=자연=실체.

유기체이건 비유기체이건, 물질적인 것이건 비물질적인 것이건 간에 자연 안에 있는 각각의 존재자들을 스피노자는 양태(modus/ mode)라고 개념화한다. "개별자(res particulares)는 단지 신의 속성의 변용 혹은 신의 속성을 특정한 방식으로 표현하는 양태에 지나지 않는다."[6] 스

---

6) 스피노자, 『에티카』, 1부, 정리 25, 보충. 번역 일부 수정.

피노자가 말하는 '개별자'란 다른 존재자들과 구별되는 자신만의 부분을 갖는 존재자들로서 신이 자신의 속성/본질[7]을 표현하기 위해 취하는 어떤 모드, 즉 양태(mode)이다. 모든 존재자들은 신의 특수한 양태인 것이다. 이는 인간의 경우에도 마찬가지이다. 각 개인은 모두 신의 어떤 속성, 혹은 본질을 표현하는 특정한 존재자들이다.

스피노자는 양태를 다른 맥락에서는 개체라고 표현하기도 한다. 실제로 스피노자는 양태와 개체를 종종 동일한 위상을 가진 개념으로 사용한다. 그런데 스피노자는 개체에 대한 당대의 통념과 달리 개체란 **분할 가능한 것**이라고 파악한다. 일반적으로 개체(individual)란 말 그대로 더 이상 나눌 수 없는 것(in-dividable)이며 나눌 수 없기에 실재하는 것의 최소단위라고 받아들여진다. 하지만 스피노자는 오히려 실존하는 개체란 언제나 그보다 더 작은 개체들의 특정한 관계에 의해 조성되는 것이라고 말한다. 그는 맥락에 따라서 이러한 개체를 '단일한 것'(res singulares/특이적인 것), '개별자'(res particulares) 등으로 표현한다. 그리고 이 모두는 양태의 다른 이름들이다.

내가 이해하는 단일한 것은 유한하며 제한된 존재를 갖는다. 만일 많은 개체가 모두 동시에 하나의 결과의 원인이 되게끔 활동으로 협동한다면, 나는 그러한 한에서 그 모두를 하나의 개체로 여긴다.[8]

---

7) 스피노자는 속성을 "지성이 실체에 관하여 그 본질을 구성하고 있다고 지각한 것"이라 이해한다(『에티카』1부, 정의 4). 속성과 본질을 곧바로 등치시키는 것은 엄밀히 말해서 무리가 있는 것은 사실이다. 하지만 그것은 이 글에서 규명해야 할 문제는 아니다. 여기서는 속성이 실체의 본질의 구성자라는 의미에서 양자가 크게 다르지 않은 것으로 사용한다. 그리고 스피노자는 맥락에 따라 양태가 "신의 본질을 어떤 일정한 방식으로 표현"한다고 쓰기도 한다(『에티카』2부, 정의 1).

스피노자가 말하는 단일한 것(res singualares/singular thing)이란 자기 외부의 성질과 배타적으로 구별되는 고유한 본성(property)에 의해 규정되는 존재자가 아니다. 스피노자에게는 단일한 것조차 사실은 복합적인 것이다. 단일한 것은 하위의 단일한 것들이 복합체를 조성함으로써 성립하는 것이다. 이렇게 성립한 단일한 것이 바로 개체이다. 위에서 인용한 스피노자의 문장은 복수의 개체가 함께 작용하여 특정한 결과를 산출해 낼 수 있다면 그 개체들이 조성하는 관계성 자체를 하나의 개체로 이해해야 한다는 것을 뜻한다. 그렇다면 개체란 주어진 것(the given)이라기보다는 만들어지는 것이다.

어떤 개체가 다른 개체들과 더불어 함께 작용하는 관계를 조성하게 될 때 그 개체들을 하위의 개체로 가지는 상위의 개체가 구성된다. 그런데 이때 모든 하위 개체들이 상위 개체의 조성에 '원인'으로 참여한다는 점이 중요하다. 스피노자에 의하면 자유란 능동성과 같은 의미를 가지며 능동성이란 자신이 연루된 활동에 원인으로서 참여하는 것을 뜻한다. 모든 하위 개체들이 능동적으로 상위 개체를 구성하는 과정에 참여할 때, 다시 말해 원인으로 함께 작용할 때에야 복수의 개체들은 비로소 '개체-화'된다. 스피노자에게 모든 개체들은 항상-이미 복합체이며 복합체란 복수의 개체들이 공동의 원인이 되어 구성한 또 다른 개체이다. 다시 말해서 개체란 개체화의 결과이다. 그리고 개체성(individuality)이란 복수의 개체들이 함께 작용하는 개체화(individuation)에 의해서 규정되는 것이다.

이러한 개체성 이론은 단지 철학자의 머릿속에서만 타당한 상상적

---

8) 『에티카』 2부 정의 7.

논리에 불과한 것이 아니다. 가령 생명체의 경우를 생각해 보자. 18세기 말에서 19세기 초의 생물학은 생명의 최소 단위를 유기체로 생각했다. 생명현상은 유기체라는 단위가 사라지면 존재할 수 없는 것으로 이해되었으며, 그러한 한에서 유기체는 생명을 구성하는 더 이상 나눌 수 없는 최소 단위인 개체였다. 하지만 19세기 중엽에 이르게 되면 생명의 최소 단위는 유기체가 아니라 그 유기체를 구성하는 세포라는 것이 밝혀진다. 가령 인간이라는 생명체는 60조 개의 세포라는 하위 개체들로 구성된 세포들의 복합체인 것이다. 그렇다면 세포는 더 이상 나뉠 수 없는 실재의 최소단위인 것일까? 세포는 핵과 리보솜, 미토콘드리아 등과 같은 세포소기관들로 분할 가능하다. 그런데 세포의 핵은 다시 2n개의 염색체들로 나누어지고 염색체들은 또 다시 수억의 유전자들로 나뉘며, 유전자는 무수히 많은 뉴클레오티드들로 분할된다. 인간이라는 생명체는 사실상 수없이 많은 하위 개체들이 형성하는 특정한 관계에 의해 개체화된 존재인 것이다.[9]

스피노자에 의하면 하나의 개체는 반드시 다른 개체와의 관계를 전제로 해서만 성립될 수 있을 뿐만 아니라 이미 하나의 실재(entity)로 존립하고 있는 개체는 자신의 실존과 활동을 지속하기 위해서 자기 외부의 다른 개체들, 즉 타자를 항상-이미 필요로 한다. 스피노자의 개체에게 타자는 실존의 유지와 활동의 지속을 위한 필수 조건인 것이다. 발리바르의 말대로 스피노자의 이러한 개체성 이론은 "개체들의 구성과 활동은 원초

---

9) 개체화의 결과로서 생명체에 대한 보다 자세한 논의는 다음 글을 참조하라. 이진경, 『미-래의 맑스주의』, 10장 「생명과 공동체 : 기계주의적 생태학을 위하여」, 그린비, 2006. 또한 개체의 무한한 분할 가능성은 단지 생명체의 경우에만 해당되는 것이 아니다. 물질의 경우에도 개체 이하의 단위들이 계속 발견되고 있다.

적으로 다른 개체들과의 관계를 함축한다는 사실"[10]을 보여 주고 있다. 모든 개체는 이미 서로 다른 개체들이 협동하는 관계에 의해 조성되는 연합체이다.

스피노자는 모든 개체들은 자신의 존재 안에 머물고자 하는 경향, 즉 코나투스(conatus)를 가지고 있다고 말한다. 그리고 이 코나투스가 바로 개체의 현행적 본질을 이룬다. 하위의 개체들의 연합에 의해 조성된 개체는 자신의 실존과 활동을 지속하기 위해서도 자기 외부의 타자에 대해 의존할 수밖에 없다. 물론 이때의 의존은 하나의 개체를 조성하는 하위 개체들 사이에서 조성되는 관계성과 반드시 같다고 할 수는 없다. 함께 상위의 개체를 조성하는 하위의 개체들이 서로에 대해 맺는 관계는 서로 협동하는 관계이지만 한 개체가 자기 외부의 개체와 맺는 관계는 꼭 그렇지 않기 때문이다. 때로 하나의 개체는 자신의 지속을 위하여 다른 개체를 파괴할 수도 있는 것이다.

실체의 본질을 표현하는 양태인 한에서 개체는 자신의 존재 근거를 자기 자신 안에 가지고 있지 않다. 모든 개체들은 언제나 서로 다른 개체들이 형성하는 관계에 의해 조성되는 복합체이며 그렇게 조성된 복합체로서의 개체를 유지하기 위해서도 자기 외부에 존재하는 또 다른 개체들에 의존해야 한다. 양태로서의 개체는 결코 자기 충족적 존재가 아니다. 스피노자에 따르면 오로지 실체만이 자신의 존재 근거를 자기 자신 안에 가지고 있다. 양태로서 개체는 다른 것에 의해 실존과 활동의 근거를 얻는다. 그 다른 것이란 궁극적으로는 실체이다. 하지만 한 개체의 입장에서 보자면 자신의 실존과 활동을 지속할 수 있는 근거는 일차적으로 다

---

10) 에티엔 발리바르, 『스피노자와 정치』, 진태원 옮김, 이제이북스, 2005, 213쪽.

른 개체들로 나타난다. 한 개체의 실존과 활동은 다른 개체들과의 무한한 의존관계를 조건으로 해서만 가능하다.

> 모든 개체 또는 유한하고 일정한 실존을 소유하는 각각의 사물은, 마찬가지로 유한하고 특정한 실존을 소유하는 다른 원인에 의하여 실존하고 작용하도록 결정되지 않는다면 실존할 수도 작용할 수도 없다. 이 다른 원인 또한 마찬가지로 유한하며 특정한 실존을 소유하는 또 다른 원인에 의하여 실존하고 작용하도록 결정되지 않으면 실존할 수도 활동할 수도 없다. 이처럼 무한하게 진행된다.[11)]

개체들, 다시 말해 양태들은 서로가 서로를 규정하는 무한한 관계의 네트워크를 통해서 실존하고 활동할 수 있는 것이다. 가령 한 개인이 실존하고 작용하기 위해서는 무엇인가(다른 양태)를 먹어야만 한다. 그리고 많은 경우에 있어서 개인은 다른 개인과의 협력을 통해서 무엇인가를 먹을 수 있게 된다. 또한 그 개인이 만약 쌀을 먹는다면 쌀이라는 하나의 양태가 실존하기 위해서는 흙이라는 양태, 태양이라는 양태, 물이라는 양태 등이 필요하다. 흙이라는 양태가 실존하기 위해서는 바람이라는 양태나 미생물이라는 양태가 필요하며. …… 이런 식으로 양태들의 의존관계는 끝이 없이 계속된다. 양태들이 서로의 실존과 활동을 조건 짓는 이 관계의 연쇄는 끝이 없다.

인간이라는 양태 혹은 개체 역시 이러한 개체화의 원리로부터 벗어나는 특권적인 존재가 아니다. 복수의 개체들이 조화로운 관계를 맺음으

---

11) 『에티카』 1부, 정리28. 번역 일부 수정.

로써 가능한 개체성의 구성은 자연 안에 존재하는 모든 개체들을 관통하는 원리이다. 스피노자는 인간이라는 개체, 즉 개인 역시 다른 모든 자연 안의 개체들과 마찬가지로 하위 개체들로 구성된 복합체라고 말한다. 그에 의하면 "인간의 신체는 각 부분이 매우 복잡한, 본성이 다른 매우 많은 개체로 조직되어"[12] 있다.

또한 하나의 개체로서 인간 역시 자신의 존재를 지속하기 위해서는 항상 자기 외부의 다른 개체들에 의존해야 한다. 즉, "인간의 신체(corpus)는 자신을 유지하기 위해 대단히 많은 다른 물체(corpus)를 필요로 하며, 이들 물체(corpus)에 의하여 계속해서 재생"[13] 되는 것이다. 인간이라는 개체 또한 자신의 존재 안에 머물기 위해서는 자기와는 구별되는 다른 개체들에 의존할 수밖에 없다는 것이다. 개인의 신체는 바로 자기 외부의 다른 개체들에 의해 재생되는 과정 속에서만 유지될 수 있다.

이와 같은 스피노자의 개체론을 발리바르는 '관개체성'(trans-individualité)이라고 개념화한다.[14] 발리바르는 개체에 대한 스피노자의 사유로부터 "관계 및 소통의 존재론"을 도출할 수 있다고 말한다. 그에 의하면 스피노자의 개체론은 다음과 같은 세 가지 관념들을 함의하고 있다. 첫째, 개체는 어떤 것이 실존을 획득하기 위한 필연적 형식이다. 무엇인가 실존한다는 것은 그것이 항상 개체의 형식으로 존재한다는 것을 의미한다는 말이다. 둘째, 개체란 언제나 하나의 복합체로 실존한다. 이미 앞에서 살펴본 바와 같이 스피노자에게 개체란 복수의 개체들이 조성하

---

12) 『에티카』 2부, 정리 13, 요청 1.
13) 『에티카』 2부, 정리 13, 요청 4.
14) 에티엔 발리바르, 「스피노자에게서 개체성과 관개체성」, 『스피노자와 정치』, 진태원 옮김, 이제이북스, 2005.

는 협동적 관계에 의해 성립하는 존재이다. 셋째, 개체는 다른 개체들과의 관계를 자신의 성립과 활동의 전제 조건으로 삼는다. 개체에 대한 이러한 관념을 통해 "스피노자는 처음부터 모든 개체는 자신의 형태와 실존을 보존하기 위해 다른 개체들을 요구한다는 점을 암시하고 있다".[15] 모든 개체들은 자신과 다른 개체들(타자)을 관통하는 의존 관계를 통해서만 실존하고 활동할 수 있다. 이렇게 모든 개체들을 가로지르는 무한한 연관 관계가 개체의 실존과 활동의 조건이라는 점을 발리바르는 관개체성이라고 표현하는 것이다.

자연 안에 존재하는 모든 양태들, 즉 개체들은 자립적이고 자기 완결적인 실재가 아니다. 그리고 이는 인간의 경우에도 마찬가지이다. 모든 개체성은 곧 관개체성이라는 스피노자의 논리는 모든 개인은 관개인적 존재라는 것을 뜻한다. 스피노자에게 있어서 타자를 배제함으로써 자신의 고유성과 자기성을 획득하는 그런 개인은 성립할 수 없다.

물론 이러한 개인성의 개념이 개인의 독특함, 앞에서도 말했듯이 개인의 대체 불가능한 특이성을 부정하는 것은 아니다. 개인이 아니면 전체라는 양자택일, 개인과 전체 사이의 대립은 스피노자에게는 성립하지 않는다. 모든 개체는 이미 복합체라고 하더라도 그 복합체로 이루어진 개체는 다른 개체와 구별되는 자신의 특이성을 가지고 있기 때문이다.[16] 각 개체의 본성은 결코 다른 개체와 호환이 불가능한 특이성이며 이 특이성

---

15) 같은 책, 222쪽.
16) 스피노자는 복합체로 이루어진 개체의 특이성은 그 복합체를 구성하는 각 개체들 사이의 고유한 운동과 정지의 독특한 비율에 의해 규정된다고 말한다. 하나의 개체가 다른 개체로부터 구별되는 자신만의 특이성을 갖게 되는 것은 그 개체를 구성하는 각 개체가 자신의 고유한 운동들을 서로에게 전달할 수 있는 관계의 형성을 통해서이다. 이에 대해서는 『에티카』 2부 정리 13과 그에 따르는 증명, 보충, 주석, 공리, 보조정리, 요청들을 참조.

이 보존될 때 그는 비로소 다른 개체와 더불어 또 다른 상위의 개체를 구성하는 작업에 참여할 수 있게 된다. 관개체성이라는 개념이 보여 주는 것도 바로 개체들은 서로 분명히 구별되고 환원될 수 없는 존재자들이지만 그 개체들이 실존하고 활동하기 위해서는 항상-이미 다른 개체들과의 관계를 전제해야만 한다는 점이다. 이는 인간의 경우에 보다 더 명백하다. 이러한 맥락에서 "스피노자 철학은 사상사에서 통용되어 온 이원론들, 특히 개체론과 유기체론(또는 영미권의 용어법에 따라 요즘 말하는 대로 하면, 전체론holisme)의 이원론만이 아니라, 외적으로 인식된 사회적 관계(본질적으로 사법적인 문제설정에서 출발해서 로크에서 헤겔에 이르기까지 이해되어 온 이익사회Geselschaft 또는 '시민사회'의 모델을 따르는)와 내적으로 인식된 사회적 관계(공동사회Gemeinschaft 또는 구성적인 상호 주관성의 모델을 따르는)의 이론적으로도 환원될 수 없다"[17]고 하겠다.

코나투스와 연합체의 역량

관개체성 개념은 스피노자가 개체의 존재론을 규명하는 작업에서뿐만이 아니라 개체의 권리를 규정하는 과정에서도 핵심적인 역할을 한다. 앞에서 언급했던 것처럼 스피노자는 개체의 본질이 자신을 보존하려는 힘의 충동, 즉 코나투스(conatus)라고 말한다. 코나투스는 개체가 자신의 실존과 활동을 지속하려는 근본적 충동이다. "각각의 사물은 자신 안에 실존하는 한에서 자신의 실존 안에 남아 있으려 한다."[18] 그리고 "각 사물이 자신의 실존 안에서 지속하고자 하는 경향은 그 사물의 현행적 본질이

---

17) 발리바르, 『스피노자와 정치』, 209쪽.
18) 『에티카』 3부, 정리 6

다."[19] '자신의 실존 안에 지속하고자 하는 경향'이 바로 코나투스이다.

스피노자는 권리를 근본적으로 코나투스의 문제와 결부되어 있는 것으로 본다. 스피노자에게 권리란 자신의 실존과 활동을 지속할 수 있는 역량(potnetia)과 다른 것이 아니다. 인간을 포함하여 모든 자연적 개체들의 권리, 자신의 실존을 유지하고 활동을 계속하기 위해 필요한 상태와 대상들을 확보할 권리는 그것들을 확보할 수 있는 역량의 정도에 따르는 것이다. 즉 "모든 자연물은 선천적으로 그것이 실존하고 활동하도록 하는 힘을 가지고 있는 것만큼, 권리를 가지고 있다고 말할 수 있다."[20]

스피노자는 이렇게 역량과 권리를 동일시하면서 그 권리를 자연권(jus naturale/natural right)이라고 부른다. 사실 자연권이라는 권리 개념은 자연의 질서로부터 권리의 원천을 찾는 입장이다. 이는 고대 그리스 로마의 자연법(lex naturalis) 사상, 즉 국가제도에 의해 성립된 실정법 보다 먼저 존재하는 이성적으로 정당한 보편적 질서와 법칙이라는 관념으로부터 시작되어 스피노자가 살던 17세기까지 이어져 왔고 이후 로크와 같은 초기 자유주의자들 역시 신봉하던 권리 개념이다.

스피노자 또한 모든 권리란 근본적으로 자연의 필연적 법칙으로부터 주어지는 것이라는 자연권의 관점을 택한다. 그러나 그는 동시대의 자연권론자들과는 다른 관점에서 자연권을 이해한다. 가령 스피노자와 동시대를 살다간 토머스 홉스는 근대정치사상의 기념비적 저작인 『리바이어던』[21]에서 자연권을 각 개인에게 귀속된 고유한 권리로 규정한 바 있

---

19) 『에티카』, 3부 정리7.
20) 바뤼흐 스피노자, 『정치론』, 김호경 옮김, 갈무리, 2008, 34쪽.
21) 토머스 홉스, 『리바이어던』.

다. 자연상태 속에서 각 개인은 자신의 생명을 보호하기 위해 무엇이든 할 수 있는 권리를 가지고 있다. 타인의 생명을 위협하고 재산을 빼앗는 것이 자신의 생명을 보존하는 것에 합당한 조치라면 이조차 용인되는 것이 자연권이다. 그러나 모든 사람이 모든 사람에 대해서 이렇게 무제한적 자연권을 사용할 수 있는 상태란 모든 사람이 항상 타인의 침해를 두려워해야 하는 상태이다. 바로 이 상태가 그 유명한 '만인에 대한 만인의 전쟁상태'이다. 이러한 상태 속에서는 그 누구도 안심하고 삶을 영위할 수 없기에 개인들은 자신의 자연권을 양도하여 개인들의 수준에서 타인에 대한 자의적 침해를 막을 수 있는 공적 권력을 수립하게 된다. 사회계약에 의한 국가의 탄생이다.

자연권에 대한 홉스의 이해는 이미 앞에서 언급했던 것처럼 로크의 사회계약론과 같이 자연권의 주체를 단자적 개인으로 상정하고 있다. 자연권의 주체는 타자성을 배제한 개인이다. 홉스에게서 자연권이 가장 잘 획득될 수 있는 경우란 나에 대한 타인의 침해가 없을 때에만 성립 가능하다. 타인이 나의 생명과 재산을 침해할 위험만 없다면 나는 나의 자연권을 양도해야 할 이유가 결코 없기 때문이다. 홉스가 말하는 국가(common wealth)란 사실상 타자에 대한 공포로부터 출현하는 것이다. 이런 맥락에서 홉스가 말하는 자연권의 주체는 논리적으로 타자에 대한 배제를 함축할 수밖에 없다. 그리고 이때 자연권이란 각 개인에게 귀속되는 소유물과 같은 것이며 자신의 뜻에 따라 양도할 수 있는 것, 즉 처분할 수 있는 것이다.

그러나 스피노자는 자연권이라는 용어를 홉스와 동일하게 사용하고 있지만 그 동일한 용어로 뜻하고자 하는 바는 전혀 다르다. 홉스에게 자연권이란 단자적 개인의 소유물과 같은 것이며 동시에 역설적이게도 자연권은 제일 중요한 자연법인 자기 생명의 보존 법칙을 위협하는 것이지만[22] 스피노자에게 자연권이란 결코 단자적 개인의 배타적 소유물과 같은 것이 될 수 없으며 오히려 자기의 생명을 더 잘 보존하고 더 많은 권리를 보장해 주는 것이다. 스피노자는 타인으로부터 독립하여 자기 충족적이고 자기 완결적으로 존재하는 개인에게 자연권이란 사실상 무의미한 것이라고 말한다.

> 이제 (2장의 9절에 따라) 자연상태에 있는 각각의 사람은 그가 다른 사람에게 억압당하지 않을 수 있는 동안에만 자신의 권리 아래 있기 때문에, 그리고 한 사람 혼자서 모든 사람으로부터 자신을 보호하려고 한다는 것은 부질없는 일이기 때문에, 사람들의 자연권은 각자의 역량에 의해 규정되고 각자의 것으로 남아 있는 한에서는 아무것도 아니라는 사실이 따라 나온다. 그것은 실제로 존재하는 것이라기보다 공상 속에서만 존재할 뿐인데, 왜냐하면 이를 유지할 수 있게 해주는 아무런 확실한 방도도 존재하지 않기 때문이다.[23]

---

22) "만인은 만물에 대한 권리를 가지며, 심지어는 다른 사람의 신체에 대해서까지도 권리를 갖는다. 이처럼 만인이 만물에 대하여 자연적 권리를 갖는 상황이 지속되는 한, 어느 누구도 천수를 안전하게 누릴 수 있는 보장이 없다. 여기에는 강한 자든 약한 자든 예외가 없다. 따라서 다음과 같은 이성의 계율 혹은 일반적 원칙이 등장한다. '모든 사람은, 달성될 가망이 있는 한, 평화를 얻기 위해 노력해야 한다. 평화를 달성하는 일이 불가능할 경우에는 전쟁에서 승리하기 위한 어떤 수단이라도 사용해도 좋다.' 이 원칙의 앞부분은 자연법의 기본을 나타내고 있는 것으로서 '평화를 추구하라'는 것이고, 뒷부분은 자연권의 요지를 나타내고 있는 것으로 '모든 수단을 동원하여 자신을 방어하라'는 것이다."(홉스, 『리바이어던』, 177쪽).
23) Benedict De Spinoza, *Tractatus Politicus*, 2. 15. 진태원, 「대중들의 역량이란 무엇인가?」, 『트랜스토리아』 제5호, 박종철출판사, 2005, 17쪽에서 재인용. 이에 대한 다른 국문번역은 앞에서 인용한 『정치론』의 51쪽에서 확인할 수 있다.

자연상태에서 각 개인은 오로지 '자신의 권리 아래' 있을 수 있을 때만, 다시 말해서 다른 누군가에 의해서 자신의 권리를 억압당하지 않을 때에만 자연권을 실질적으로 누릴 수 있다. 그런데 현실에서 그러한 일은 일어날 수 없다. 모든 개인들이 각자의 자연권을 소유하고 있고, 그 자연권에 의해 타인의 권리를 침해할 수 있다면 홉스의 말대로 각 개인들은 결코 자신의 권리를 누릴 수 없게 된다. 한 개인이 자신의 권리를 침해하려는 개인의 공격으로부터 우연히 자신의 권리를 방어할 수는 있을 것이다. 하지만 다른 모든 개인들에 대해서 항상 자신의 권리를 보호한다는 것은 현실에서 일어날 수 없는 일이다. 이렇게 되면 자연권은 "실제로 존재하는 것이라기보다 공상 속에서만 존재할 뿐"이게 된다. 그러므로 자연물을 자신의 생존과 생활을 위해 마음대로 할 수 있는 자연권은 무의미한 개념일 것이다.

스피노자는 자연권을 이해하는 다른 방식을 제안한다. 그것은 자연권을 자립적 개인에 의해 소유되는 것으로 규정하는 것이 아니라 "항상 이미 다른 사람들, 타자들과의 매개 관계를 통해서만 비로소 성립할 수 있는 권리"[24]로 이해하는 것이다. 다시 말해 스피노자가 말하는 개인의 자연권이란 소유적 개인주의에 의해 보장될 수 없다. 그것은 오로지 다른 개인과 함께 형성하는 호혜적인 관계성에 의해서만 확보될 수 있는 권리이다.

이 때문에 우리는, 인간에게 고유한 자연권은 인간들이 공동의 법률을 갖고 있고 그들이 거주하고 경작할 수 있는 공동의 토지를 갖고 있는 곳,

---

24) 진태원, 「대중들의 역량이란 무엇인가?」, 17쪽.

그들이 스스로를 방어하고 모든 공격을 물리치고 모두의 공통된 판단에 따라 살아갈 수 있는 곳이 아니라면 거의 생각될 수 없다는 결론을 내린 다. 왜냐하면 (2장 13절에 따라) 서로 연합하기 위해 더 많은 사람들이 모 일수록 그들은 **모두 함께 더 많은 권리를 갖게 되기** 때문이다.[25]

스피노자는 인간의 자연권이란 오로지 개인들의 연합 속에서만 실 재할 수 있는 것이라고 말한다. 그러한 연합은 "모두 함께 더 많은 권리" 를 확보하도록 하는 필수적 조건이다. 개인들이 구성하는 국가를 비롯한 모든 연합체는 오로지 그 개인들의 권리 보장과 확장을 위해서만 존재해 야 한다. 이것이 연합체를 구성하는 목적이자 그것이 존속될 수 있는 원 리이다. 그러나 이 목적과 원리는 도덕적 명령과 같은 것이 결코 아니다. 그것은 오히려 자연의 필연적 질서에 속하는 것이다. 스피노자는 연합의 구성 원리를 우선 '역량의 합성'이라는 관점에서 제시한다.

만약 두 사람이 함께하여 그들의 세력을 합친다면, 그들은 연합하여 더 욱더 많은 세력을 갖고 결과적으로 그들이 서로 따로 떨어져 있을 때보 다 자연에 대해 더 많은 권리를 가진다. 그리고 그들이 **연합하면 할수록, 그들 모두는 전체적으로 더 많은 권리를 가진다.**[26]

스피노자에 따르면 각 개인은 자신의 역량만큼 권리를 가진다. 그런 데 각 개인의 역량은 다른 개인과 얼마만큼 연합할 수 있는가에 따라 달

---

25) 같은 글, 17~18쪽에서 재인용. 김호경 국역본 『정치론』의 경우에는 52쪽. 강조는 인용자.
26) 스피노자, 『정치론』, 49쪽. 강조는 인용자.

라진다. 한 사람의 역량보다는 연합한 두 사람의 역량이 더 크다는 것은 우선 산술적으로도 분명하다. 하지만 역량의 합성이란 단지 각 개인의 역량을 산술적으로 합산하는 것만을 뜻하지 않는다. 역량의 합성은 개인적 역량들의 산술적 합산이라기보다는 개인적 역량들 사이의 연합이다.

스피노자에게 연합이란 복수의 개인들이 마치 하나의 신체처럼 움직이는 어떤 공동 관계를 구성하는 것을 의미한다. 앞에서 이미 논의했듯이 복수의 개체들이 협력하는 관계를 구성하는 과정을 통해서 또 다른 상위의 개체를 형성하게 되는 관계가 바로 연합의 관계이다. 즉 상위 개체를 구성하는 과정에서 모든 하위 개체들이 원인이 되어, 능동적으로 참여할 때 연합체의 구성이 비로소 가능한 것이다. 자연권은 연합체의 구성을 통해 확보되며 실효화될 수 있다.

이 연합체의 구성은 역량의 증대와 밀접한 관련을 맺는다. 들뢰즈는 스피노자의 역량(potentia) 개념을 해석하면서 연합체의 구성이 개체의 역량이 증대되는 요건임을 잘 보여 준다. 스피노자는 한 개체가 기쁨의 정서를 느낄 때 그 개체의 역량이 증대된다고 말한다.[27] 들뢰즈에 따르면 한 개체가 기쁨의 정서를 느끼게 되는 것은 다른 개체와 서로 합치되는 관계를 조성할 때이다. 이는 결국 개체화를 말하는 것인데 들뢰즈는 서로 구별되는 각 개체들의 특이성이 서로 합치될 때 개체화가 이루어진다고 설명한다. 앞에서도 언급했듯이(각주16) 스피노자에 의하면 하나의 특정한 개체를 다른 개체와 구별되는 특이적인 것으로 규정하는 요인은 그 개체를 이루는 하위 개체들이 맺고 있는 운동과 정지, 빠름과 느림의 비율 관계이다. 이 비율 관계가 한 개체의 특이성을 규정하는 것이다. 서

---

27) 『에티카』 3부 정리57의 증명.

로 다른 개체들이 합치되는 관계를 조성한다는 것은 한 개체를 규정하는 운동과 정지, 빠름과 느림의 비율과 다른 개체를 규정하는 그 비율이 조화를 이루게 된다는 의미이다. 즉 하나의 개체적 특이성을 특징짓는 하위 개체들 사이의 운동과 정지, 빠름과 느림의 비율이 그와 구별되는 다른 개체적 특이성을 규정하는 하위 개체들의 비율과 서로 부합하여 또 하나의 상위 개체로 합성될 수 있을 때 각 개체들은 기쁨의 정서를 느끼며, 그 상위 개체에 함께 참여하는 각 개체들의 능력은 동시적으로 증대된다. "요컨대, 누구의 능력을 증가시킨다는 것은 정확히 관계를 조성하는 사물과 내가 어떤 새로운 개체——매우 새로운 개체——의 두 개의 하위 개체들에 지나지 않는 그러한 관계를 조성한다는 것입니다."[28]

결국 연합체란 복수의 개체들이 서로 합치될 수 있는 공동의 관계성을 형성할 수 있을 때 가능한 것이다. 그리고 이와 같은 공동의 관계성 속에서 비로소 각 개인은 자신의 자연권을 실제적으로 확보하고 실행할 수 있게 된다. 그렇다면 스피노자가 말하는 자연권이란 결코 단자적 개인의 배타적 소유물과 같은 것이 될 수 없다. 그 권리는 오로지 타자와 함께 구성하는 연합체라는 공동의 관계성 속에서만 실재할 수 있는 것이다. 그런 의미에서 자연권이란 항상-이미 공동의 권리이다.

인권에서 스피노자주의

이제 우리는 스피노자로의 우회를 통하여 인권의 탈자유주의화 작업을 위해 던졌던 질문들에 답할 수 있게 되었다. 스피노자에게 인권이란 '인

---

28) 질 들뢰즈, 김상운 옮김, 「정동이란 무엇인가?」, 자율평론 편, 『비물질 노동과 다중』, 갈무리, 2005, 102~103쪽.

간에게 고유한 자연권'이다. 스피노자는 다른 개체와 구별되는 독특한 개체란 언제나 개체화의 결과라고 말한다. 인간이라는 개체 역시 마찬가지이다. 즉 개인이란 항상 복수의 하위 개체들로 구성된 복합체이며 개인은 자신의 실존과 활동을 지속하기 위해서는 언제나 타인을 비롯한 다른 존재자들을 필요로 한다. 개인의 대체 불가능한 특이성은 무엇보다 타인과의 관계 속에서만 지속될 수 있는 것이다. 그렇다면 '인간의 권리'에서 인간이란 결코 단자적 개인, 타자에 대한 배타성에 의해 규정되는 독립적 개인, 자기 완결적 개인을 뜻할 수 없다. 스피노자주의의 관점에서 개인이란 항상-이미 타자와 합치되는 관계를 전제하는 존재자, 즉 관개인적(trans-individual) 존재자이다.

또한 스피노자주의에 의하면 '인간의 권리'에서 '권리' 역시 사적 개인의 배타적 소유물과 같은 것으로 이해될 수 없다. 스피노자가 말하는 자연권이란 타인으로부터 분리되어 자신 만의 고유한 영역을 확보하는 것을 통해 확보되는 것이 아니라, 오히려 타인과의 연합의 관계를 구축함으로써만 확보될 수 있는 권리이다. 자연권이란 연합체 속에서만 실제적으로 보장받고 누릴 수 있는 공동의 것(res communis)이다. 즉 스피노자주의적으로 이해된 인권이란 언제나 관개인적 권리인 것이다.

3. 인간-양태와 코나투스의 권리

인권은 휴머니즘인가?

하지만 인권의 주체가 단자적 개인이 아니라 관개체적 존재로서 개인이라고 하더라도 여전히 남는 문제는 있다. 관개체적 개인도 인간인 이상 인권은 여전히 인간 중심적 권리 개념이 아닐까? 그렇기에 여전히 인간을 위해 이 세상의 다른 존재자들을 인간의 생존과 활동의 편의를 위해 수단화할 수밖에 없는 권리 개념이 아닐까? 그것은 결코 휴머니즘을 벗어나지 못하는 권리 개념이 아닐까? 다시 말해 인간이라는 어떤 본질적 실체가 이제 단자적 개인에서 공동의 관계성에 의해 규정되는 인간으로 변화했을 뿐, 여전히 인간을 세계의 중심이자 준거로 전제하는 탈역사적 인간중심주의 그 자체는 넘어서지 못한 것이 아닐까?

이러한 물음은 푸코가 보여 주듯 인간이란 근대적인 앎의 배치가 구축한 한갓 지적 가상에 불과하다는 이론적 문제 제기에만 그치는 것이 아니다. 그것은 근대의 인간주의가 초래한 무수한 병폐들과 관련된다.

휴머니즘, 즉 '인간주의'란 결국 인간을 중심으로 세계를 인식하고 조작하려는 사고와 행동의 방식을 의미하며, 인간을 위하여 수많은 비인간적 존재들이 희생되고 파괴되어 온 역사는 진행 중이다. 인간이 아닌 존재들에 대한 인간의 착취와 파괴에 대한 문제의식이 휴머니즘 비판에는 깔려 있다. 인간을 위해 무수한 동물들이 실험실에서 유전자 변형을 겪다 죽임을 당하고, 인간을 위해 산을 허물어 갯벌을 메우며 그 결과 산과 갯벌에 살던 뭇 생명들이 죽임을 당하고, 인간을 위해 지구라는 전체 생태계의 지속성을 파괴할 수 있는 핵무기와 핵발전이 계속되는 상황 속에서 인간주의란 사실상 인간이라는 특정한 생물의 종 이기주의와 독재를 의미하는 것이 아닌가를 되물을 수밖에 없는 것이다.

그러한 '인간'의 존엄성을 지고의 가치로 선언하고 그 '인간'을 세계의 중심이자 기초로 삼아 권리의 체계와 정치적 질서를 구축하려는 인권이 과연 진보적 가치이며 진정한 의미에서 보편적 해방의 이념이 될 수 있을까라는 물음은 당연히 제출될 수밖에 없다. 인간주의에 대한 이러한 문제제기는 매우 정당한 것이다. 인간이란 관념은 역사적 구성물에 불과하며 더욱이 그 인간을 만물의 척도로 삼는 인간주의가 결국 자연에 대한 폭력을 필연적으로 발생시키는 계기라면 인간주의를 옹호해야 할 이유는 결코 없으며 인간주의에 기초한 권리 담론인 인권 역시 해방의 이념으로서 충분하지 않기 때문이다. 그렇다면 이제 이러한 인권이라는 관념은 차라리 폐기하는 것이 맞지 않을까?

인간 역시 하나의 양태일 뿐이다

사실 인권이 인간주의의 영토를 떠날 수 없다면 인권 역시 인간주의에 가해지는 비판으로부터 자유로울 수 없는 운명일 것이다. 하지만 인권이 인간의 가치를 지고의 것으로 선언하는 인간주의의 영토를 떠날 때 그것을 여전히 인권, 즉 인간의 권리라고 부를 수 있을까? 인간의 권리를 최우선시 하지 않는 인권이라는 것이 도대체 가능이나 할까?

나 또한 인간주의에 대한 비판에 동의한다. 인권의 주체인 인간이란 19세기의 발명품이며, 인간을 만물의 척도로 삼는 인간주의는 인간이 아닌 존재들에 대한 끔찍한 폭력에 다름 아니었다는 비판은 매우 정당한 것이라고 생각하기 때문이다. 하지만 그렇다고 인권이라는 이념 자체가 이제는 아무 의미가 없다거나 무익한 것이 되었고, 그러므로 인권은 폐기되어야 한다는 문제의식에까지 완전히 동의하는 것은 아니다. 나는 인권이 자유주의로부터 탈봉합되어야 할 뿐만 아니라 휴머니즘으로부터도 탈코드화되어야 한다고 생각한다. 자유주의와 휴머니즘은 사실상 동전의 양면과 같은 이념이라는 사실을 새삼스럽게 되짚을 필요는 없을 것이다. 인권의 탈자유주의화가 필요하다면 이는 동시에 인권의 탈인간주의화를 요청하는 것일 수밖에 없다. 그렇다면, 탈인간주의적 인권이란 어떤 것인가?

나는 이 질문 앞에서 다시 스피노자로 돌아가고자 한다. 스피노자는 단자적 개인주의에 대한 매우 효과적인 비판자였을 뿐만 아니라 휴머니즘에 대한 가장 강력한 비판자이기도 하기 때문이다. 그러면서 그는 인간과 그 권리라는 개념 자체를 무의미한 것으로 만들지도 않기 때문이다. 스피노자에 대한 참조는 우리에게 인권의 탈인간주의화를 위해서도 매우 유효한 사유의 경로를 제공한다.

이미 언급했듯이 스피노자에 의하면 이 세계 안에 실존하는 모든 것들은 신, 다시 말해 실체의 본질을 각자의 한계 내에서 나름대로 표현하는 존재자들이다. "실존하는 모든 것들은 신의 본성이나 본질을 특정한 방식으로 표현한다(정리25의 보충에 의하여). 즉 (정리 34에 의하여) 실존하는 모든 것은 만물의 원인인 신의 역량을 특정한 방식으로 표현한다"[29]는 것이다. 물론 여기서 말하는 '실존하는 모든 것들'이란 양태를 의미하며, 모든 양태들은 특정한 방식으로 신의 어떤 본질이 표현된 것이다. 이런 의미에서 양태의 본질이란 그것이 신의 본질을 표현하는 것이라는 한에서 신의 본질이기도 하다. 물론 양태의 본질이 곧 신의 본질이라는 의미가 신의 본질과 양태의 본질이 등가적이라는 말은 아니다. 양태는 신의 본질, 즉 신의 역량을 특정한 방식으로, 곧 제한된 방식으로 표현한다. 절대적으로 무한한 신의 역량이 특정한 방식으로 제한되어 양태화되는 것이다.

각 양태들이 신의 역량을 제 나름의 한계 속에서 표현하는 특정한 방식의 차이가 양태들 간의 구별을 가능하게 한다. 그러므로 각각의 양태는 다른 양태와 구별되는 자신의 독특한 특성을 가지고 있다. 그리고 서

---

29) 『에티카』 1부, 정리 36의 증명. 55쪽. 번역 일부 수정.

로 다른 양태들이 신의 역량을 표현하는 방식에 따라서 각 양태는 서로 다른 역량을 가지고 있다. 양태들 사이에는 역량의 정도에 따른 차이가 있는 것이다. 그렇다면 이제 '양태의 본질은 신의 역량이다'는 명제의 의미를 보다 명확하게 규정해야 할 필요가 있다.

그러나 서로 차이 나는 양태들이 각자에게 특정한 방식으로 표현하는 것은 동일한 신의 역량이다. 동일한 신의 역량이 무수한 양태들에 의해서 다른 방식으로 표현되고 있는 것이다. 다시 말하면, 양태들은 독특한 방식으로 실존하고 활동하지만 모든 양태들의 독특한 실존과 활동의 유일한 원인은 단 하나의 실체, 즉 신인 것이다. 이는 인간이라는 양태의 본질이나 제주도 강정마을 바닷가에 있는 구럼비 바위의 본질이 동일하다는 의미이다. 비록 그 본질을 표현하는 방식과 정도는 차이가 있어도.

그렇기 때문에 신의 관점, 즉 실체의 관점에서 보자면 인간이라는 양태는 자연 안에 있는 다른 어떤 양태들보다 더 고귀한 가치를 갖지 않는다. 자연 안에 있는 모든 것들은 모두 신의 특정한 표현 형태이다. 저 굽이굽이 흐르는 강물과 그 위를 불어가는 바람, 강가에 서식하는 풀들과 그 풀들 위에 알을 낳는 벌레 등과 같이 통념적 의미로 이해되는 자연적인 것들뿐만 아니라 연필 한 자루, 못 한 개, 종이 한 장 등과 같이 인공물이라 불리는 것들까지 모두 신의 본질을 각자의 특유한 방식으로 표현하고 있는 존재자들이다. 인간이라고 예외는 아니다. 다시 말해 인간 양태가 다른 비인간 양태와 근본적으로 다른 존재론적 위상이나 가치를 가지고 있는 것은 아니다. 스피노자에게는 인간 역시 "신의 본성을 어떤 일정한 방식으로 표현하는 변용이거나 양태"[30]일 뿐이다. 다른 모든 양태들

---

30) 『에티카』 2부, 정리 10, 보충의 증명.

이 그러한 것처럼.

이런 맥락에서 스피노자는 인간을 중심으로 하여 세계의 의미와 가치를 파악하는 인간중심주의를 철저히 비판한다. 인간은 이 세계가 자신을 중심으로 돌아가고 있다고 생각한다. 다시 말해 인간은 자신의 이익을 바탕으로 세계를 이해하는 것이다. 이렇게 자기 이익을 중심으로 세계를 이해하는 것은 곧 세계 안에 존재하는 것에 목적을 부여하는 사고방식으로 이어진다. 이때 그 목적이란 인간의 이익이다. 가령 신이 세계를 창조한 목적은 인간을 유익하게 하기 위해서라는 식으로 파악하는 것이다.

> 그들은 자기들의 이익 획득에 적지 않게 도움이 되는 수많은 수단들, 예컨대 보기 위한 눈, 씹기 위한 이, 영양을 위한 식물과 동물, 비추기 위한 태양, 물고기를 기르기 위한 바다 등을 자신의 안팎에서 고찰하므로, 이로부터 그들은 모든 자연물들을 자기들의 이익을 위한 수단으로만 고찰하였다. 그리고 그들은 자기들이 그러한 수단을 발견하기는 했지만 공급한 것은 아니라는 점을 알기 때문에, 이로 인하여 그들은 그러한 수단을 자기들의 사용을 위하여 마련해 준 어떤 다른 것이 있다고 믿게 되었다. …… 또한 그들은 이러한 지배자의 성품에 관하여 전혀 듣지 못했기 때문에 자기들의 성품으로 그것을 판단하지 않으면 안 되었다. 그리고 여기서부터 그들은, 신들은 인간에게 의무를 지우고 인간에게서 최대로 존경받기 위해서 모든 것을 인간이 사용하게끔 한다고 확신한다.[31]

인간주의란 인간이 자신을 이 세계의 특권적 존재라고 상상하는 방

---

31) 『에티카』 1부, 부록.

식이다. 인간은 자신이 만들지 않은 자연적 조건을 토대로 생존과 생활을
영위한다. 그런데 세계 안에 인간의 생존과 생활을 가능하게 하는 수단이
존재하고 있다는 사실을 인간은 그것들이 인간을 위해 존재하고 있다고
자의적으로 판단한다. 이로부터 인간에게 자연물, 즉 인간이 아닌 것은
오로지 인간의 이익을 위해 마음대로 사용해도 좋은 수단에 불과한 것이
된다. 그러나 스피노자는 이러한 인식을 정확히 무지로부터 비롯된 공상
에 불과한 편견이라고 비판한다.

　　자연만물은 인간을 위해 존재하는 것이 아니며 인간이 비인간적인
것보다 더 우월한 실재인 것 역시 아니다. 자연에 목적이란 존재하지 않
는다. 자연 안에 실존하는 모든 존재자들은 신의 역량을 자기 나름대로
특정한 방식으로 표현하고 있을 뿐이다. 이 원칙에서 예외적인 양태란 없
다. 어떤 양태도 다른 양태를 위해 존재하지 않는다. 다시 말해 자연 안에
실존하는 양태들 가운데서 특권적인 양태는 없다. 양태들은 서로 구별되
는 차이를 가진 독특한 실재들이지만 그들은 모두 하나의 실체가 다른
양상으로 표현된 것들인 한에서, 다시 말해 실체의 관점에서 보자면 양태
들의 존재론적 가치는 동등한 것들이다.

　　선과 악에 대한 스피노자의 논의는 그의 사유가 존재론적 동등성을
향해 있음을 가장 잘 보여 주는 사례 가운데 하나일 것이다. 스피노자는
실체의 관점에서 보자면 자연 안에는 절대적 의미에서 선이나 악은 실재
하지 않는다는 것을 알 수 있게 된다고 말한다. 토끼가 풀을 뜯어 먹는 것
이 악이 아니듯이, 사자가 토끼를 잡아먹는 것도 악이 아니다. 그렇다면
그 사자가 인간을 잡아먹는 것도 악이 아닐 것이다. 다만 악이란 하나의
양태가 자기 자신이 파괴되거나 해체되는 사태를 인식하는 방식이다. 양
태의 입장에서 자기 역량이 감소하거나 해체되는 사태를 스피노자는 '나

쁨'이라고 말한다. 이 나쁨을 양태는 자신에게 발생한 악이라고 인식하는 것이다. 이는 선의 경우에도 마찬가지이다. 또한 스피노자는 양태가 인식하는 선이란 사실상 자신의 역량이 증대되는 사태라고 말하며 이를 '좋음'이라고 명명한다. 선이란 양태가 자신의 역량이 증가되는 사태를 인식하는 방식일 뿐이다.

그렇다면 좋음과 나쁨의 구별은 오로지 양태의 입장에서만 가능한 것이다. 실체는 이미 완전한 역량을 가지고 있기에 그 역량의 증대나 감소를 겪지 않는다. 그러므로 실체에게 선과 악에 대한 구별은 존재할 수 없다. 오로지 양태에게만 선과 악의 구별, 즉 좋음과 나쁨의 구별이 존재할 뿐이다. 그렇다면 어떤 바이러스성 전염병으로 인류의 절반이 죽어나가더라도, 그것은 인간에게는 악을 의미하겠지만 자연의 관점, 즉 신의 관점에서는 선도 악도 아니다. 그것은 자연의 일상다반사에 지나지 않는 사태이다.

이렇게 스피노자는 인간을 양태 가운데 하나로 이해하는 관점을 취함으로써 인간이 특권적 존재자가 아님을 밝힌다. 인간의 존재론적 특권이란 자기중심적 공상의 산물에 지나지 않는 것일 뿐이다. 실체의 관점에 서게 된다면 인간의 권리가 다른 존재자의 권리에 비하여 더 정당한 권리이거나 더 우월한 권리라고 할 수 없게 된다. 인간을 포함한 모든 존재자들을 신의 본질을 표현하고 있는 양태로 파악하는 스피노자의 사유는 근대적 휴머니즘과는 가장 멀리 떨어져 있는 사유일 것이다.

인간은 인간이라는 자신의 양태적 조건을 떠날 수는 없다
그러나 스피노자의 사유로부터 우리가 얻어 낼 것이 단지 인간이 여타의 양태에 대하여 더 우월한 가치를 지닌 양태가 아니라는 반인간주의 철학일 뿐이라면 굳이 그를 탈인간주의적 인권 개념의 모색을 위한 우회로로 삼을 필요는 없었을 것이다. 반인간주의를 체계적으로 주장하는 사상가는 스피노자만이 아니기 때문이다. 스피노자는 인간주의를 강력하게 비판하고 있지만 그럼에도 불구하고 인간의 권리를 긍정할 수 있는 새로운 가능성을 제시하고 있다. 인간중심주의를 벗어난 인권의 개념을 모색하는 과정에서 우리가 스피노자를 주목해야 하는 이유도 바로 그 가능성 때문이다. 그와 같은 가능성은 무엇보다 스피노자의 윤리 개념으로부터 찾을 수 있다고 나는 생각한다.

스피노자는 우리가 이성을 사용할 때 인간의 특권이라는 상상으로부터 벗어나 세계를 올바른 질서에 따라 인식할 수 있다고 말한다. 그와 같은 인식에 따라 살아가는 삶의 원리를 스피노자는 윤리학(Ethica)이라고 부른다. 그런데 스피노자는 윤리학을 인간에게 고유한 개념으로 사용하고 있다. 그는 동물의 윤리학이나 광물의 윤리학을 쓰지 않았다. 그가 동물의 행동이나 광물의 특성을 필연적 원리의 수준에서 규명하려 했다면 그것은 자연학(Physica)의 작업이 되었을 것이다. 스피노자의 주저 제목이 『자연학』이 아니라 『에티카』(『윤리학』)인 것에는 이유가 있다는 말이다. 스피노자에게 자연학은 윤리학과 동일한 원리에 따라 구성되는 것이지만 이는 어디까지나 인간의 경우에 그런 것이다. 『에티카』의 결론에 해당하는 5장의 제목, '지성의 능력 또는 인간의 자유에 대하여'가 보여주듯이 그의 윤리학은 인간의 자유, 즉 인간의 삶이 지복을 누릴 수 있는 사유와 행동의 원리를 제시하는 것을 과제로 삼고 있다. 동물이나 광물을 위한 윤리학이란 없다. 윤리학은 오로지 인간에게만 적합한 것이다.

스피노자는 인간이 비록 실체의 역량을 표현하는 무수한 양태들 가운데 하나에 불과하지만 우리가 인간이라는 양태인 한, 우리의 세계 인식과 삶은 인간을 인간으로 규정하는 조건들에 의해 제한될 수밖에 없다고 생각한다. 우리의 인식은 언제나 우리 신체의 특성에 의해 조건 지어지는 것이다. 인간의 인식은 자신의 양태적 개성을 초월하여 실체의 관점에 완전하게 도달할 수는 없다. 가령 인간인 우리가 인지할 수 있는 소리의 주파수 대역은 인간의 신체구조상 약 20~20000Hz라는 특정 범위를 벗어날 수 없고, 우리가 감각할 수 있는 가시광선의 범위 역시 보통 400~700nm 정도로 우리 신체의 구조상 이미 결정되어 있다. 그래서 인간은 파충류처럼 적외선을 감지하지 못하기에 칠흑 같은 어두운 밤에는 뱀처럼 대상을 인식할 수 없으며 돌고래처럼 초음파를 사용하여 떨어져 있는 동료와 이미지화된 신호를 주고받을 수 없다. 우리는 인간의 양태적 개성에 입각해 세계를 인식하고 타자와 소통할 수밖에 없다. 인간은 자신과 본성이 다른 뱀이나 돌고래보다 같은 본성을 가진 다른 인간을 더 잘 이해할 수밖에 없으며, 다른 인간과 더 원활하게 소통을 할 수밖에 없다.

인간이 비록 세계의 실존과 작동의 인과관계를 이성을 통해 파악함으로써 자신의 주관적 입장을 넘어서 객관적인 세계 이해를 성취할 수 있는 역량을 가진 실재이기는 하지만 그렇다고 하더라도 그러한 객관적 세계 이해는 어디까지나 상대적인 것이다. 양태로서의 인간은 실체가 아니기 때문이다. 인간이 자신의 이성을 활용하여 세계를 객관적으로 인식한다는 것은 어디까지나 인간의 양태적 한계 내에서 가능한 것이다. 스피노자는 인간이 양태의 한계 내에서 세계를 이성적으로 인식한다는 것이 어떤 사태를 뜻하는지를 다음과 같은 사례를 통해 설명한다. 가령 인간의 눈에는 태양이 마치 대략 60m 앞에 있는 것처럼 보인다. 하지만 인간은 자신의 이성을 사용하여 태양과 자신의 거리가 60m에 불과하지 않다는 것을 알게 된다. 실제로 인간의 이성은 태양이 지구로부터 약 1억 5천 킬

로미터나 떨어져 있음을 밝혀냈다. 하지만 이러한 이성적 인식 이후에도 인간의 눈에는 태양은 여전히 자신으로부터 60m 앞에 있는 것으로 나타난다. 이것이 바로 인간의 조건이다. 인간은 모든 양태가 그러한 것처럼 자신의 양태적 조건을 떠날 수 없는 것이다.

앞에서도 언급했듯이 모든 양태는 자신의 실존과 활동을 지속하려는 충동, 즉 코나투스를 자신의 현행적 본질로 가지고 있다. 이는 어떤 양태가 자기 코나투스의 보존을 위해서는 다른 양태를 파괴할 수도 있으며 반대로 자신을 파괴하려는 외부의 실재에 대항하기도 한다는 것을 의미한다. 양태들 사이의 관계가 항상적으로 상호 호혜적이거나 협조적인 것만은 아니다. 물론 이는 인간과 다른 사물과의 관계에서도 마찬가지이다. 인간은 생존하기 위해서 다른 동식물의 코나투스를 파괴하여 영양분을 섭취해야 하며 옷을 해 입고 집을 지어야 한다. 이 역시 양태로서 자신을 보존해야 하는 인간의 조건이다.

인권, 양태의 한계 안에서의 권리

하지만 이러한 인간의 양태적 조건이 곧바로 다른 사물들, 좁은 의미의 자연물과 인공물들이 인간을 위해 존재하는 것이라거나 인간이 자신의 이익을 위해 그것들을 무한정으로 착취하고 파괴해도 좋음을 뜻하는 것은 아니다. 인간은 오로지 다른 양태들이 실존한다는 조건 속에서 자신의 실존을 이어갈 수 있기 때문이다. 즉, "우리들은 우리들의 존재를 유지하기 위하여 우리들의 외부의 것을 아무것도 필요로 하지 않는다고 말할 수 없으며, 우리들의 외부에 있는 사물과 아무런 상관관계 없이 생활한다고 말할 수 없다"[32]는 것이다. 인간은 자신의 역량이 미치는 범위 내에서 자기 외부의 사물들을 자신을 위하여 해체, 변용, 이용하며 살아갈 수

밖에 없고, 이것이 인간의 권리이기는 하지만 그 권리에 한계가 없는 것은 아니다. 인간이 자기 코나투스를 보존하기 위한 정도를 넘어서 사물들을 파괴할 때 결국 인간 역시 자신의 코나투스를 보존할 수 있는 조건 자체를 상실하게 되기 때문이다. 자기 보존을 위한 사물의 제한적 이용과 잉여의 무제한적 축적을 위한 착취는 구별되어야 한다. 다시 말해 인간이 자기 보존을 위해 자기 외부의 사물을 해체, 변용, 이용할 수 있는 권리에는 분명한 윤리학적이자 동시에 자연학적인 한계가 있는 것이다.

스피노자는 윤리적 삶을, 자연의 필연적 질서를 인식하고 그에 따라 양태로서의 자기 삶을 그 질서에 따라 능동적으로 살아가는 것으로 이해한다. 자연의 필연적 질서에 대한 인식 속에서 그 질서에 따라 살아갈 때 인간의 역량은 증대하며 그 권리 역시 확장된다. 스피노자는 이러한 삶의 방식을 자유라고 부른다. 자유란 외부의 방해 없이 자신의 주관적 의지를 구현하는 활동이 아니다. 자유란 역량의 증대와 결부되어 있으며 역량의 증대는 자연의 필연적 질서를 따를 때에만 가능한 것이다.

이와 같은 윤리적 삶은 인간이 자신의 양태적 개성을 절대화하거나 특권화하지 않고 자신 역시 이 세계를 구성하는 무수한 양태들 가운데 하나임을 인식하며 살아감으로써 가능하다. 그러나 동시에 인간을 포함한 각각의 양태들에게 자신의 한계 내에서 신의 본질, 즉 자연의 역량을 최대한 표현하는 것, 다시 말해 자신의 역량을 최대한 증대해 가는 것이 또한 윤리적 삶이기도 하다. 그래서 들뢰즈는 스피노자의 윤리학에 입각하여 '양태의 유일한 의무'에 대해 다음과 같이 말한다. "그 의무는 자신

---

32) 『에티카』 4부, 정리 18의 주석.

의 모든 역량이나 존재를 자신의 한계 자체 안에서 펼치는 데 있다."[33]

앞에서도 언급했듯이 각각의 양태는 신의 역량을 표현하는 정도와 방식의 차이에 따라 서로 다른 역량의 한계를 지니고 있다. 역량에는 차이가 있다. 그러나 이때 차이란 하나의 동질적인 기준에 따라 각 역량에 등급을 부여하는 수직적 위계와 같은 것이다. 여기서 핵심은 각각의 양태에 상이한 역량은 결코 하나의 척도에 의해서 계측되는 것이 아니라는 점에 있다. 각각의 양태들 사이에 존재하는 역량의 차이란 하나의 척도에 의해 계측될 수 있는 동질적 역량의 양적 차이를 말하는 것이 아니다. 각각의 양태가 자신의 한도 내에서 최대한 펼쳐내야 하는 역량이란 사실상 각 양태에 특유한 질적 차원이다. 오히려 스피노자주의적 역량의 윤리학에서 핵심은 "다만 한 존재자가 궁극적으로 '도약'하고 있는지, 다시 말해서 그 정도가 어떠하든 자신이 할 수 있는 것의 끝에 이르고 이로써 자신의 한계를 넘어서는"[34] 것에 있다.

이제 우리는 휴머니즘의 영토로부터 떠난 인권의 개념에 대해 말해야 하는 지점에 이르렀다. 그것은 무엇보다 인간-양태의 권리, 인간-양태에 고유한 코나투스의 권리이다. 인간의 권리란 인간이라는 양태가 자신의 역량을 최대한도로, 자신의 한계를 넘어서까지 펼쳐내는 것을 의미한다. 그러나 동시에 인간-양태에 고유한 코나투스의 권리로서 인권은 인간이 다른 양태들에 비해 우월한 특권적 본질을 소유하고 있지 않다는 인식을 전제한다. 그것은 결코 인간을 세계의 목적이자 척도로 삼는 인식에서 출발하는 권리가 아니다. 모든 다른 양태가 그러하듯 인간 역시 자

---

33) 질 들뢰즈, 『차이와 반복』, 김상환 옮김, 민음사, 2004. 111쪽.
34) 같은 책, 105쪽.

기 보존을 위해서 세계의 존재자들을 때로는 해체하고 변형하며 이용할수 있는 역량만큼의 권리를 갖지만, 그것이 자기 코나투스의 보존 조건을 파괴할 권리까지 갖는다는 것을 의미하지 않다. 인권이란 양태의 한계 내에서 인간의 권리인 것이다.[35]

4. 스피노자주의와 인권의 정치

개인주의와 인간주의로부터 벗어난 인권의 개념을 모색하기 위해 우리는 스피노자를 따라 난 길로 우회를 하였고 그 결과 인권을 관개인적 권리와 인간-양태의 권리로 다시 규정하였다. 그리고 이러한 두 가지 인권 개념은 '역량만큼의 권리' 혹은 '역량과 권리의 동일성'이라는 스피노자적 관점에 의해 관통되고 있다. 인권에 대한 이와 같은 재규정은 '인간의 권리'에서 '인간'이 의미하는 바와 '권리'가 뜻하는 바를 다시 생각해 보려는 시도였다. 이 시도가 소유적 개인주의와 휴머니즘이라는 부르주아지적 근대성의 영토에 고착된 인권 개념을 넘어서기 위한 토론의 과정에 일조할 것으로 믿는다.

---

35) 그럼에도 여전히 인권이 인간-양태의 권리인 만큼 그 권리 개념은 인간의 입장을 완전히 떠난 것은 아니다. 물론 인간과 그 권리에 대한 스피노자의 사유는 인권을 인간중심주의의 공상으로부터 벗어나게 만드는 사유의 자원들을 제공하는 것은 분명하다. 하지만 스피노자에 입각해서 아무리 인간이 다른 모든 존재자들과 동일한 존재론적 평면에 속해 있는 양태에 불과하며 인간이라는 양태의 실존과 활동이 인간이 아닌 다른 양태들과 맺고 있는 무한한 연쇄 관계 속에서만 가능하다고 인식할지라도, 인간은 결국 자신의 양태 하에서 자기 보존을 우선적으로 추구하는 존재일 수밖에 없다. 인권을 인간-양태에 고유한 코나투스의 권리로 규정한다는 것은 인간을 세계의 중심이자 특권적 존재자로 바라보는 전도된 신학적 가상으로부터 인권 개념을 구해 줄 수 있을지는 모르겠지만 그것이 어찌되었던 인간이라는 특수한 양태의 입장을 떠나지 못하는 권리 개념임은 엄연한 사실인 것이다. 비록 그러한 권리 개념이 자연의 필연적 질서에 따른 것이라 할지라도 말이다.

스피노자의 사유를 통해서 인권의 개념을 다시 규명하려는 이 시도는 물론 이론적 작업의 성격이 강하다. 하지만 그것이 곧바로 아카데미에서 토론을 위한 작업일 뿐임을 뜻하는 것은 아니다. 오히려 인권에 대한 스피노자주의적 재해석의 시도는 오늘날 인권의 정치를 실천하는 데 있어서 중요한 방향을 설정해 준다는 것이 나의 생각이다.

인권이 관개인적 권리라는 의미는 한 개인이 다른 개인과 더불어 연합의 관계를 능동적으로 구축할 수 있을 때만 비로소 인권은 실효화될 수 있음을 의미한다. 다시 말해서 서로의 존재가 각자의 권리가 보장되고 확장될 수 있는 전제가 되는 관계의 구성이 바로 관개인적 권리의 의미인 것이다. 인권의 정치가 인권의 보장과 확장을 위한 정치라면 그것의 가장 중요한 과제는 바로 이러한 연합의 관계를 구축해 가는 것일 터이다. 이는 맑스가 공산주의 사회의 핵심적인 원리로 제시했던 '각인의 자유로운 발전이 만인의 자유로운 발전의 조건이 되는 연합체', 즉 '자유로운 개인들의 자발적 연합체'를 구축하는 것과 다르지 않다. 그리고 이를 위해서는 무엇보다 타인의 노동을 착취함으로써 자신의 이윤을 창출하는 자본가가 지배하는 사회, 즉 자본의 원리가 지배하는 사회를 극복해야 한다. 자본의 원리에 의해서 매개되는 관계와 모든 개인이 능동적으로 참여하여 구성하는 연합체는 궁극적으로 공존할 수 없기 때문이다. 자본주의는 오히려 이러한 연합체의 부재를 통해서만, 아니 이러한 연합체를 저지하고 억압함으로써 작동될 수 있는 사회적 관계의 형태이다. 인권의 정치가 관개인적 권리로서의 인권을 구현해 가는 정치라면 그것은 또한 자본주의, 특히 자본주의의 최근 형태인 신자유주의 체제와 대결할 수밖에 없다.

또한 인권이 인간-양태의 권리라면 인권의 정치는 휴머니즘이라는 이데올로기와 결부되어 있는 반생태적 개발주의와 맞서는 정치가 될 수밖에 없다. 오늘날 개발주의는 단지 인간 양태의 자기 보존이라는 차원을 넘어서 인간을 비롯한 지구상에서 살아가는 거의 모든 생물들의 생존 조건을 파괴하는 지경으로까지 나아가고 있다. 특히 자본주의와 결부된 휴머니즘은 인간의 이익을 곧바로 경제적 이윤으로 협소하게 규정함으로써 자본의 이윤을 위해 뭇생명들의 생존 조건들을 처참하게 파괴하고 변형하며 착취하고 있다. 이러한 상황은 결국 인간 코나투스의 권리 자체를 위협하는 상황으로 이어지고 있다. 이러한 맥락에서 오늘날 인권의 정치는 무엇보다 인간을 이 세계의 중심이자 특권적 존재로 상상하는 인간주의의 이데올로기에 대하여 투쟁하는 이데올로기 전화의 정치여야 함과 동시에 자본의 이윤을 곧 인간의 이익으로 내세우며 자연을 무참히 파괴해가는 개발주의와 투쟁하는 정치가 되어야 할 것이다. 나는 이것이 인권의 정치에서 스피노자주의가 가지는 현재적 함의라고 생각한다. 논의되어야 할 것은 이것이었다.

6장 _ (불)가능한 권리와 인권의 정치

1. 인권은 자명한 권리인가?

토머스 제퍼슨은 미국 「독립선언문」 초안에 이렇게 쓰고 있다. "우리는 다음 진리들을 **자명한** 것으로 간주한다. 모든 인간은 평등하게 태어났으며, 조물주로부터 고유한 양도할 수 없는 권리를 부여받았는데, 그중에는 생명, 자유, 행복 추구가 있다."[1] 제퍼슨이 보기에는 인권의 보편성, 즉 만인의 평등과 생명, 자유, 행복 추구 등의 양도할 수 없는 권리는 그 자체로 자명한 것이었다. 하지만 제퍼슨의 견해와는 달리 인권의 개념을 명쾌하게 규정하는 것은 생각보다 쉽지 않다. 제퍼슨이 자명하다고 생각한 권리들, 즉 평등, 생명, 자유, 행복이란 어떻게 규정되며 그 권리들이 구현되는 조건은 무엇이며, 그것을 보장하는 구체적인 형태는 어떠해야 하는가라는 문제는 그렇게 명확하게 규명되어질 수 있는 성질의 것이 아니었다. 이러한 권리들은 그것의 개념, 적용범위, 구체적 실현형태, 제도화 방식

---

1) 토머스 제퍼슨, 마이클 하트 서문, 『토머스 제퍼슨 : 독립선언문』, 차태서 옮김, 프레시안북스, 2010. 50쪽. 강조는 인용자.

을 둘러싼 수많은 토론과 정치적 투쟁을 불러일으킨 논쟁적 성격의 것이었다.

인권에 대한 최초의 비판자 중 한 사람이었던 에드먼드 버크는 인권을 근본적으로는 "정의할 수는 없는 것"으로 본다. 그것은 오로지 특정한 정치적·문화적 조건에서만 규정가능한 것인데, 근대 혁명시기 인권에 대한 주장은 "모두 극단적인 것으로서, 형이상학적으로 진리임에 비례하여 도덕적·정치적으로는 허위"[2]라고 평가한다. 버크는 혁명론자들이 주장하는 인간의 권리란 사실상 형이상학에 속하는 추상적 개념이자 당위적 논리에 불과하다고 본다. 그는 인권을 '중간적인 것'이라고 평가한다. 즉 현실의 정치적·사회적 조건에서 구체화될 인권의 처음과 끝, 다시 말해 그 경계를 명확하게 규정할 수 없는 권리담론이 바로 프랑스혁명기 혁명론자들의 인권담론이라는 것이다. 그래서 인권은 현실에 기반하지 않은 추상적인 이념의 차원에서만 논의할 수 있는 공허한 개념이라고 버크는 비판하는 것이다. 그에 의하면 인권이 유의미할 수 있는 것은 오로지 특정한 정치적 조건을 전제할 때뿐이며, 이때에야 비로소 인권은 규정 가능한 현실적 권리 개념이 된다. 그러할 때 인권이란 '정부 아래에서의 인간의 이익'을 의미할 뿐이고 이는 결국 특정한 헌정질서에 의해 통치되는 국가에 소속된 자들, 즉 국민의 권리를 의미한다. 버크에게 인권이란 사실상 국가체제 하에서 헌법적 질서에 의해 규정되고 보장된 인간의 이익, 다시 말해서 법적 권리로서만 유의미한 것이다.

그러나 인권이 단지 국가를 근거로 하는 법적 차원의 권리로만 온전히 환원될 수 있는 것일까? 다시 말해 인권의 외연과 법적 권리의 외연이

---

2) 버크, 『프랑스혁명에 관한 성찰』, 122쪽.

완벽히 일치되는 것일까? 버크가 강조하는 현실의 관점에서 보더라도 국가에 의해 규정되고 보장되는 법적 질서에 대항하는 투쟁이 인권의 이름으로 전개되어 온 것 역시 구체적인 역사적 현실이 아닌가? 이러한 투쟁은 단지 권력자의 자의에 의해서 지배가 관철되는 폭정, 즉 반민주적 독재국가에서만이 아니라 민주적 국가에서도 항상 일어나는 일이다. 아니오히려 민주국가일수록 현행법을 넘어서는 더 많은 권리를 위한 투쟁이 인권운동에 의해 활성화된다. 그렇기에 인권을 결코 현행법에 의해 규정된 권리만으로 환원될 수 없는 것이다. 인권의 외연은 법의 외연과 완벽하게 일치될 수 없는 것이기도 하다는 말이다.

지향해야 할 가치의 차원에서 인권의 자명함을 역설하는 입장도, 인권 이념의 추상성을 비판하며 그것을 오로지 현행법의 질서 안에만 가두려 하는 논리도 그 자체로 인권을 명확하게 의미화하는 것 같지는 않다. 오히려 그것에 대한 논리적 규정이나 개념적 정의의 작업에서보다는 현실에서 인권을 구현하기 위해 투쟁하는 운동 속에서 인권의 의미가 드러나는 경우가 더욱 많아 보인다. 인권의 이름으로 진행된 투쟁, 다시 말해 인권운동을 통해 이전에는 권리의 문제가 아니라고 여겨졌던 것이 이제는 권리의 영역 안에 기입되고, 그 동안은 인권이라고 간주되지 못하던 것이 인권의 차원으로 가시화되어 왔기 때문이다.

그러나 투쟁을 통해 인권을 실효화해 왔던 인권운동의 맥락에서 실천적으로 규정되는 인권의 의미에 대해서도 여전히 어떤 물음이 제기된다. 인권운동이란 한마디로 인간의 권리를 보호, 확장, 실현하는 운동이다. 즉 인권이 침해될 가능성이 있을 때에는 방어하고 실제로 침해되었을 때는 원상회복을 목표로 하며 현재 보장된 인간의 권리들보다 더 많은 인간의 권리들을 보장하려는 운동이 바로 인권운동이다. 그런데 현실의 진보적 사회운동들 가운데 인간의 권리에 의거하지 않는 운동이 있을까? 노동자의 계급투쟁은 노동3권으로 대표되는 노동자의 권리에 의거한 운동이다. 여성운동 역시 여성의 권리를 중심으로 조직된 운동이다. 철거민의 주거권, 빈민의 생존권, 동성애자들의 성적 권리 등 역시 모두 권리의 방어, 원상회복, 실현, 확장 운동이다. 그리고 이러한 운동의 주체들이 모두 인간인 이상 이 권리들은 모두 인간의 권리, 즉 인권이다. 그렇다면 인간의 자유와 평등, 평화와 공생을 추구하는 모든 사회운동이 인권운동이라 할 수 있는 것이다.

그러나 이렇게 인권과 인권운동의 개념이 인간이 자신의 해방을 추구하는 모든 권리담론과 사회운동을 포괄하는 광범위한 개념이라면 도대체 현실에 존재하는 구체적 운동으로서 인권과 인권운동만의 종별적 특성은 무엇일까? 이는 결국 모든 구체적 조건 속에서 제기되는 구체적인 권리들만 존재할 뿐이지 인권이라는 포괄적이고 보편적 개념의 권리는 단지 '이름'으로만 존재한다는 것을 의미하는 것이 아닐까? 인간의 모든 권리를 포괄하는 광범위한 개념으로서 인권이란 사실 인권의 유명론(nominalism)으로 귀결되는 것이 아닐까? 그러할 때 현실의 구체적인 해방운동이자 권리운동들인 노동운동, 여성운동, 성적소수자운동, 이주민운동, 철거민운동, 시민운동 등과 구별되는 자기만의 독특한 과제와 의제를 가진 종별적 운동으로서 인권운동은 따로 존재할 수 없게 되는 것은 아닐까?

하지만 만약 그렇다면, 이는 인권의 핵심적 원리 가운데 하나로 제시되는 '인권의 불가분성'[3]이란 사실상 성립할 수 없는 것이 아닌가라는 물

---

3) 인권의 불가분성(indivisibility)이란 "인권의 목록은 전체적으로 하나를 이루며 각 부분들을 따

음으로 이어진다. 즉, 인권에 포함되는 모든 구체적 권리들은 서로 분리될 수 없으며, 하나의 권리가 다른 권리보다 더 우월하거나 열등할 수 없다는 주장, 다시 말해 다양한 인권들은 서로 상충되지 않는다는 주장의 근거는 사라지게 되는 것이 아닌가 하는 것이다. 보편개념으로서 인권이 사실은 이름으로서만 존재하는 것이고 현실적으로는 구체적인 권리들만 실재하는 것이라면 각 권리들은 서로 구별되며 독립적인 것이 될 수 있다. 그리고 그러한 권리들은 현실의 특정한 조건하에서는 서로 상충할 수 있다. 가령 성매매 합법화, 혹은 성노동자의 권리문제를 둘러싼 성노동자운동진영과 반성매매운동 진영 사이의 논쟁은 이런 권리들 간의 충돌을 잘 보여 준다. 성적 서비스를 제공하는 여성이 쟁취하려는 노동자로서의 권리와 여성의 성이 상품화되는 것을 거부하려는 여성의 성적 권리가 충돌하는 것이다. 모두가 인권에 기반한 주장이라면 양자는 상충되면 안 되는 것 아닌가? 노동자로서의 노동권 혹은 생존권과 성의 상품화를 거부하려는 여성의 권리가 모두 인권이라는 상위 범주의 권리 개념에 포함되는 구체적 권리목록들이라면 이 권리목록들이 상호 충돌하는 현실을 어떻게 단일한 인권의 개념 속에서 해결할 수 있을까?

이렇게 인권이란 생각보다 자명한 개념이 아니다. 그러나 자명하지 않다는 것이 곧 무의미하거나 불필요하다는 것을 뜻하는 것은 결코 아니

로 떼어 내서는 안 된다"는 원칙을 말한다. 그러나 인권의 목록들이 불가분한 하나의 전체라고 하더라도 그것이 목록들을 가지고 있는 한 구체적인 인권의 목록들 사이에 위계는 존재하는 것이 아닌가라는 문제는 인권이론가들 사이의 중요한 논쟁이 되어 왔다. 조효제는 인권의 불가분성의 원칙과 목록들 사이의 위계라는 문제를 다음과 같이 정리하고 있다. "①인권의 불가분성을 기본으로 전제한다. ②생명권, 고문금지, 노예금지, 소급입법 금지, 평등원칙, 개인안전, 생계권 등은 비상사태를 포함한 그 어떤 경우에도 침해할 수 없다. ③인권의 중요성에 서열을 매길 수는 없지만, 정책시행에 있어서 필요하다면 우선순위를 정할 수 있다"(조효제, 『인권의 문법』, 후마니타스, 2011, 121쪽).

다. 오히려 나는 인권의 이러한 모호성이야말로 인권의 정치를 구성하는 가장 중요한 계기 가운데 하나라고 생각한다. 중요한 것은 이 모호성이 어떤 성격의 것이며 왜 그러한 모호성이 인권의 정치를 구성하는 계기가 되는지를 규명하는 일이다. 그 규명작업을 위해서는 우선 인권의 보편성 이라는 인권담론의 오래된 명제로부터 논의를 시작할 필요가 있다.

2. 인권의 불가능성

미국독립혁명과 프랑스혁명 시기에 인권을 선언한 이들은 무엇보다 그 것의 보편성을 강력히 주장하였다. 가령 서두에서 언급했던 미국 「독립 선언문」에서도 '평등, 자유, 생명, 행복의 추구'와 같은 인권은 '모든 인간' 에게 보편적인 권리임을 천명하고 있으며, 프랑스혁명의 기본정신이 천 명된 「인권선언」역시 그 어떤 단서조항도 없이 "사람은 자유롭게 그리 고 권리에서 평등하게 태어나며 또 그렇게 존속한다"고 제1조에서 주장 하고 있다. 근대 정치혁명의 대표적인 두 선언은 모든 인간은 그 자신이 인간이라는 이유만으로 양도하거나 침해할 수 없는 보편적 인권을 보유 하고 있으며 국가와 사회는 이 보편적 권리를 보호하고 신장하는 것을 자신의 목적으로 해야 한다는 원칙을 밝히고 있다.

반면 인권에 대한 비판의 초점 역시 인권의 보편성 주장에 맞추어졌 다. 미국독립혁명이나 프랑스혁명에서 주장된 인권이라는 것이 보편적 이라면 왜 노동자가, 여성이, 유색인이 그 권리의 주체가 될 수 없었는가? 인권은 보편적인 것이 아니라 서구 부르주아 남성의 특수한 권리를 마치 모든 사람의 권리인 것처럼 포장한 가상(imaginary)에 불과한 것이라는 비판이다. 인권의 보편성에 대한 이와 같은 비판은 인권뿐만이 아니라 보편성 자체에 대한 비판을 강하게 함축한다. 보편성이란 지배자들이 자신의 권리를 피지배자들에게도 해당되는 것처럼 오인하게 만드는 이데올로기에 불과하다는 것이다. 맑스는 근대혁명을 주도했던 부르주아적 권리의 보편성을 이렇게 비판한다.

> 시민사회의 어떠한 계급도 열광이라는 계기, 그 속에서 어떤 계급이 사회 일반과 우애롭게 지내고 융합하여 사회 일반과 혼동되며 그 **보편적 대표자**로 느껴지고 인정되는 어떤 계기, 어떤 계급의 요구들과 권리들이 진실로 사회 자체의 권리들과 요구들로서 존재하게 되는 어떤 계기, 어떤 계급이 현실적으로 사회의 머리와 사회의 심장으로 존재하게 되는 어떤 계기를 자신과 대중 속에서 유발시키지 않고서는 이러한 역할을 수행할 수 없다. 어떤 특수한 계급은 '오직 사회의 보편적인 권리라는 이름으로만' 보편적 지배를 자신에게 줄 것을 청구할 수 있다.[4]

권리의 보편성이란 한 사회의 특수한 계급적 권리를 모든 계급의 일반적 권리로 오인하게 만드는 가상적 작용에 의해 작동되는 것이라고 맑스는 말한다. 어떤 특수한 계급이 한 사회의 지배계급이 되기 위해서는 자신의 계급적 권리를 사회 전체의 보편적 권리로 보이도록 하는 이데올로기적 계기가 반드시 필요하다. 그 이데올로기적 계기가 바로 부르주아지 혁명이 내세웠던 인권의 보편성이라는 것이다.

---

4) 칼 맑스, 「헤겔 법철학 비판을 위하여 서문」, 『칼 맑스/ 프리드리히 엥겔스 저작 선집』 1권, 박종철출판사, 1999, 12쪽. 인용 문 앞부분에 있는 고딕체로 강조된 부분은 맑스의 것이며 뒷부분의 작은따옴표 친 고딕체로 강조된 부분은 인용자의 것이다.

이와 같은 보편성에 대한 의심은 비단 인권의 경우에 대해서만 제기된 것은 아니다. 소위 탈근대 철학이라고 불리는 일군의 사유들은 단지 부르주아가 지배하는 질서인 자본주의뿐만이 아니라 서구문화 전체, 혹은 근대세계 전반을 지배해 왔던 보편주의 자체를 비판하고 있다. 서구문화의 기반이라고 할 수 있는 이성중심주의에 대한 데리다의 해체, 보편성의 이름으로 제시된 거대 서사의 폭력성에 대한 리오타르의 비판, 합리적 주체의 보편성에 대한 푸코의 분석, 그리고 다수적 척도를 곧 보편적인 것으로 설정하는 미시 권력의 작동에 대한 들뢰즈의 비판 등이 보편성에 대한 '탈근대적' 비판을 잘 보여 주고 있다.

　　이들 모두는 보편성이란 그것을 옹호하는 자들이 주장하는 바와는 달리 그 어떤 필연적 당위성이나 논리적 정합성을 가진 것이 아니라고 생각한다. 보편성에 대한 이들의 비판은 보편성이란 그 자체로는 보편적이지 않은 어떤 것이 권력과 접맥되면서 자신과는 다른 것들을 배제하거나 은폐하는 권력의 작동에 의해 성립된 것이라는 문제의식을 공유하고 있다. 그리고 이와 같은 문제의식은 남성적 보편성에 대한 페미니스트들의 비판, 이성애의 보편성에 대한 성적소수자들의 비판, 서구의 보편성에 대한 탈식민주의자들의 비판 등이 또한 공유하는 입장이기도 하다. 이러한 맥락에서 보편성이란 "이미 존재하는 어떤 척도, 어떤 가치, 어떤 견해(이른바 '여론')에 의해 만들어지는 것이지 그 반대가 아니다."[5]라고 할 수 있다.

　　분명 보편성에 대한 '탈근대적' 문제제기 자체는 상당한 설득력을 가지고 있다. 현실에서 보편성이라는 개념이 사실은 보편적이지 않은 어

---

5) 이진경, 『철학의 외부』, 그린비, 2007, 496~497쪽.

떤 것을 보편적인 것으로 만드는 권력 작동의 산물이라는 것, 특수한 것을 보편적인 것으로 만드는 이데올로기로 복무했던 것은 부정할 수 없는 사실이다. 그러한 한에서 보편성이란 현실에서 그 개념 그대로 성립될 수 없는 것, 실현 불가능한 것이다. 그렇기 때문에 보편성에 대한 비판자들은 보편성이라는 개념을 무의미한 것, 나아가 부당한 것으로 치부하는 경향이 있다. 그리고 이러한 비판은 당연히 보편적 가치로 제시되는 인권, 즉 인권의 보편성 주장에도 관철되는 것이다.

너무 단순화하는 위험이 있지만 보편성에 대한 일련의 비판들은 결국 보편성이란 현실에서는 실현 불가능한 허울 좋은 이상이자 허구에 불과한 것이라는 결론으로 향한다. 보편성을 강조하는 입장은 역설적으로 참된 의미에서 보편적인 것이란 없다는 진실을 가리는 허위의식에 지나지 않는 것이라고 비판받는 것이다. 하지만 보편성의 허구적 성격은 필연적으로 그것의 무의미함과 부당성으로 귀결되어야만 하는 것일까? 이렇게 되묻는 것은 불가능한 것일까? 보편성의 이러한 실현 불가능성이야말로 보편성을 무의미하게 만드는 원인이 아니라 오히려 현실에서 그것을 유의미하게 만들어 주는 어떤 '역설적' 근거와 같은 것이 아닐까? 이러한 되물음은 보편적 인권이라는 개념을 비판하는 입장들에 대해서도 역시 제기될 수 있을 것이다. 나 역시 인권의 보편성, 즉 보편적 인권은 불가능한 것이라고 생각한다. 하지만 보편적 인권의 그와 같은 불능성이야말로 인권의 보편성의 실효적 차원을 구성하는 것이 아닐까라는 물음을 던진다는 것이다.

이러한 물음은 인권의 보편성 주장에서 이 보편성이 무엇을 뜻하는지에 대한 논의로 우리를 끌고 가게 된다. 이미 언급했듯이 근대혁명의 인권선언, 특히 프랑스혁명의 기념비적 문헌인 「인권선언」에서 인권은 어떤 단서조항이나 자격조건을 달지 않은 채 '사회구성체의 **모든 성원**'의 권리로 제시된다. 즉 인간인 이상 그의 소속, 성별, 지위, 자격, 능력, 신념 등의 조건들과 상관없이 평등하고 자유로운 삶의 주체가 될 권리를 누구나 가지고 있다는 것이다. 여기서 보편성이란 권리 주체의 자격과 조건을 묻지 않음을 뜻한다. 모두에게 해당되고 모두가 도달 가능한 것이 바로 보편적인 것이다. 이런 맥락에서 보편성은 일차적으로 권리주체의 무조건성을 뜻한다.

그러나 인권의 보편성은 단지 권리주체의 무조건성, 모든 인간이 예외 없이 인권의 주체라는 것만을 뜻하는 것에 그치지 않는다. 그 권리의 보유와 실행에 있어서도 인권의 보편성 주장은 무조건성을 그 속성으로 하고 있다. 인권 개념의 내용적 핵심이라 할 수 있는 평등과 자유, 혹은 '평등한 자유'(aequa libertas)는 어떠한 유보조항이나 단서조항 없이 모든 인간에게 전적으로 실현되어야 하는 절대적인 것이다.

조금만 우회해 보자. 인간은 자기 존재의 유지와 자기 욕망의 실현을 위해 다른 인간과 더불어 살아가는 상호작용적 관계를 구축한다. 그리고 이러한 상호작용적 관계망 속에서 비로소 인간에게는 권리의 문제가 발생하게 된다. 달리 말하자면, 어떤 인간이 다른 인간과 어떠한 연관도 가지고 있지 않을 때에는 그 인간에게 권리의 문제는 발생할 수 없다. 우리는 자연재해에 의해 인간의 생명과 자유가 위기에 처하게 되었다고 해서 그것을 인권침해라고 하지 않으며 또한 자연이 제공하는 천연의 혜택에도 자연이 인권을 보장했다고 말하지는 않는다. 인권은 오로지 인간 사이의 상호작용적 관계 속에서만 발생하는 권리이다. 인권이란 이념은 한 인간이 다른 인간과 맺고 있는 상호작용적 관계성을 각 사람이 자신의 존재 유지와 자기 욕망의 실현의 가능조건이 되도록 어떻게 구성할 것인가라는 물음 속에서 구축되는 것이다. 이러한 관계의 다른 이름이 바로 사회, 혹은 공동체이다. 그리고 인간들이 함께 구축하는 관계가 서로의 존재와 욕망을 유지하고 실현할 수 있는 조건이 되도록 만들 수 있는 가장 기본적인 권리의 이름이 바로 평등자유이며, 평등자유라는 권리가 그 어떤 유보도 없이 전면적으로 실현되어야 한다는 주장이 바로 인권의 보편성 주장이 함축하고 있는 바이다.

결국 여기서 보편성이란 평등자유의 권리가 이 어떠한 조건과도 무관하게 전면적으로 구현되어야 한다는 의미에서 무제약적이고 무제한적 성격, 즉 무한성을 뜻한다. 인권에서의 보편성이란 권리주체의 무조건성과 그 권리구현의 무한성과 다름 아니라는 의미에서 이 보편성은 절대적인 성격을 갖는다. 어떠한 유보와 제약도 없이 자신의 이념을 현실에서 그대로 관철해야 한다는 절대적 성격이 인권이 주장하는 보편성의 이상이라고 할 수 있을 것이다.

발리바르는 이러한 보편성을 '이상적 보편성'이라고 명명한다.[6] 그에 의하면 이상적 보편성이란 억압받아 온 자들, 피지배자들의 구체적인 현존과 그들의 실천적 저항으로부터 창출되는 보편성 개념이다. 넓은 의미에서의 봉기, 즉 지배자들에게만 제한된 권리가 아니라 모든 이들에게 개방된 권리의 창출을 위한 모든 집합적 활동으로서의 봉기라는 관념이 이상적 보편성의 뿌리이다. 그리고 이때 그 구체적 권리의 내용을 발리바르는 고대 로마의 권리담론이 '평등한 자유'(aequa libertas)라는 용어로 표현한 평등과 자유의 즉각적 동일성, 즉 '평등자유'(égaliberté)라고 개

---

6) 에티엔 발리바르, 「보편적인 것들」, 『대중들의 공포』, 최원·서관모 옮김, 도서출판b, 2007.

념화한다.[7] 이상적 보편성이란 바로 평등자유를 모든 이에게 구현하려는 이들의 협력적 투쟁, 집단적 봉기로부터 비롯되는 보편성 개념이다.

보편적인 것의 의미들 중 하나는 내재적으로 광의의 봉기라는 관념(notion)에 연결되어 있다는 것을 인정해야 한다. …… 나는 이러한 의미를 이상적 보편성이라고 부르는데, 왜냐하면 그러한 의미는 역사 과정을 해방 및 인간이라는 관념(또는 인간적 본질, 또는 계급 없는 사회 등)의 실현 과정 자체로 만드는 모든 철학적 "이상론[관념론]"에 그 토대를 제공할 뿐만 아니라, 이와 함께 무제약자[제약받지 않는 것$^{un\ inconditionné}$]라는 관념을 정치의 장 안으로 도입하기 때문이다.[8]

발리바르는 이러한 이상적 보편성을 명백하게 보여 주는 역사적 사례들이 "고전주의 시대의 「인권선언」 또는 「권리장전」 같은 갖가지 선언들이 그것에 의거하는 바 인권에 대한 명제들"[9]이라고 말한다. 우리가 인권이 보편적 권리라고 말할 때 그 보편성이란 발리바르의 개념으로 말하자면 '이상적 보편성'이라고 할 수 있다.

인권은 결코 제한될 수 없는 것이고 그 보장에서 예외를 두어서는 안 된다는 의미에서 무조건적인 것이며 무한한 것이다. 모두에게 예외 없

---

7) "'평등'과 '자유'는 구별되는 개념이 아니고, 사실상 그럴 수 없으며, 더욱이 그들에 대한 각각의 요구 사이에는 어떤 '모순'도 생겨날 수 없다. …… 더욱 실천적으로 말하자면, 이는 만일 자유가 그 조건을 형성치 않는 그 어떤 평등도 성립될 수 없다면, 그렇다면 그 역도 마찬가지로 진실이라는 뜻이다. 즉 평등을 조건으로 갖지 않는 그 어떤 자유도 존재할 수 없다"(같은 책, 538쪽. 강조는 저자).
8) 같은 책, 536쪽. 강조는 저자.
9) 같은 책, 536쪽.

이, 어떠한 유보도 없이 전면적으로 구현되어야 하는 권리라는 의미에서 인권은 절대적인 것이다. 이 무한성과 무조건성, 즉 절대성의 차원을 나는 인권의 보편성이라고 이해한다. 인권에 어떤 '이념'이 있다면 그것은 이러한 무한성과 절대성을 뜻하는 것이다. 나는 이러한 절대적인 것이자 무한한 것으로서의 보편적 인권, 혹은 이념적 인권을 인권(HUMAN RIGHT/대문자 인권)이라는 기호로 표시할 것이다.

그런데 인종, 성별, 종교, 지적 능력, 소유의 정도 등과 무관하게 인간이 단지 인간이라는 이유로 평등한 자유를 누려야 한다는 주장은 인권의 중심적 이념이지만 동시에 그것은 현실에서 전면적으로 관철될 수 없는 것이기도 하다. 현실 속에서 인권, 즉 보편적 인권의 이념이 절대적으로 엄밀하고 무제한적으로 구현된다면 과연 어떤 사태가 벌어지게 될까? 모든 인간에게 어떠한 유보와 조건도 없이 모든 권리가 전적으로 현실에서 실현된다면 어떤 일이 일어나게 될까? 오히려 그때 인권은 원래 그 의미와는 상반된 결과를 산출하게 되는 것은 아닐까? 즉 권리의 무조건적이고 무예외적인 전면적 보장이라는 사태는 역설적으로 인간의 권리 실현을 가로막을 수도 있는 상황을 불러올 수 있다는 것이다.

가령 유아에게도, 그가 인간인 이상 성인과 동일한 의미에서 평등자유를 보장하는 것이 언제나 타당한 것일까? 모든 인간이 평등자유를 누릴 수 있는 권리주체라는 의미는 스스로의 자유의사에 따라 자신의 생각과 행동을 스스로 결정해야 한다는 자기결정의 권리를 보유한 주체여야 한다는 것이기도 하다. 그렇다면 어린 아이가 돌아가는 선풍기에 손을 넣는 것이 그의 자유의사에 따른 자기결정행위라고 인권의 관점에서 용인해야 하는 것일까? 오히려 이러한 경우에는 그 아이의 자기결정권을 제한하는 것이 오히려 그 아이의 존엄성을 보존하는 것 아닌가? 혹은 미성년 소녀가 자신이 갖고 싶은 물건을 위해 자신의 성을 성인 남성에게 제공하고 그 물건을 대가로 취하는 경우는 어떠한가? 이 역시 미성년 소녀의 성적 자기결정 행위로 인정되어야 하는 문제일까? 이러한 경우 우리는 성인과 미성년 인간에게 동일한 평등자유를 인정하지 않는다. 미성년 인간에게는 그가 인간임에도 불구하고 어떤 조건에 따른 권리의 제한이 발생한다. 그리고 이는 일반적으로 인권의 침해라고 생각되지 않는다. 인권이 구체적 현실에서 구현될 때에는 그 현실에 부합하는 권리 형태가 있다고 사람들은 생각한다. 하지만 이러한 현실의 권리형태는 이념적 차원에서 보자면 인권의 불평등한 실현이라고 할 수 있다.

시민적 권리의 가장 기본적인 요소 중 하나인 참정권의 문제는 어떠한가? 현재 대한민국에서 투표권은 만19세부터 주어진다. 이러한 연령제한은 모든 인간이 동등한 권리를 가져야 한다는 보편적 인권의 이념에 현실적으로 어긋나는 것이다. 그래서 청소년인권활동가들 가운데는 투표가능 연령을 18세로 낮추어 청소년의 참정권을 보장해야 한다고 주장하는 이들도 있다. 충분히 설득력 있는 주장이다. 19세와 18세를 구별하는 현행 선거법은 매우 자의적 기준으로 참정권의 자격을 나누고 있다. 그런데 18세와 17세는 또 어떻게 구별할 것인가? 17세와 16세는? 예외 없이 모든 인간이 동등한 권리를 가져야 한다는 인권의 이념에 의하면 모든 연령의 인간에게 참정권을 부여하는 것이 맞는 것이 아닐까? 그뿐인가? 투표권이 아니라 참정권의 또 다른 축을 이루는 피선권의 경우는 어떠한가? 현재 대한민국 대통령의 경우 만40세 이상만이 입후보할 수 있으며 국회의원은 만25세부터 후보자격이 주어진다. 이는 단지 미성년자만 배제하는 권리제한규정이 아니라 성년 가운데도 일부 연령의 인간들을 배제하는 권리제한규정이다. 그러나 그렇게 모든 연령의 인간에게 동등한 참정권을 보장한다면 어떻게 될까? 모든 인간에게 동등하게 보장되어야 하는 권리의 이념에 따라 8세 소년이 국회의원이 되거나 15세 소녀가 대통령이 된다면 어떻게 될까?

미성년자도 성인과 다를 바 없는 인간이다. 미성년자가 인간이라면 그 역시 인권의 주체이다. 그런데 왜 미성년자에게는 정치적 권리를 제한해야 하는가? 이러한 제한은 분명 그들의 정치적 판단력이 충분하지 못하다는, 능력에 대한 어떤 판단에 기초하고 있다. 이는 한 인간의 권리를 그의 정치적 판단력이라는 조건에 의해서 제한하는 인권에 위배되는 행위가 아닌가? 모든 인간이 동등한 참정권을 가진 정치적 권리 주체라는 것이 인권의 이념이지만 그 이념은 현실에서는 언제나 잠정적 차원에 머물 수밖에 없다. 현실에서 인권의 이념은 상황에 걸맞는 특정하게 제한된 형태를 가질 수밖에 없는 측면이 있는 것이다. 하지만 이러한 인권의 구체적·현실적 형태는 인권의 보편적 이념에는 항상-이미 어긋나는 것이 된다.

사실상 모든 인간에게 전적으로 동등하게 평등자유가 권리로 주어지게 된다면 오히려 그로 인해 어떤 인간들은 자신의 존엄성을 상실할 수 있다. 또한 그러할 경우 인간들 사이의 상호작용적 관계, 즉 사회 역시 유지하기가 어렵게 된다. 사회는 인간들 사이의 자유와 평등을 보장하고 그/녀의 평등자유를 구현하기 위해, 즉 인권의 보편성을 실현하기 위해 구축되는 인위적 질서이다. 그런 의미에서 더 많은 인간들에게 더 많은 평등자유를 실현하는 사회가 더 좋은 사회이며 인권의 보편성에 더 충실한 공동체가 더 좋은 공동체라 할 수 있다. 하지만 이 인권을 절대적으로 구현하게 될 때 역설적으로 사회, 혹은 공동체는 그 안정성을 잃게 되거나 심지어 해체의 위기에 처하게 될 수 있다. 그렇다면 결국 인권은 현실

에서 결코 그 이념이 전적으로 구현될 수 없는 권리이다. 다시 말해, 인권
(HUMAN RIGHT)은 불가능한 것이다.

3. 인권으로부터 '인권들'로

하지만 인권이 불가능하다는 것이 현실에서 인권이 전혀 존재할 수 없음
을 의미하지는 않는다. 실제로 우리는 현실 속에서 다양한 인권의 양상
들이 존재하며 작동하고 있다는 사실을 경험적으로 확인하고 있다. 가령
대한민국 헌법 제2장 '국민의 권리와 의무'의 첫 조항은 "모든 국민은 인
간으로서의 존엄과 가치를 가지며, 행복을 추구할 권리를 가진다. 국가는
개인이 가지는 불가침의 기본적 인권을 확인하고 이를 보장할 의무를 진
다"라고 쓰고 있다. 대한민국 헌법의 제2장은 국민이 가지는 인권의 내용
을 규정하고 이를 보장하는 것을 국가의 의무로 규정하고 있다.[10] 이러한
권리들에는 신체의 자유권, 법 앞에서의 평등권, 노동할 권리, 언론과 출
판의 자유권, 집회와 시위의 자유권 등등이 포함되어 있다.

　　비단 국가의 헌법질서가 보장하는 권리만이 아니라 현실에서는 인
권의 이름으로 더 많은 권리들이 요구되며 이전에는 인권의 부문이라고
생각하지 못했던 새로운 권리들이 제출되고 있다. 이러한 권리들은 장애

---

10) 총 39개의 조항으로 이루어진 대한민국 헌법 제2장의 제목은 '국민의 권리와 의무'이지만 이
중 국민의 권리 조항이 압도적으로 많다. 대한민국 헌법에 의하면 국가는 이 권리를 보장할
의무를 지니는데 국가가 보장할 의무를 가진 권리는 헌법에 명시된 권리들만이 아니다. '국
민의 자유와 권리는 헌법에 열거되지 아니한 이유로 경시되지 아니한다'(37조 1항)고 헌법은
밝히고 있으며, 국민의 권리는 '국가안전보장·질서유지 또는 공공복리를 위하여 필요한 경
우에 한하여 법률로써 제한'할 수 있으나 그러한 권리를 '제한하는 경우에도 자유와 권리의
본질적인 내용을 침해할 수 없다'(37조 2항)고 명시한다.

인의 이동권, 동성애자들의 가족구성권, 전쟁과 군대에 동원되는 것을 거부할 수 있는 양심에 따른 병역거부권과 같은 구체적인 권리들부터 평화권이나 문화권과 같은 매우 포괄적 권리들에 이르기까지 매우 다양하다.

비록 인권이 현실에서 그대로 실현될 수 없는 불가능한 것이라는 논리가, 인권의 이념에 기반하여 구현되거나 요구되는 인권의 구체적 내용들이 근거 없는 가상에 지나지 않는다는 결론으로 이어지는 것은 아니다. 헌법이 규정하는 권리들은 더욱 철저하게 국가에 의해 제도적으로 보장되어야 할 뿐만 아니라 지금 여기의 불평등과 부자유의 현실을 극복하기 위한 사유와 실천의 모색 속에서 제기된 권리들은 새로이 국가적·제도적 권리보장체제에 기입되어야 한다.

하지만 이러한 구체적인 권리의 내용들이 인권의 보편적 이념을 전면적으로 구현하고 있는 것 역시 아니다. 사회적 현실 속에서 구현되는 모든 인권의 내용들은 언제나 인권을 일정하게 조건화하고 제한함으로써만 존재 가능한 것이다. 이미 살펴보았듯이 인권이 그 자체로 구현될 때 오히려 개인들은 자신의 권리들과 존엄성을 상실할 수 있으며 인권의 가능조건인 인간들 사이의 상호작용적 관계가 해체될 수 있기 때문이다. 그렇기에 인권의 현행화는 어떤 조건에 의해 제한되는 방식으로 이루어지게 된다. 이런 맥락에서 나는 인권의 현실적 형태들, 절대적 인권을 제한적 형태로 구현하는 구체적 인권의 목록들을 인권과 대비하여 '인권들' (human rights)이라는 기호를 사용하여 표시하고자 한다. 이러한 인권들이 흔히 인권이론에 말하는 인권의 목록들을 구성하게 된다.[11]

---

11) 가장 좁은 의미에서 인권은 신체의 자유, 사상의 자유, 종교의 자유, 표현의 자유와 같은 자유권적 기본권들을 말하며 한 발 더 나아가면 참정권과 같은 정치적 시민권이 인권의 범주로

국제연합(특히 국제연합인권이사회[12])이나 국제인권NGO, 각 국가기구들과 각국 인권운동들의 상호작용적 연관망에 의해 작동되는 국제인권레짐(International Human Right Regime)에 의해 제시되는 인권목록들이 바로 이러한 인권들의 일부일 것이다. 특히 '세계인권선언'(1948), '경제적·사회적·문화적 권리에 관한 국제규약(A)'(1966), '시민적·정치적 권리에 관한 국제규약(B)'(1966), '인종차별철폐협약'(1966), '여성에 대한 모든 형태의 차별철폐에 관한 협약'(1979), '고문방지협약'(1984), '어린이·청소년 권리협약'(1989), '국제 이주노동자 권리협약'(1990), '장애인 권리협약'(2006) 등 국제연합에서 공표되는 국제인권법들은 현행적인 인권들의 모습을 잘 보여 주고 있다.[13]

제기되었다. 인권에 대한 문제의식이 더 심화되면서 생존권과 경제적으로 인간다운 생활을 누릴 수 있는 권리가 사회권이라는 이름으로 인권의 목록에 포함되었다. 이에 더하여 인권을 개인의 차원이 아니라 특정한 문화적·정치적 집단, 혹은 정체성 집단의 차원에서 파악하는 인권 개념인 집단권·연대권이 또한 인권의 새로운 목록으로 떠오르게 된다. 흔히 현대 인권론에서는 자유권적 기본권과 시민권을 '시민적·정치적 권리'라고 하여 1세대 인권 개념으로, 경제적 권리를 '사회권'이라고 하여 2세대 인권 개념으로, '연대권, 집단권'을 3세대 인권 개념으로 파악하여 인권을 내용적으로 구성하는 3가지 범주로 정리하는 것이 일반적이다(조효제, 『인권의 문법』, 48쪽).

12) 국제연합(UN)인권이사회는 2006년 설립되었다. 그 이전에는 국제연합(UN)인권위원회가 UN의 인권활동을 주도하였다. 국제연합인권위원회는 1946년 창설되어 2006년까지 활동하였다. 여전히 현실주의적 역학관계하에 지배되는 국제연합의 시스템 속에서 국제연합의 인권활동에는 적지 않은 한계가 있고 국제연합인권이사회 역시 이러한 한계로부터 자유롭지는 못한 것이 현실이다. 하지만 이러한 현실에도 불구하고 국제연합의 인권활동체제가 인권위원회체제에서 인권이사회체제로 개편된 것은 국제사회에서 인권의 가치가 보다 중요하게 인식되고 있음을 보여 주는 것이기도 하다. 그래서 인권활동가 박석진은 국제연합인권이사회 설립을 "기존의 인권위원회가 경제사회이사회 산하 보조기관에 머물렀던 것에 비해 인권이사회는 총회 산하 보조기관으로 격상"된 것으로서 "기존 유엔체제 중 3대 축을 형성하고 있었던 평화안보(안전보장이사회)-개발(경제사회이사회)-인권(인권위원회)에서 인권위원회가 위상이 격상된 인권이사회로 개편"되었음을 뜻하며 이는 "격상된 위상만큼이나 인권의 중요성이 좀더 강조된 것"이라고 평가한다. 박석진, 「유엔 인권위원회가 가고 인권이사회가 온다」, 『주간인권신문 인권오름』 2호, 2006년 5월 3일자.

13) 국제인권법상 인정되는 인권의 구체적인 목록들에 대해서는 다음 책을 참조하라. 조효제,

그러나 이와 같은 인권의 목록들은 사회적 현실이라는 조건 위에서만 구현 가능한 것이다. 또한 절대적 의미에서 인권이 아니라 구체적인 인권들의 목록들도 그것의 현실적인 보장 정도가 더 구체화될수록 여러 조건들에 의해 더 많이 제약되기 시작한다. 가령 「세계인권선언」은 유엔 인권위원회에서 준비 당시부터 그것에 어떤 위상을 부여해야 하는가가 중요한 쟁점이 되었다. 적법적 구속력을 가진 조약의 위상을 가져야 하는가, 아니면 도덕적 지향성을 표방하는 선언의 위상을 가져야 하는가에 관한 논쟁의 대상이었던 것이다. 결국 「세계인권선언」 기초위원회의 초안은 1,400회의 투표를 거치는 동안 상당히 추상적 수준의 권리선언이 되었다. 그럼에도 불구하고 「세계인권선언」은 보장되어야 할 '인권의 최저선'에 대한 합의를 담고 있다.[14]

하지만 「세계인권선언」에서 천명한 권리들이 각 국가에서 법률로 명문화될 때에는 다시 각종 유보와 제한들이 더 가해지고, 그것이 제도적으로 실행될 때에는 또 다시 일정하게 제약된다. 가령 「세계인권선언」 제23조는 2항은 "모든 사람은 어떠한 차별도 받지 않고 동등한 노동에 동등한 보수를 받을 권리를 가진다"고 천명하지만 대한민국은 동일 노동임에도 불구하고 동등한 보수를 받지 못하는 비정규직 노동을 법제화하고 있다. 또한 비정규직 노동자를 보호한다는 "기간제 및 단시간근로자 보호 등에 관한 법률"은 모든 사람의 권리를 보장하는 것이 아니라 "5인 이상의 근로자를 사용하는" 사업장에 속한 비정규직 노동자만의 권리(?)를 보호할 뿐이다. 더욱이 실제 사업장에서는 비정규직 노동자들은 이 법률

『인권의 문법』, 115쪽, 〈표 3-3〉
14) 류은숙, 『인권을 외치다』, 22쪽.

이 정한 권리도 제대로 '보호'받지 못한다. 인권은 사회적 현실 속에서 구체적으로 구현될수록 더더욱 제한되는 경향을 가지고 있는 것이다.

그렇다면 인권과 인권들의 관계는 이렇게 이미지화될 수 있을 것이다. 이념성과 현실성을 두 극으로 하는 직선을 상정하고 인권은 이념성의 극에 위치하고 있다고 할 수 있으며 관련된 법집행과 일상적 관행들은 현실성의 극에 있다. 이 사이에 국제법적 인권, 일국의 헌법에 의해 천명되는 인권, 법률에 의해 명시된 인권, 제도화된 인권 등등이 위치한다. 이 선에 위치한 권리의 양상들이 인권이 절대적 이념성의 극으로부터 유한하고 조건적인 현실적 권리형태의 극으로 이행하는 정도들을 표시하며 존재하는 것이다.

4. (불)가능한 권리

다시 한 번 더 반복하자면, 현행적 인권들은 절대적 인권을 일정하게 제한하고 제약함으로써 현실 속에서 구현되는 것이다. 그런 의미에서 인권들은 현실의 조건과 질서로부터 결코 자유로울 수 없다. 그렇기 때문에 현행적인 인권들이란 조건적인 것이고 유한한 것이다. 하지만 그것이 곧 현행적 인권들의 차원에는 단지 제한적이고 제약적 성격만 있다는 것을 뜻하는 것은 아니다. 현행화되어 실존하는 인권의 내용들과 형식들만이 실재적인 인권들인 것만은 아니기 때문이다. 현존하는 인권들에는 그 나름의 지평에서 고유의 무한성이라는 것이 또한 존재한다. 그러한 무한성이란 어떤 것인가?

인권들의 현실화 정도가 커지면 커질수록 그것의 상대성과 유한성 역시 커진다. 이는 인권의 이념이라는 차원에서 바라볼 때 그것의 불충분성이 커진다는 의미이기도 하다. 이념의 현행화 정도가 증가할수록 그 현행 행태는 이념의 충위로부터 멀어지고 그것과 어긋나게 된다. 그래서 인권과 그것의 현행적 실존 형태들 사이에는 언제나 간극과 긴장이 존재할 수밖에 없는 것이다. 그리고 바로 이 간극과 긴장이 현행적 인권들이 지금 그대로의 상태, 즉 현존 형태로 머물 수 없는 이유, 그것들이 항상 새롭게 발명되어야 하고 변형되며 재구성되어야 하는 이유가 된다. 인권들의 무한성은 인권들이 아무리 제약된 형태로 사회적 현실 내에서 구현된 것일지라도 여전히 보편적 인권을 자신의 뿌리로 가지고 있다는 점에서 연원한다. 현실의 유한한 인권들은 인권이 비록 제한되고 조건화된 것이기는 하지만 그것이 현실 속에서 구체화되는 하나의 형태이기에 인권의 본질적 속성을 그 안에 담고 있을 수밖에 없다. 그 본질적 속성이란 모든 인간에게 예외 없이 평등한 권리를 내용적으로도 전면적으로 보장해야 한다는 절대성과 무한성으로서의 보편성이다.

현행적 인권들은 언제나 자신의 형태 안에 그것의 뿌리, 이념적 차원으로 복귀하려는 운동성의 계기를 품고 있는 것이다. 자신의 이념적 뿌리로 복귀하기 위해 현실의 제한된 형태를 변형하고 새로운 형태를 발명하는 혁신의 운동이 인권들에는 가능하다는 것이다. 하지만 인권들이 새롭게 발명되고 변형되며 재구성된다고 하더라도 여전히 그것은 또 다시 현실에 의해 조건화된 제한된 인권들인 한에서 여전히 유한하며 상대적이고 불충분한 것일 수밖에 없다. 그렇다면 혁신된 형태로 존재하는 현실의 인권들은 또 다시 새로운 혁신의 운동과정에 들어서야 한다. 그리고 이 혁신은 무한히 반복된다.

이것이 인권들의 차원에 고유한 무한성이다. 그 무한성이란 인권 목록이 무한히 증식 가능하다는 것과 이미 현실 속에서 법률과 제도 그리고 관행에 의해 규정된 인권의 내용적 구체성이 무한히 변화될 수 있다는 것을 의미한다. 그것은 새로운 권리가 끊임없이 창안될 수 있다는 의미의 무한성이며, 현실적 조건에 의해 한계지어진 인권이 그것의 제한적 성격으로부터 벗어나 그 이념에 충실한 방향으로 변화될 수 있다는 의미의 무한성이다. 다시 말해 인권들의 무한성이란 그 혁신운동이 결코 종결되지 않는다는 것을 뜻한다.[15)]

인권들의 이러한 무한성은 인권의 무한하고 무조건적인 절대적 성격으로부터 비롯되는 것이다. 앞에서 보았듯이 인권은 그 이념이 현실 속에서 전적으로 구현될 수 없는 것, 그것의 현실적 실현은 언제나 자신의 이념적 본질, 그 권리주장의 무조건성과 무제한성 그리고 절대성에 대한 일정한 배신, 다시 말해 조건화, 제한, 유보를 통해 이루어질 수밖에 없다는 역설을 함축하고 있다. 이런 의미에서 인권은 실현 불가능한 것이다. 이것이 바로 인권의 불가능성이라는 표현으로 뜻하고자 했던 바이다. 그런데 인권들은 이와 같은 인권의 불가능성으로부터 발생하는 것이다. 모든 인간이 그 어떠한 조건과 자격과 무관하게, 예외 없이 평등자유의 권리주체라는 인권의 보편성이 권리의 차등적 배분에 기초한 전근대적 신분제 사회에 대항하는 혁명의 중요한 사상적 동력이자 새로운 사회를 위한 정치적 실천의 방향이었다. 신분제 사회를 타파하고 건설된 현실의 정치질서는 이러한 보편적 권리를 여러 방면으로 조건화하고 유보하며 제

---

15) 나는 인권의 정치, 혹은 인권운동의 중요한 의미 가운데 하나가 바로 여기에 있다고 생각한다. 인권의 정치에 일차적인 대상이 있다면 바로 현행적 인권들의 영구적 혁신운동을 촉발하고 가동되도록 하는 것이다. 다시 말해, 이러한 인권들의 무한한 증식과 변화의 영속적 과정은 인권의 정치를 통해서 작동하는 것이다. 인권의 정치에 대해서는 다음 절에서 보다 상세히 논하기로 한다.

한한 것은 물론이다. 하지만 그렇다고 하더라도 신분제 사회에서는 권리주체로서 자격이 없다고 규정된 자들이 이 이념을 권리주체로서의 자격을 쟁취하는 데 활용하였다. 또한 비록 새로운 체제 하에서도 권리주체의 자격을 얻지 못한 이들도 이 이념에 호소하여 자신에게 필요한 권리들을 요구하며 쟁취하려는 투쟁을 벌여나갔고 또 일부는 투쟁의 결과 그러한 권리주체가 되었다.

그렇다면 이제 우리는 이렇게 말해야 할 것이다. 인권들의 무한한 발명과 변화, 다시 말해서 혁신의 무한성이란 오로지 인권의 불가능성으로 인해 가능한 것이라고 말이다. 절대적 인권의 이념은 그 자체로 구현될 수 없는 불가능한 것이지만 현행적 인권들의 존재를 가능하게 하며 그것들의 혁신을 끊임없이 가능하게 해준다. 인권은 그것이 전적으로 현실화될 수 없다는 자신의 불가능성 때문에 현실 속에서 구체적인 인간의 권리들, 인권의 현행적인 형태들을 존재하게 만드는 가능성의 원천이기도 한 것이다. 실현 불가능한 인권의 이념이야말로 현실의 모든 인권들을 가능하게 하는 어떤 근거이다. 그 자체로는 결코 현실의 층위로 전면화되어 부상할 수 없지만 현실의 층위에 존재하는 모든 가능성들을 근거 짓는 어떤 원천. 그러한 의미에서 이념으로서의 인권, 보편성으로서의 인권을 데리다의 용법을 차용하여 '(불)가능한 권리'라고 표기할 수 있을 것이다.

데리다는 (불)가능성의 의미를 "가능성의 조건은 또한 불가능성의 조건이기도 하다는 것"[16]으로 제시한다. 가령 데리다에게는 법적 정의와

---

16) 자크 데리다, 『마르크스의 유령들』, 진태원 옮김, 이제이북스, 2007, 141쪽.

구별되는 '정의의 이념'[17]이나 조건적인 환대와 구별되는 '절대적 또는 무조건적 환대'[18]가 바로 (불)가능한 것들이다.[19] 사실상 절대적 환대나 정의의 이념은 동일한 차원에 존재하는 어떤 것의 다른 이름들이며 또한 모든 해방적 경험을 가능하게 만들어 주는 구조와 같은 것이라고 할 수 있다.[20]

(불)가능성이라는 개념이 무엇을 의미하는지를 좀더 자세히 살펴보기 위해 이념으로서의 정의와 법적 정의 사이의 관계에 대한 데리다의 논의로 우회해 보자.[21] 데리다에 의하면 정의는 그것의 구체적 현실태라고 할 수 있는 법과는 완전히 일치될 수 없는 차원에 놓여 있다. 달리 말하자면, 법에 의해 실현되어야 하는 정의와 이념으로서의 정의 사이에는 간극이 존재한다. 데리다는 이념으로서의 정의를 무한한 것으로 규정하

---

17) 자크 데리다, 『법의 힘』, 진태원 옮김, 문학과지성사, 2004.

18) 자크 데리다, 『환대에 대하여』, 남수인 옮김, 동문선, 2004.

19) (불)가능성이라는 낯선 용어가 의미하는 바를 가장 잘 보여 주는 사례 가운데 하나가 '기록'(écriture)에 관한 데리다의 사유일 것이다. 데리다는 기록의 문제와 관련하여 'itérabilité'라는 개념을 제시한다. 『법의 힘』의 국역자 진태원은 이 책에서 데리다의 'itérabilité'라는 개념을 '되풀이 (불)가능성'이라고 번역하는데 역자의 용어해설에서 그 이유가 해명된다. 진태원에 의하면 'itérabilité'는 '반복 가능성'이라는 의미와 더불어 '차이화 가능성'이라는 의미를 동시에 뜻한다. 즉 '반복 속의 차이' 혹은 '반복을 가능하게 해주는 차이'라는 의미를 가진다. 그래서 진태원은 'itérabilité'라는 개념이 "무한히 많은 상이한 상황들―맥락들에서 동일한 것으로서 되풀이 될 수 있음은 항상 이미 자신 안에 선험적으로 변화―타자화의 가능성을 포함하고 있다는 점"을 보여 준다고 한다. 그는 데리다의 핵심적 개념 가운데 하나인 기록이야말로 이러한 '되풀이 (불)가능성'을 잘 보여 주는 사례로 제시한다. 말과 달리 기록이라는 것은 특정한 수신자를 지정하지 않아도, 그리고 말과 달리 심지어 그 말을 하는 송신자가 없어도 전달될 수 있는 것이다. 다시 말해 기록이란 "수신자와 송신자의 절대적 부재 가능성을 자신 안에 포함하고 있으며, 이러한 부재의 가능성 내에서 되풀이 될 수 있어야 한다"는 성격을 갖는다.

20) 이에 대해서는 다음 책을 참조하라. 데리다, 『마르크스의 유령들』.

21) 정의와 법, 절대적 환대와 조건적 환대의 관계에서 정의와 절대적 환대를 (불)가능성의 개념을 통해 파악하는 관점은 아직 간행되지 않은 최진석의 다음 글로부터 도움을 받았음을 밝혀 둔다. 이 글은 곧 간행될 예정이다. 최진석, 「자크 데리다 : (불)가능성의 윤리와 정치」, 2011년 수유너머N에서 진행한 강연의 원고.

는데 그러한 정의의 무한성은 현실의 법적 정의를 언제나 초과하며 넘어선다. 법은 정의를 온전히 담아낼 수 없다는 것이다. "법은 정의가 아니다. 법은 계산의 요소며, 법이 존재한다는 것은 정당하지만, 정의는 계산 불가능한 것이며, 정의는 우리가 계산 불가능한 것과 함께 계산할 것을 요구한다."[22]

그러나 현실의 법과 정의의 이념 사이에 이러한 간극을 강조하는 것이 양자가 무관함을 보여 주기 위함은 물론 아니다. 현실의 법 혹은 법적 정의는 항상 무한한 정의의 이념에 도달할 수 없지만 그렇다고 법이 그러한 정의의 이념과 어떠한 관련도 없고 그것을 왜곡하는 강자의 지배도구에 불과하다고만 할 수 없는 것이다. 계산 불가능한 무한한 정의의 이념은 언제나 현실 속에서 계산되어야 하며 구체화되어야 한다. 그러한 계산과 구체화를 위해서 정의의 이념은 법적 정의의 형태를 일시적으로라도 취해야 한다. 정의는 그 개념상 현실에서 무엇이 정의인지에 대한 결정을 포함하고 있기 때문이다. 비록 그 결정은 언제나 완전한 정의에 부합할 수 없는 것일지라도 말이다. 그래서 정의의 이념과 법적 정의는 서로 구별되는 것일지라도 결코 분리될 수 있는 것은 아니다. "상호 이질적인 이 두 질서(정의의 이념과 법적 정의—옮긴이)가 그 이질성 내에서 서로 분리될 수 없다"[23]는 역설적 관계. 이념적 정의와 법적 정의는 "사실상으로도 분리될 수 없고 권리상으로도 분리될 수 없다."[24]

그렇기 때문에 현실의 모든 법적 정의는 잠정적인 것들일 수밖에 없

---

22) 데리다, 『법의 힘』, 37쪽.
23) 같은 책, 60쪽.
24) 같은 책, 60쪽.

다. 그것은 계산 불가능한 이념적 정의의 무한성을 제한된 조건 하에서 계산하기 때문이다. 여전히 정의의 이념에는 현실의 법적 정의로 환원될 수 없는 어떤 과잉이, 잔여가 항상-이미 잠재적으로 남아 있다. 그리고 바로 이 잠재적 과잉은 현실의 법적 정의를 늘 불충분한 것으로 만들며 그래서 변형되어야 할 것으로 만든다. 그것은 법에 의해 규정된 정의의 한계를 개방하고 법이라는 형태로 조건화되고 제한된 질서의 연쇄들을 탈구시킨다. 그리하여 현실의 법적 정의는 정의의 이념에 의해 무한히 개선될 수 있다. 데리다는 이러한 법적 정의의 무한한 개선과정을 정치화라고 부른다.

> 정치화──비록 결코 총제적일 수 없으며, 총제적이어서도 안 되지만──는 끝이 없을 것이다. 이것이 뻔한 소리나 진부한 말에 그치지 않기 위해서는 여기서 다음과 같은 결과들을 인지해야 한다. 곧 정치화에서 각각의 진전은 이전에 계산되거나 한정되었던 정치의 토대 자체를 재고찰하고, 따라서 재해석하도록 강제한다. 이는 예컨대 인권 선언, 노예제 폐지에 대해 진실이었으며, 모든 해방 투쟁, 곧 세계 도처에서 남성들과 여성들을 위해 진행 중에 있고 계속 진행되어야 할 해방 투쟁에 대해서도 그러하다.[25]

그런 맥락에서 데리다는 고전적 해방의 이상들이 여전히 동시대적 적실성을 가지고 있다고 생각한다. 하지만 이 해방의 이상들이 제시해 왔던 모든 개념들이 그 최초의 형태들과 내용을 그대로 보존하고 반복하는

───────────────

25) 같은 책, 60~61쪽.

것은 적실하지 않다. "이 이상을 포기하지 않는다 해도, 해방을 의미하는 여러 개념들의 재가공이 필요하다는 점 역시 사실"[26]이라는 것이다. 이 해방을 표현하는 개념들은 현실 속에서 지속적으로 혁신되어야 한다. 뿐만 아니라 이러한 혁신은 서구의 전통적 해방 이념이 작동해 왔던 영토들과 지대들을 넘어서 확장되어야 한다. 정의의 경계는 끊임없이 탈구축되고 재구축되어야 한다. 그리고 정의의 이념과 법적 정의 사이의 관계 구조는 절대적 환대와 조건적 환대의 관계 구조와 동형적이다.[27]

정의의 이념과 절대적 환대, 그것은 그 계산 불가능성과 무한성으로 인하여 현실 속에서 그 자체로 발현될 수 없는 것이지만 이 계산 불가능성과 무한성은 현실의 모든 법적 정의와 조건적 환대를 성립하게 하며 그것의 영구적인 혁신을 이끌어 내는 근원이기도 한 것이다. 이념으로서의 정의와 절대적 환대는 "가능성의 조건이자 동시에 불가능성의 조건"이다. 그것은 (불)가능성의 지대에 속한 어떤 것이다. 나는 보편적 이념으로서의 인권 또한 이 (불)가능성의 지대에 포함시킬 수 있다고 생각하며, 그러할 때 이 절대적이며 무한한 인권은 (불)가능한 권리라는 이름으로 불릴 수 있다고 생각한다. 인권은 그 불가능성으로 인해 모든 현행적 인권들의 존재와 혁신을 가능하게 하는 (불)가능한 권리이다.

---

26) 데리다, 『법의 힘』, 61쪽.
27) 절대적 환대의 권리/법과 조건적 환대의 권리/법은 서로 이질적인 것이지만 양자를 분리될 수 없으며 서로를 통해서만 작동할 수 있다. 그리고 절대적 환대, 환대의 이념은 모든 현실의 조건적 환대를 변화시키는 것이다. "환대의 두 법 체제, [유일무이한] 법과 법들은 동시에 모순적이고 이율배반적이며 또한 분리 불가능"(『환대에 대하여』, 106쪽)한 것이다.

5. 인권의 정치, 불가능한 것의 가능화를 위한 무한한 시도

미국의 독립혁명이나 프랑스혁명 등과 같이 근대적 정치질서를 개시한 혁명은 인권을 이념상의 명분으로 삼았던 만큼 근대 정치질서는 인권을 국가적 차원에서 제도화하게 된다. 물론 모든 근대 국민국가가 인권을 실질적으로 보장했던 것은 결코 아니다. 아니 오히려 국민국가야말로 인권을 침해하는 가장 큰 적이었던 경우가 너무나 많았다. 하지만 당위의 수준에서 다수의 근대 국민국가들은 인권이라는 개념 자체를 근본적으로 부정하지는 않았다. 더욱이 다수 독재국가들이 민주화되고 인권에 대해서 비판적이었던 역사적 사회주의 국가들이 붕괴된 이후에는 더 많은 국가들이 최소한 명목적으로라도 인권을 보장하겠다고 천명하고 있는 상황이다.

근대 세계에서 인권은 국가가 제도와 법률을 통해서 보장해야 할 가치가 되었다. 근대 국민국가 초기에 국가가 인권을 보장하는 방식은 주로 개인의 사적 생활에 대한 국가의 간섭을 최대한 배제해야 한다는 자유주의적 관념에 의해 규정되어 왔다. 하지만 제2차 세계대전 이후 서구의 포드주의 사회국가 체계에서 국가에 의한 인권의 보장은 국가의 개입에 의한 적극적 제도화 방식으로 나타났다. 그리고 지금의 신자유주의적 지배질서는 국가에 의해 구축되어 온 인권 제도들을 파괴하고 있다.

그래서 현재의 인권운동은 인권을 사적 개인의 문제로 축소하고 인권을 공적으로 보장하던 제도들을 해체하는 신자유주의 지배질서에 맞서 인권을 다시 공공화하고 제도화하기 위한 투쟁을 전개하게 된다. 인민에 대한 국가의 폭력을 엄정하게 감시하고 철저하게 제한하려는 법률개정운동, 인민의 자유와 기본권을 침해할 소지가 있는 반인권적 법률의 폐기운동, 인민의 생존과 삶의 질을 일정한 수준으로 보장하기 위한 사회권의 제도화 운동, 성소수자, 이주민, 장애인 등의 사회적 소수자들에 대한 차별을 철폐하기 위한 입법운동 등이 그것이다. 국가의 힘을 통해 인권을 보장하는 제도와 법률을 재구축하는 것이 현재 인권운동의 중요한 목표가 되고 있다.

이러한 인권운동의 경향은 이론적으로는 인권에 대한 국가의 '적극적 의무'라는 개념으로 나타난다. 가령 샌드라 프레드먼은 적극적 의무라는 개념을 통해 인권의 대전환이 가능하다고 말한다. "인권을 진정으로 향유하기 위해서는 국가의 힘을 동원해야 한다는 사실을 인정해야만 인권의 대전환을 이야기할 수 있다. 이것은 역으로, 모든 종류의 인권——시민적·정치적 권리이든 경제적 권리이든——을 온전하게 향유하려면, 인권 원칙이 국가에 각종 의무를 부과해야만 한다는 사실을 의미한다."[28] 국가가 인권을 보장하고 구현하기 위한 의무의 주체로서 적극적 기능을 해야 한다는 것이다. 프레드먼은 자신의 주장에서 특히 중요한 지점은 "이러한 새로운 주장이 국가의 '적극적 의무'(positive duties)를 강조"[29] 하는 데 있다고 말한다. 이는 결국 인권의 원칙에 의해 구성되고 인권의 보장을 국가의 최대 의무로 삼는 인권화된 국가, 혹은 인권공화국을 구축하자는 것을 의미한다. 인권과 국가의 통합.

물론 인권의 제도화, 국가에 의한 인권의 법률적 보장과 실질적 구현은 매우 중요한 것이다. 앞에서 언급했듯이 국가를 포함한 모든 인간들의 공동체, 혹은 사회는 그 구성원의 생존의 유지와 욕망의 구현을, 다시 말

---

28) 샌드라 프레드먼, 『인권의 대전환』, 조효제 옮김, 교양인, 2009, 60쪽.
29) 같은 책, 60쪽.

해 권리의 증대를 자신의 구성적 원리로 삼고 있다. 그래서 구성원의 권리 확장은 사회 혹은 공동체의 규범이 될 수밖에 없다. 스피노자의 지적대로 이러한 공동체의 한 형태인 국가가 인민의 권리를 계속 억압한다면 그 국가는 유지될 수 없다. 그리고 이 규범은 강제를 수반한 제도에 의해 실행된다. 그러한 의미에서 국가의 공권력이란 그 구성원의 상호적 권리를 확장하는 것을 위해서만 사용되어야 한다.

(불)가능한 권리로서 인권이 현실에서 잠정적으로 가능한 형태를 취하게 되는 것도 인권들의 제도화를 통해서라고 할 수 있다. 인권을 특정한 방식으로 제한하고 조건화하는 과정에 의해 인권들은 존재할 수 있으며 인권들은 제도들을 통해 실효적으로 보장될 수 있다. "환대의 법들의 저 위에 자리 잡고 있으면서도 환대의 무조건적 법은 환대의 법들을 필요로 하고 법들을 요청한다. 이 요청은 구성적인 것이다"[30]라는 데리다의 언급처럼 절대적 인권 역시 유한한 인권들에 의해 현실에서 실행될 수 있다. 인권들에 대한 필요와 요청 역시 구성적인 것이다.

그러나 여기서 염두에 두어야 할 것은 환대의 법들이 결코 환대의 모든 것이 아니듯이, 국가에 의해 제도화된 인권들은 인권의 모든 것이 아니라는 점이다. 항상 법적 정의가 무한한 정의의 이념을 다 담아낼 수 없듯이 법률화되고 제도화된 인권들은 인권을 전부 구현할 수 없다. 국가체제 안에서 아무리 많은 인권들의 제도화·법률화가 성취되더라도 그것이 곧 인권의 완전한 현행화를 의미하지는 않는다.

즉, 인권운동에서 인권을 국가적으로 제도화하고 법률화하려는 시도는 무척이나 중요한 의미를 가지지만 인권운동이 곧 인권의 제도화 및

---

30) 데리다, 『법의 힘』, 105쪽.

법률화 운동과 완전히 일치될 수는 없는 것이다. 인권운동, 혹은 나아가서 인권의 정치는 결코 인권공화국의 수립운동으로 환원될 수 없으며 인권화된 국가의 건설을 그 최종적 목적으로 설정할 수 없다.[31]

우리는 인권의 정치로서 인권운동이란 절대적 권리로서 인권을 향해 무한히 근접해 가는 멈출 수 없는 운동으로 이해한다. 국가에 의해 적극적으로 구축되는 구체적인 인권의 제도와 인권적 법률은 그 무한한 운동의 영속적 과정이 일시적으로 응고된 지점, 혹은 결절점이다. 물론 제도화와 법률화라는 응고점·결절점이 없다면 인권은 실효성을 가지기 힘들며 손쉽게 심각한 위기에 처하게 될 것이다. 그러나 제도화되고 법률화된 인권만이 유일하게 실재적인 인권이라고 본다면 우리는 법률과 제도가 어떤 권리를 거부하거나 부인할 때 이에 맞서 그 권리를 실현하기 위한 투쟁으로서 인권의 정치를 실행하기 위한 근거 역시 상실하게 될 것이다. 인권이 (불)가능한 것이라면 인권에는 제도들과 법률들을 초과하는 과잉성이 항상-이미 함축되어 있다. 즉 인권이 현실 속에서 구체적인 법률적 형태와 제도적 형태를 취하게 된다고 하더라도 여전히 인권에 대한 요구는 존재할 수밖에 없다는 것이다. 법과 제도에 의해 구체적 형태를 가진 인권들의 시점에서 보자면 인권이란 자신의 형태 안으로 완전히 회수할 수 없는 과잉 혹은 잔여를 의미한다. 그리고 인권의 정치란 바로 인권의 과잉성 혹은 잔여적 차원과 관련되어 있다.

---

31) 최근 종종 제기되는 인권운동의 법률화 경향에 대한 비판적 지적도 이런 문제의식을 담고 있다. 가령 다음 글들을 보라. 박래군, 「인권은 법의 지배에 의해서만 보장되는가」, 『월간 세상을 두드리는 사람』 29호, 2007년 11월호 ; 장서연, 「인권운동의 법률주의를 경계하며」, 주간인권신문 『인권오름』 287호, 2012년 2월 29일. 인권운동을 포함한 사회운동 전반의 법률화 경향이 의미하는 바에 대해서는 다음 글을 참조하라. 정정훈, 「87년체제와 새로운 권력의 테크놀로지: 시민사회와 사법-기계」, 『부커진 R』 1호, 그린비, 2007.

인권의 정치는 근본적으로 (불)가능한 권리, 절대적 이념으로서 **인권**을 집요하게 고집하는 정치적 실천이다. 다시 한 번 강조하지만, 인권의 국가화란 인권들을 구현하는 방편적 수단이지 인권운동의 근본적 목적이 될 수는 없는 것이다. 국가라는 공동체의 특정한 형태는 인권에 대해 두 가지 경향성을 동시에 가지고 있다. 국가는 분명 공동체의 형식이지만 그 공동체를 조직·운영하는 데 있어서는 강제력을 언제나 중요한 수단으로 삼고 있다. 국가는 인권을 자신의 구성적 원리로 가지는 공동체의 형태임과 동시에 본질적으로 인민의 권리를 제한할 수밖에 없는 권력의 형식이기도 하다. 오히려 권력의 형식으로 국가의 일차적 관심사는 **인권**을 제한하고 조건화하는 것이라 할 수 있다.[32] 인권의 정치는 여전히 국가의 권리 제한적 경향성에 맞서서 **인권**의 이름으로 새로운 인권들을 창안하며 기존의 인권들을 혁신하는 운동의 정치를 실행함으로써 국가 안에 내재한 인권의 제도적 구현자로서의 경향을 활성화하는 것을 자신의 고유한 임무로 삼는 정치이다.

결국 인권의 정치란 **인권**의 (불)가능성을 작동시키는 정치, 그럼으로써 현행화된 인권들을 혁신하는 정치를 뜻하는 것이다. 인권의 불가능성을 가능화하려는 영속적 시도, (불)가능한 권리로서 **인권**을 인권들로

---

32) 국가의 이러한 권리 제한적 성격에 대해서는 이미 여러 논자들이 지적하였다. 국가를 모든 개인의 자연권을 전적으로 양도받아 신민의 권리를 언제든지 제한할 권력을 가진 리바이어던으로 파악하는 홉스로부터 시작하여 국가란 '부르주아지의 고충처리위원회'이자 프롤레타리아트가 그대로 사용할 수 없는 부르주아지의 권력형태로 보는 맑스나 국가의 관료제적 성격을 강조하는 베버 등의 고전적 국가이론은 이를 충분히 보여 준다. 푸코와 들뢰즈 등의 현대적 국가론도 국가의 권리 제한적 성격을 지적한다. 특히 푸코는 국가이성이 파악하는 국가의 이해는 인민 개개인의 이해와 다를 수 있으며 국가는 국가의 유지와 지속이라는 자립적 이해를 위해 인민의 특정한 부분을 죽일 수도 있는 권력임을 보여 준다. 최근에는 아감벤이 주권론을 통해 국가의 권리 제한적 성격을 치밀하게 보여 주고 있다.

가능하도록 만들어 가는 무한한 운동의 과정이자 결코 종결되지 않는 역동성이야말로 인권의 정치를 특징짓는 근본적 차원이다. 그렇다면 (불)가능한 권리들에 대한 집요한 고집, 제도화되고 법률화된 인권들로 다 담아낼 수 없는 인권의 잔여들에 대한 안티고네적 집요함이야말로 인권의 정치의 가장 핵심적 성격이 아닐까? 왕의 법이 금지한 오빠의 매장을 그 법 보다 더 상위에 있다고 믿는 법에 호소하여 끝까지 요구하였던 안티고네의 고집. 자신의 생명조차 포기하면서도 현실을 지배하는 법들보다 더 근본적인 법적 정의의 실현을 호소하였던 그녀의 집요한 고집이야말로 (불)가능한 것을 가능화하려는 무한한 시도로서 인권의 정치에 고유한 이미지, 인권의 정치를 형상화하는 어떤 이미지가 아닐까?

나는 인권운동의 종별적 특성이 바로 인권의 정치를 실천하는 데 있다고 생각한다. 신자유주의 지배 체제의 한국 사회에서 자본과 국가권력의 폭력에 의해 박탈되고 파괴되는 인간의 권리를 방어하고 재구축하기 위한 투쟁의 현장들에 항상 인권운동이 있어 왔다. 미군기지 건설에 맞서 마을을 지키기 위한 대추리 주민들의 싸움이 벌어지던 자리에, 용산참사의 현장에, 쌍용자동차 해고노동자들의 원직 복직을 위한 연대의 자리에, 제주강정마을을 지켜 내려는 투쟁의 공간에, 핵발전과 송전탑 건설을 막기 위한 활동의 장소에 한국의 인권운동은 항상 있었다. 인권운동이 그래서 언제나 승리한 것도 아니고, 가장 효과적이고 적실하게 운동했던 것도 물론 아니다. 또한 인권운동이 현존하는 모든 운동의 중심이라거나 오류 없는 완벽한 투쟁을 해왔다거나 가장 급진적 운동이라고 할 수도 없을 것이다. 더욱이 현실의 한국 인권운동이 인권의 정치로서 인권에 대한 무한한 요구를 항상 실천해 왔다는 것도 아니다.

그러나 인권운동이 인권이 파괴되는 현장에서 인간의 권리를 지키고 요구하고 확장하기 위해 싸워 온 것은 부정할 수 없는 사실이다. 한국의 인권운동이 한국 사회의 가장 첨예한 질곡과 억압의 거의 모든 현장들에서 투쟁해 왔고, 이 투쟁을 통해 현실의 인권들을 방어하고 또 혁신해 왔다는 것 역시 사실이다. 그리고 인권운동이 보여 준 이러한 투쟁은 그것이 바로 (불)가능한 권리로서 인권에 대한 집요한 고집을 아직 포기하지 않았다는 증거일 것이다. 이러한 한국 인권운동의 고투가 보여 주는 바가 바로 안티고네적 집요함이 아닐까? 이렇게 인권의 정치란 (불)가능한 것을 가능화하려는 집요한 고집, 현행화된 권리들로 결코 다 포괄될 수 없는 (불)가능한 권리의 잔여들에 대한 철저한 고집의 실천이다.

에필로그_ 투명인간, 의미화되지 않는 삶

1. 의미를 잃어버린 삶과 죽음

2013년 5월 23일. 종로구 돈의동 쪽방 촌에서 시신 한 구가 발견되었다. 사망한 지 최소 3일이 지난 시신이었다. 가난한 장애인이었던 김 모 씨의 시신이었다. 그의 죽음은 홀로 외로이 살아가다 그 누구도 모른 채 맞이하는 죽음, 즉 '고독사'였다. 현재 우리나라에는 고독사에 대한 공식적인 통계가 존재하지 않는다. 아직 고독사의 개념이 엄밀하게 규정되지 않았기에 아무도 모르게 죽음의 순간을 맞이하는 이들의 수가 얼마나 되는지 파악되지 않고 있는 것이다. 다만 보건복지부는 '무연고 사망자' 통계는 집계하고 있는데, 이 자료에 따르면 무연고 사망자는 2009년 587명, 2010년 636명, 2011년 727명 등으로 매년 증가하고 있다. 많은 경우, 고독사로 유명한 달리한 이들이 무연고 사망자의 범주에 포함되기에 이 통계를 바탕으로 고독사 역시 증가일로에 있다는 추측이 가능하다. 그 누구의 눈에도 띄지 않고 철저한 고독 속에서 죽어가는 사람들이 늘어나고 있는 것이다.

그러나 고독사로 생을 마감하는 이들은 죽음만이 그런 것이 아니라 살아 있을 때에도 또한 고독하게 살아간 이들이었다. 김 모 씨는 장애로 인해 일자리를 못 얻고 폐지를 주워다 팔며 홀로 생활을 이어갔다. 5월 19일 강서구 화곡동에 자리 잡은 10평 남짓한 단칸방에서 죽은 지 한 달여 만에 발견된 또 다른 김 모 씨의 경우 역시 그랬다. 40대에 이혼하고 평생을 홀로 살다 70대 초반 쓸쓸한 죽음을 맞이한 것이다. 이들의 죽음이 그 어떤 이의 애도도 없는 고립 속에서 이루어진 만큼이나 그들의 삶 역시 타인과의 유의미한 관계 속에서 이어진 것은 아니었다. 그들은 사람들 사이에 존재했지만 사람들 사이에서 의미를 가진 자로서 존재하지는 못했다. 타인에게 의미가 되지 못한 삶은, 곧 그 죽음 역시 타인에게 의미가 되지 못하는 것이다.

이렇게 의미화되지 않는 삶이 귀결되는 극단적 방식이 자살이다. 오늘날 급증하고 있는 자살은 많은 경우 침묵과 고독 속에 이루어지고 있다. 현재 스스로 죽음을 선택하는 이들은 유서도 없이 '조용히' 스스로의 목숨을 끊는 경우가 많다. 죽음을 통해서라도 자신의 아픔과 울분을 호소하던 소통의 한 방식이었던 자살은 이제 갈수록 줄어들고 있다. 사는 것이 죽는 것만도 못한 조건 속에서 외롭고 쓸쓸히 살던 이들은 아무 말도 없이 홀로 생을 마감하고 있는 것이다. 그들의 가난하고 고단하며 고립된 삶이 우리 사회에서 별다른 의미를 가지지 못했던 것처럼 그들의 쓸쓸하고 고독한 자살도 우리 사회에서 큰 의미를 가지지 못한다. 다만 그들의 죽음은 자살률이라는 국가 통계지표에 숫자로 기록될 뿐이다.

몇 해 전부터 회자되기 시작한 소위 '투명인간'이라는 말이 감지하는 바 역시 바로 이렇게 의미화되지 않는 삶의 모습이었을 것이다. 학교나 회사와 같은 비익명적 집단 내부에 포함되어 있지만 그 존재가 다른 이들에게 특별히 의식되지 않거나 중요하게 취급되지 않던 이들, 즉 이른

바 '존재감'이 없는 이들을 일컬었던 이 말은 서서히 사회적 의미를 띠기 시작했다. 투명인간은 한국 사회에서 힘없고 가난한 사람들의 또 다른 이름이 되기 시작한 것이다. 다시 말해 투명인간은 의미화되지 않는 삶을 뜻하는 또 다른 기호라 할 수 있다. 그렇다면 의미화되지 않는 삶이란 어떤 삶을 말하는 것일까? 다시 말해 삶에 있어서 의미란 무엇을 뜻하는 것일까?

2. 삶의 유형과 삶의 의미

아리스토텔레스가 지적한 바 있듯이 인간이라는 생명체의 삶을 동물의 삶과 구별짓는 가장 근본적인 종별성은 바로 인간이 폴리스에 거주하는 생명체라는 것에 있다. 이 폴리스 속에서 아리스토텔레스가 구분한 세 가지 삶의 형태, 즉 향락적 삶, 정치적 삶, 관조적 삶이 이루어진다. "국가(poils—인용자)는 단순한 생존(zēn)을 위해 형성되지만 훌륭한 삶(eu zēn)을 위해 존속하는 것이다."[1] 물론 국가 역시 그 시작은 인간들이 집합적으로 '단순한 생존'의 조건을 위해서 구축하는 것이지만 그 집합성을 동물들의 군집과 구별지어 주는 것은 국가 안에서 삶은 근본적으로 '훌륭한 삶'을 영위하는 것을 향해 있다는 것이다. 훌륭한 삶의 가능조건이 바로 폴리스인 것이다. 그래서 인간은 '폴리스의 동물'이다.

폴리스에서의 삶이란 어떤 것이기에 인간의 생명현상을 동물의 생명현상과 구별하는 표지가 되는 것일까? 폴리스에서의 삶은 동물의 '목소리'와 구별되는 '인간의 언어'에 의해 규정된다.

---

1) 아리스토텔레스, 『정치학』, 20쪽.

자연은 어떤 목적 없이는 아무것도 만들지 않는다는 것이 우리의 주장이다. 그런데 인간은 언어(logos) 능력을 가진 유일한 동물이다. 단순한 목소리(phōnē)는 다른 동물들도 갖고 있으며 고통과 쾌감을 표현하는 데 쓰인다. 다른 동물들도 본성상 고통과 쾌감을 감지하고 이런 감정을 서로에게 알릴 능력이 있기 때문이다. 그러나 언어는 무엇이 유익하고 무엇이 유해한지, 그리고 무엇이 옳고 무엇이 그른지 밝히는 데 쓰인다. 인간과 다른 동물들의 차이점은 인간만이 선과 악, 옳고 그름 등등을 인식할 수 있다는 것이다. 그리고 이런 인식의 공유에서 가정과 국가가 생성되는 것이다.[2]

언어(logos)란 이치에 맞는 의미를 표현할 수 있는 음성, 그 의미를 분별할 수 있기에 그것을 사용하는 이들 사이의 소통을 가능하게 하는 음성이다. 반면 동물의 목소리(phōnē)란 단순한 본능적 고통과 쾌감을 표현하는 것에 불과한 음성이다. 언어는 본능이나 감정이 아니라 이성(logos)에 의해 규제되는 음성이지만 목소리는 이성이 아니라 본능이나 감정의 차원에 결박된 음성일 뿐이다. 그렇기에 폴리스의 기초는 목소리에 있는 것이 아니라 언어에 있는 것이다. 언어를 통해 인간은 선과 악, 옳고 그름을 합리적으로 판별하게 되며 다른 인간과 더불어 의미를 소통할 수 있게 된다. 이러할 때 비로소 폴리스가 형성되는 것이다.

반면 설혹 인간의 형상을 닮은 자일지라도 그의 말이 언어로서 의미화될 수 없다면 그는 결국 동일한 인간으로 인정될 수 없다. 그런 자에게 붙여지는 이름이 바로 '야만인'이다. 고대 그리스인, 즉 헬라스인들이 알

---

2) 같은 책, 21쪽.

아들을 수 없는 말을 지껄이는 자들, 그 말이 헬라스인에게는 그저 '바라
바라……'라고 들릴 뿐인 자들을 헬라스인들은 바르바로스(barbaros),
즉 야민인(barbarian)이라고 불렀다. 사실상 헬라스인들이 보기에 야만
인은 동물과 크게 다를 바 없는 생명체였다. 헬라스인들에게 그들은 비인
간인 것이다.

아리스토텔레스가 보기에 이러한 야민인들과 다를 바 없는 또 다른
비인간은 노예였다. 노예는 본성상 이성보다는 몸을 사용하는 일에 더 잘
어울리는 인간이며 그것은 그가 이성을 사용할 능력이 없어서이다. 노예
는 "이성이 있다는 것은 알지만 이성을 갖지 못하는 자"이고, 그런 면에
서 "노예와 길들인 동물의 용도는 크게 다르지 않다."[3] 언어와 이성에 도
달하지 못한 자들은 사실상 동일한 자들이다. 그래서 아리스토텔레스는
"비헬라스인(barbaros)과 노예는 본성적으로 동일하다"라고 말하는 것
이다.

이성에 따라 언어를 통해 선과 악을 판별하며 옳고 그름을 결정하
는 활동들로 구성되는 폴리스에서의 삶은 결국 정치적 삶과 관조적 삶을
의미하는 것이다. 육체적 쾌락만을 추구하는 향락적 삶이란 사실상 "짐
승의 삶"이며 그러한 삶을 살아가는 이는 자신이 "노예와 완전히 다름없
음"을 보여 준다.[4] 그렇다면 정치적 삶과 관조적 삶 가운데 가장 좋은 삶
의 방식, 즉 행복한 삶의 최고 유형은 어떤 것일까? 아리스토텔레스는 행
복한 삶을 '잘 사는 것'과 '잘 행위하는 것'이라고 규정하며 그 최고 유형
은 바로 관조적 삶이라고 말한다. 그에 의하면 관조적 삶이야말로 인간이

---

3) 아리스토텔레스, 『정치학』, 29쪽.
4) 아리스토텔레스, 『니코마코스 윤리학』, 20쪽.

추구해야 할 가장 좋은 상태에 이르게 할 수 있는 삶의 유형이고 이러할 때 우리의 삶은 '행복한 삶'이 된다는 것이다.

반면 삶의 유형에 대한 아리스토텔레스적 구분을 어느 정도 받아들이면서 인간의 조건을 탐구하는 작업을 시도하는 20세기의 정치철학자 한나 아렌트는 최선의 삶의 유형을 정치적 삶이라고 파악한다. 그의 책, 『인간의 조건』에 따르면 인간의 삶은 생존의 필연적 요구를 해결하는 '노동', 인간 활동이 이루어지는 인공적-객관적 토대를 구축해 내는 '작업', 그리고 사물과 물질에 의해 매개되지 않고 인간 사이에 직접적으로 수행되는 활동으로서 '행위'라는 세 가지 조건하에서 영위된다고 한다.[5] 아렌트는 이 모든 활동 가운데서 인간을 진정으로 인간답게 만드는 것은 '행위'이며 행위는 근본적으로 정치의 차원에 속한다고 주장한다. 아렌트에 따르면 인간이란 타인과의 구별되는 자신만의 개성에 바탕하여 타인과 교통할 수 있는 관계를 창출할 때 가장 인간다운 삶을 누릴 수 있고 그러한 관계를 창출하는 행위가 바로 정치인 것이다.

아렌트는 이와 같은 행위가 이루어지는 영역, 정치의 영역을 공론영역이라고 부른다. 그리고 그가 말하는 공론영역이란 사실상 헬라스인들이 말하던 폴리스와 다를 바 없는 곳이다. 공론영역, 혹은 정치의 영역은 무엇보다 언어(logos)와 행위의 영역이다. 아렌트에 따르면 그 영역은 "'말과 행위의 공유'에서 발생"한다. 나의 말(logos)이 타인에게 하나의 의미로 가닿고 타인의 말이 내게 유의미한 말로 들리는 공간 속에서 인간은 비로소 정치라는 행위를 하는 것이 가능해지는 것이다. 그런 의미에서 폴리스는 물리적 공간이기 이전에 바로 언어로 소통하며 함께 행위하

---

5) 아렌트, 『인간의 조건』.

는 정치적 장이다. 이 정치적 삶이 인간을 가장 인간답게 만드는 근본 조건이다.

정확하게 말한다면, 폴리스는 지리적으로 자리 잡은 도시국가가 아니다. 폴리스는 사람들이 함께 행위하고 말함으로써 발생하는 사람들의 조직체이다. 그리고 폴리스의 참된 공간은, 그들이 어디에 있든지 간에, 이 목적을 위해 함께 살아가는 사람들 사이에 존재한다. "네가 어디로 가든지 간에 너는 폴리스가 될 것이다." 이 유명한 말은 단순히 그리스의 식민지화의 모토가 아니다. 행위와 말은 사람들 사이의 공간, 즉 언제 어디서든지 자신의 적당한 위치를 발견할 수 있는 공간을 창조할 수 있다는 확신을 이 말들은 표현하고 있다.[6]

폴리스, 즉 공론영역은 무엇보다 행위의 장소이며 정치의 공간이다. 아렌트는 헬라스인들을 따라 인간은 폴리스에 거주할 때 비로소 인간으로서의 의미를 갖게 된다고 생각했다. 이때 인간으로서의 의미란 바로 타인에게 동등한 주체로 인정될 수 있음, 그리하여 타인과 소통하고 교류할 수 있음을 뜻하는 것이다. 나와 동등한 다른 이에게 의미 있는 존재가 되는 것, 그것이 바로 폴리스에서의 삶, 즉 정치적 삶이 뜻하는 바이다. 그런데 정치적 영역으로서 폴리스란 무엇보다 자유의 영역이다. 먹고 사는 문제를 해결해야 하는 필연성의 지배로부터 벗어나 자신의 독특성을 타인과의 교류 속에서 확증해 가는 것이 바로 자유이다. 결국 아렌트에게 있어서 정치적 삶이란 헬라스인들이 그러했듯이 자기 지배로서의 자유, 그

6) 아렌트, 『인간의 조건』, 261쪽.

리고 자유로운 자들이 교류하며 각자의 차이성을 자유롭게 확증해 가는 자유로운 삶을 뜻하는 것이라 할 수 있다.

삶의 유형에 대한 아리스토텔레스와 아렌트의 논의를 배경으로 삼아서 앞에서 제기한 삶의 의미라는 문제를 생각해 보자면, 의미 있는 삶이란 결국 이 세계의 영원한 원리와 불멸의 진리를 사유하는 관조적 삶이거나 타자와의 교통 속에서 각자의 독특성과 자유를 함께 구축해 가는 정치적 삶을 뜻하는 것이 될 터이다. 아리스토텔레스에게 삶의 최고 의미는 사유에 있으며, 아렌트에게 삶의 최고 의미는 자유에 있는 것이다.

그러나 아리스토텔레스는 향락적 삶보다는 정치적 삶이 보다 행복한 삶에 가까운 것이라고 보았지만 그렇다고 향락적 삶 그 자체를 부정하지는 않는다. 또한 정치적 삶은 관조적 삶보다 열위에 위치하지만 정치적 삶은 매우 중요한 삶의 유형으로 인정된다. 아렌트 역시 노동보다는 작업이 인간의 자유에 부합하는 삶의 유형이라고 보지만 노동을 무의미한 것으로 치부하지는 않는다. 또한 행위가 작업보다 근본적으로 인간을 인간답게 만드는 것이지만 작업 역시 인간의 삶의 조건을 구축해 가는 필수적 활동임을 아렌트는 인정한다. 이들이 강조하는 것은 삶에서 관조적 차원이나 행위의 차원이 삭제된 채 다른 두 가지 유형의 삶만으로는 행복하거나 자유로운 삶을 살아갈 수 없다는 것이다. 그리고 바로 이 지점에서 우리는 의미화되지 못하는 삶에 대한 생각을 한 걸음 더 나아가게 할 수 있다.

아리스토텔레스는 인간이 오로지 육체적 욕구만을 추구할 때 그의 삶은 결코 행복한 삶이라고 할 수 없다고 말한다. 앞에서도 언급했듯이 그러한 삶은 짐승과도 다를 바 없는 삶이다. 인간의 삶이 영원불멸하는 세계의 본질을 탐구하는 사유로부터 벗어나 오로지 육체적 욕구에 종속될 때 그 삶은 행복과는 아무런 관련이 없는 삶이 된다. 다시 말해 언어를 사용하여 도덕과 정의를 타인과 더불어 확립해 가며 이성을 통해 세계의 질서와 원리를 사유하는 삶을 살지 못하는 자들은 살아 있다고 하더라도, 그 삶은 인간적 의미를 얻지 못하는 삶이다. 그 삶은 동물적 삶에 불과한 삶이다.

아렌트에게 인간으로서의 삶이 상실되는 것은 정치의 차원이 인간에게서 박탈될 때이다. 아렌트는 "인간은 폴리스의 동물이다"라는 아리스토텔레스의 인간 정의(definition)에서 종차 역할을 하는 '폴리스'란 사회적인 것의 공간이 아니라 정치적인 것의 공간임을 강조한다. 정치란 언제나 일차적으로 언어를 통해서 이루어지는 것이고 언어는 항상 그 말을 듣는 타인을 전제하는 것이다. 다시 말해 폴리스란 타인들 앞에 하나의 독립적 인격체로서 내가 나타나며 내 말이 그 타인들에게 가치 있는 말로 들리는 공간, 즉 정치의 공간을 뜻한다고 아렌트는 말한다. 이와 같은 폴리스 속에서의 삶만이 인간의 삶을 인간답게 만들어 주는 것이다.

그런데 아렌트는 제2차 세계대전 이후 인간다운 삶을 만들어 주는 폴리스를 상실한 사람들이 대거 출현하는 상황을 목도하게 된다. 바로 자신의 국가로부터 추방당한 자들인 난민들이 급증하는 사태가 일어난 것이다. 일차적으로 시민권이 상실된 난민들이란 정치적 존재로서 자신의 지위를 상실한 자들이며 종국적으로는 행위의 조건, 즉 폴리스를 상실한 자들이다. 이때 이들은 인간의 가장 기본적인 권리라는 인권도 상실한 자들이 된다. 그들이 처한 상태는 "무엇보다 세상에서 거주할 수 있는 장소, 자신의 견해를 의미 있는 견해로, 행위를 효과적 행위로 만드는 그런 장소의 박탈로 표현되고 있다. …… 그들은 자유의 권리가 아니라 행위의 권리를 박탈당했고, 좋아하는 것을 생각할 권리가 아니라 의사를 밝힐 권리를 빼앗겼다.”[7] 그러한 상태는 결국 “인류로부터 배제되는 것과 동일”[8]한 것이다.

이와 같은 아렌트의 견해와 더불어 서두에서 말한 의미화되지 않는 삶이라는 말이 뜻하는 바는 보다 명백해 진다. 그 삶은 타인에 의해 동등한 권리의 주체로 인정받지 못하는 존재의 삶이다. 폴리스로부터 축출된 자들, 그리하여 정치적 존재로서의 권리를 상실한 자들의 말은 더 이상 귀담아 들어야 할 가치를 가진 자의 말로 들리지 않는다. 그들의 행위는 응답하지 않아도 무방한 효력 없는 행위가 된다. 아렌트에게 있어서 난민이란 바로 정치적 삶, 즉 정치적으로 인정되는 권리주체로서의 삶을 상실한 존재들이며 이들의 삶이 정치공동체 내에서 의미화되지 않는 삶이라고 할 수 있다.

3. 호모 사케르의 의미화되지 않는 삶과 투명인간

아감벤이 정치의 근본적 토대를 이루는 형상으로 제시하는 ‘호모 사케르’는 아렌트가 말하는 난민을 닮아 있다. 아감벤의 대표적 저작인 『호모 사케르』에 제시된 정식대로 ‘호모 사케르’란 “희생물로 바칠 수는 없지만 죽여도 되는 생명”[9]을 의미한다. 호모 사케르로 지정된 자의 생명은 죽여도 되는 생명, 살해해도 무방한 생명임과 동시에 그의 생명은 어떠한 희생제의에도 제물로서 바쳐질 수 없다. 다시 말해, 그는 그 어떤 종교적 차

---

7) 아렌트, 『전체주의의 기원』 1권, 532쪽.
8) 같은 책, 533쪽.
9) 아감벤, 『호모 사케르』, 175쪽.

원의 성역에도 진입할 수 없는 것이다. 그래서 아감벤은 호모 사케르의 형상에서 이중적 배제를 읽어 낸다. 그는 인간의 법(그를 죽여도 살인죄로 처벌되지 않는다)과 신의 법(어떠한 희생제물로도 그를 바칠 수 없다)으로 부터 동시에 배제된 것이다.

고대의 국가체제를 구성하던 두 축이었던 정치와 종교로부터 동시에 배제된 존재가 바로 호모 사케르란 말이다. 그렇다면 도대체 호모 사케르의 삶이란 어떤 것인가? 아감벤은 호모 사케르의 본질은 '벌거벗은 생명'(bare life)이라고 말한다. 벌거벗은 생명이라는 말을 통하여 그가 강조하려는 것은 인간의 존재가 단지 살아서 숨쉬고 있다는 최소의 자연적 생명현상과 동일화되어 버린 상태이다. 인간을 다른 생명체, 가령 동물과 구별하여 주는 모든 특성을 상실한 존재가 바로 벌거벗은 생명으로서의 호모 사케르라는 것이다. 앞에서 아렌트의 논의를 염두에 둔다면 폴리스라는 인간의 조건을 상실한 자, 그래서 '단지 인간'이기만 한 자가 바로 호모 사케르와 유사한 상황에 처한 이라고 할 수 있다.

하지만 아렌트의 난민과 아감벤의 호모 사케르 사이에는 중요한 차이가 있다. 그것은 배제와 포함, 예외와 정상의 차이이기도 하다. 아렌트가 보기에 난민은 현대에 들어서 그 숫자가 급격하게 증대하고 있지만 그러한 증대는 일반적인 정치구조에 있어서는 예외적 현상, 혹은 비정상적 현상이다. 또한 난민화는 정확히 정치공동체로부터의 배제를 의미하는 것이다. 하지만 아감벤은 호모 사케르, 즉 벌거벗은 생명의 창출은 결코 정상적 정치구조에 나타난 예외적 현상이라고 보지 않는다. 벌거벗은 생명의 창출은 오히려 주권에 의해 질서가 구축되는 모든 정치구조의 은밀한 토대이다. 뿐만 아니라 호모 사케르는 결코 단지 배제된 자만을 뜻하지 않는다. 아감벤에 의하면 호모 사케르의 형상이 보여 주는 것은 정치공동체로부터의 배제를 통하여 그 안에 다른 형태로 포함되어 버리는 어떤 역설, 즉 '포함적 배제'라는 역설이다. 호모 사케르는 인간이 시민적 권리로부터의 배제되는 방식을 통해 그의 날것 그대로의 생명이 정치공동체에 포함되는 서구적 주권정치의 근본적 구조를 보여 주는 존재라는 것이다.

아감벤에게 호모 사케르란 예외상태의 결정을 자신의 본질로 삼고 있는 주권의 상관자이다. 주권이 예외상태를 선포하면 시민적 삶을 규정하는 모든 정치적-법률적 권리들이 중지된다. 주권적 예외상태 하에 있는 인간에게는 이제 단지 생명체로서의 존재만이 남겨지게 된다. 주권이 예외상태를 선포하는 권력이라는 말은 곧 주권이 시민의 삶을 아무런 권리도 보유하지 못한 생명체, 그저 생물학적으로 생존하기만 하는 삶, 즉 벌거벗은 생명으로 만들 수 있는 정당한 권리를 보유하고 있음을 의미하는 것이다.

아감벤은 예외상태를 통해 벌거벗은 생명을 창출함으로써 통치의 토대를 구축해 가는 주권정치의 근대적 모델이 수용소(camp)라고 본다. 나치의 유태인 수용소야말로 근대적 의미의 호모 사케르들을 창출함으로서 주권적 예외상태를 정상적인 정치질서로 만들어 가는 주권의 본질적 원리를 극명하게 드러내 보였다는 것이다. 수용소에 갇혀 더 이상 아무런 시민적 권리도 보유하지 못한 채 단지 생명체로 환원된 유태인에게서 호모 사케르의 모습을 찾아내는 것은 어렵지 않다.

그러나 호모 사케르에 대한 아감벤의 논의 맥락에서 보자면 투명인간을 곧바로 호모 사케르와 동일시하는 것은 무리가 있다. 투명인간은 일반적으로 배제된 자들이나 소외된 자들에 대한 은유이다. 반면 아감벤이 호모 사케르의 형상을 통해 말하려는 바는 배제되거나 소외된 자들의 특수성과 비참함에 대한 고발이 아니라 오늘날 국가체제 아래에서 살아가는 모든 사람이 속해 있는 주권적 통치의 근본구조이다. 주권적 통치의 구조는 벌거벗은 생명에 토대하고 있다는 사실, 즉 주권적 통치 아래에서는 모든 사람, "우리 모두가 잠재적으로 호모 사케르들"[10]이라는 점이다. 그런 의미에서 '투명인간이 호모 사케르다'라는 식으로 오늘날 호모 사케르가 누구인지 구체적으로 지적하는 것은 그의 일차적 관심사가 아니다. 중요한 것은 단지 생명체로 환원된 인간존재가 주권적 통치구조에서 차지하는 위상이다. 그런 의미에서 호모 사케르의 형상은 투명인간의 형상과 정확하게 겹쳐지지는 않는다.

하지만 호모 사케르가 공동체 안에 존재하지만 그 어떤 방식으로도 그 공동체 내에서 의미를 가진 존재가 될 수 없다는 점에서 호모 사케르의 어떤 차원은 우리가 주목하는 오늘날의 투명인간과 상통하는 지점이 있다. 호모 사케르는 로마라는 국가의 정신적 방향을 규정하는 종교적 차원에서도 무의미한 존재이며 공동체의 정치적 권리 체계라는 차원에서도 아무런 의미를 가지지 못하는 존재라는 점에서도 호모 사케르의 삶은 의미화되지 않는 삶이다. 그의 말을 주의 깊게 듣는 이도 없으며 그의 행동에 응답하는 이도 공동체 안에는 존재하지 않는다. 그의 말은 이제 의미를 담은 언어(logos)가 아니라 더 이상 동물의 울음소리와 구별할 수 없는 목소리(phōnē)에 불과하다. 그가 공동체의 시민으로서 모든 권리를 박탈당하고 그의 모든 존재가 그저 단지 살아 있기만 한 단순한 생명체로 환원되어 버린 순간에 그의 삶은 모든 사회적인 의미를 상실한 삶이 되어 버린 것이다. 벌거벗은 생명, 호모 사케르의 삶은 이런 맥락에서

---

10) 아감벤, 『호모 사케르』, 232.

의미화되지 않는 삶이며, 그러한 한에서 그는 오늘날의 투명인간을 닮아 있다.

투명인간이란 그의 존재가 다른 이에게 아무런 의미도 전달하지 못하는 자들에게 부여된 이름이다. 타인의 관심 대상이 되지 못하고, 존중과 배려의 상대가 되지 못한 존재들이 오늘날 우리 사회의 투명인간들이다. 화장실에서 밥을 먹어야 하는 청소노동자들, 동일한 노동을 하지만 정규직과는 같은 식당에서 밥도 먹을 수 없는 비정규직 노동자들이 바로 그러한 투명인간들이다. 또한 그와 같은 차별과 권리박탈에 맞서 투쟁을 전개하더라도 사회적 관심의 대상이 되지 못하는 자들이 바로 우리 시대의 투명인간들이다. 우리 사회에는 이처럼 사회적 삶의 의미를 점점 상실해가는 투명인간들이 여기저기에 있다.

그러한 투명인간들에 호모 사케르의 형상이 일정하게 포개지는 것은 그들의 존재가 그저 생존이라는 사실, 숨이 붙어 있다는 사실에서 자기 존재의 의미를 찾도록 강제됨으로써 사실상 '사회적 존재로서의' 삶의 의미를 박탈당하고 있는 상태 안에서 일 것이다. 더 이상 우리 사회에서 유의미한 존재로 인정되지 못하고, 더불어 함께 살아가야 하는 공동체의 일원이자 동료로 의미화되지 않는 존재들이라는 점에서 투명인간과 호모 사케르의 상동성이 있는 것이다.

4. 아벤티누스의 언덕에서

그러나 아감벤이 제시하는 호모 사케르라는 주권적 통치의 근간에 존재하는 인간의 모습은 결국 전적으로 희생자에 지나지 않는 인간의 모습만을 보여 주고 있는 것이 아닐까? 즉 자신의 모든 사회적 권리를 박탈하고 사실상 동물의 삶과 다르지 않는 삶의 지대로 추방해 버린 주권권력 앞에서 무기력하기 그지없는 모습만을 아감벤의 호모 사케르는 드러내고 있을 뿐 아닌가? 이는 난민에 대한 아렌트의 논의에서도 동일하게 관철되는 관점인 듯하다. 국가의 시민으로서 권리를 박탈당한 난민들, 즉 자신의 폴리스를 잃어버린 자들에게 남은 것은 무의미한 존재로서의 삶, 그저 생명을 유지하는 것 외에 아무런 의미 있는 행위도 할 수 없는 삶일 뿐일까? 그런 상태에 저항할 수 있는 가능성, 그에게 부인된 권리를 스스로의 힘으로 쟁취할 수 있는 모든 가능성이 봉쇄된 지대에서 살아가는 무기력한 자이기만 한 것인가? 호모 사케르나 난민, 다시 말해 의미화되지 않는 삶을 살아가야 하는 상태에 처한 이들에게 자기 해방의 계기는 전혀 없는 것일까? 투명인간은 자신을 투명인간으로 만드는 사회의 질서와 감각의 체제를 전복할 수 있는 역량을 전혀 가지지 못하는 것일까?

자크 랑시에르는 이러한 질문과 더불어 우리를 호모 사케르와 난민이 무기력하게 추방되는 정치의 공간과는 다른 정치의 공간으로 데려간다. 그 삶에 아무런 의미가 없다고 치부된 자들, 그 존재의 유의미성이 보이지도 들리지도 않는다고 간주된 자들이 스스로의 존재를 보이게 만들고 들리게 만드는 정치가 실천되었던 어떤 장소로 말이다. 그 장소는 고대 로마의 아벤티누스 언덕이다.

기원전 494년 즈음, 로마의 평민들이 생업을 접고 성산(聖山)이라고 불리던 아벤티누스 언덕에 집결한다. '세케시오 플레비스'(secessio plebis), 즉 귀족들의 폭정에 맞서 평민들이 무리를 지어서 도시를 떠나버림으로써 도시의 일상적 기능을 마비시켜 버리는 '평민의 철수'(Secession of the Plebs)가 일어난 것이다. 평민들은 아벤티누스 언덕에서 일종의 총파업 농성을 벌였다. 로마 귀족층은 메네니우스 아그리파를 보내 평민들로 하여금 농성을 풀 것을 종용한다. 아그리파는 아벤티누스 언덕 위의 평민 무리에게 유기적 신체의 비유[11]를 들려주고 평민들을 설득하는 것에 성공하였다.

표면적으로 보자면 결국 평민들은 귀족이 단지 무위도식하는 존재가 아니라 로마에서 중요한 역할을 담당하는 자들이라는 논리에 설득당한 것이다. 어찌 보면 귀족의 승리라고도 할 수 있다. 하지만 랑시에르는 이 사태에 대해서 새로운 해석을 내린다.

그 우화는 말하는 존재들의 평등이 사회 현실에 효과를 미칠 수 있음을 그들에게 보여 주었다. 이 이해는 강세와 무대의 클라이맥스를 단지 우화의 내용이 아니라 그 우화를 말하게 하는 상황으로, 그리고 이 상황에서 그것에 선행하고, 그것을 부과하는 사건으로 옮긴다. 메네니우스 아그리파가 우화를 꾸며 내기 위해서는 먼저 평민들이 아벤티누스 언덕 위에 피신해 있고, 또 그들이 말을 하고, 서로 이름을 부르며, 그들 자신이 말하는 존재들임을, 그러므로 바로 그들에게 말하러 와야 한다는 것을 듣게 만들어야 했다.[12]

---

11) 이 우화의 내용은 대략 다음과 같다. 어느 날 위를 제외한 신체의 기관들이 이런 불평을 쏟아 내기 시작했다. 자기들은 고된 노동을 통해서 위를 먹여 살리는데 위는 아무것도 하지 않고 먹는 즐거움만을 누리고 있을 뿐이다. 팔과 다리는 이제 먹을 것을 마련하지 않는다. 손은 입으로 먹을 것을 가져가지 않고 입은 음식을 씹어 먹지 않는다. 그 결과는 손도 팔도 다리도 입도 모두 그 힘을 잃고 죽을 위기에 처하게 되었다는 것이다. 그 결과 각 신체 기관은 자신들이 어리석었음을 깨닫게 되었다. 위는 표면적으로 아무런 일도 안하는 것 같지만 음식물을 소화시킴으로써 모든 신체 기관에 영양을 공급하는 중요한 일을 하고 있었던 것이다. 결국 팔다리는 다시 자신의 일을 하게 된다.
12) 랑시에르, 『정치적인 것의 가장자리에서』, 182쪽. 강조는 인용자.

랑시에르에 따르면 아벤티누스 언덕에서 말해진 우화의 핵심적 의미는 그 내용에 있지 않다. 귀족들이 평민들에게 말(logos)을 건네야 했다는 상황 그 자체가 바로 이 우화를 중요한 것으로 만들고 있다는 것이다. 신분제 사회 로마에서 귀족들은 결코 평민과 동등한 존재들이 아니었다. 그들은 말 그대로 탁월한 자들이었고 덕이 있는 자들이었다. 평민들에게는 그러한 덕이란 존재하지 않으며 그들은 흔해 빠진(common) 사람들, 즉 평범하고 범속한 자들이었다. 그렇기에 귀족들에게 평민들은 결코 자신이 성심을 다해 자신의 말을 전해야 할 자들로 인정하지 않았고 또 그들의 말을 진지하게 경청해야 할 것으로 생각하지도 않았다. 귀족의 감각에 평민들의 말은 언어가 아니라 목소리에 지나지 않았던 것이다.

랑시에르가 보기에 불평등이란 사회경제적 자원의 비대칭적 배분 이전에 바로 이런 감각상의 불평등을 의미한다. 타인을 자신의 말을 알아듣는 자, 그의 말을 내가 진지하게 경청해야 하는 자로 감각하지 않는 사태, 혹은 타인의 말을 내가 알아들을 수 없고 내 말이 그에게 들리지 않을 것이라고 감각하는 사태가 바로 모든 불평등에 전제된 불평등이다. 그런데 아벤티누스 언덕에서는 이러한 불평등 전제가 깨져 버렸다. 귀족은 자신들의 대표를 보내 평민들에게 말을 건네야만 했다. 그리고 평민들에게 말을 건넨다는 것은 평민들이 자신의 말을 알아들을 수 있음을 전제해야 가능한 것이었다. 아그리파가 창작한 우화는 "말을 해야 한다는 것 그리고 이 말이 들려야 한다[이해되어야 한다]는 것을 전제"[13]했음을 보여 준다. 그 전제가 바로 평등이다. 그 평등이란 "말하고자 함과 (알아)듣고자

---

13) 랑시에르, 『정치적인 것의 가장자리에서』, 178쪽.

함보다 앞서는 평등"[14]인 것이다. 말을 주고받는다는 것은 항상-이미 내가 말을 건네는 대상이 내 말을 알아들을 수 있는 나와 평등한 존재라는 것을 전제함으로써 가능한 것이기 때문이다.

아벤티누스 언덕에서 귀족들은 평민들이 자신들과 동일한 언어 (logos)를 사용하는 평등한 존재, 자신의 말을 알아들을 수 있고, 그들의 말을 경청해야 하는 평등한 존재임을 인정해야 했다. 즉 아벤티누스의 언덕에 모인 평민들은 자신들의 철수 투쟁을 통해서 귀족들에게 자신들도 그들과 동일하게 말하는 존재임을, 말을 알아듣는 존재임을 인정하도록 강제했다. 그것은 동시에 자신들이 귀족들과 하나의 의미 세계 안에 존재하는 자들임을 입증하는 것이기도 했다. 평민들은 아벤티누스 언덕에서 자신들의 삶이 귀족들에게 아무런 의미도 전달할 수 없는 삶이 아니라는 것을 증명한 것이다.

오늘날 우리 사회에서 투명인간으로 치부되는 자들은 그 누구도 자신이 원해서 비가시적인 존재, 비가청적인 존재가 된 것이 아니다. 그들은 우리 사회의 소위 바람직한 시민들이 암묵적으로 도출한 합의에 의해 만들어진 자들이다. 정규직이 될 스펙을 쌓지 못한 이들, 든든한 배경이 없는 이들, 많이 배우지 못한 이들, 사회의 규범을 충실히 따르지 않는 이들은 무가치한 자들로 지목되고 그들은 다시 있으나 마나 한 자들이라고 규정되었다. 그들이 살아가는 모습은 되도록 보이지 않아야 하고 그들의 말은 무시해도 좋다는 어떤 합의. 그렇게 가난하고 힘없는 자들의 삶은 사회적 의미가 소통되는 세계로부터 삭제되어 간 것이다. 그들은 없는 셈 쳐도 되는 존재들이 된 것이다.

---

14) 같은 책, 178쪽.

투명인간으로 간주된 사람들은 그 행동과 말의 사회적 의미를 박탈당한 사람들이다. 그들을 소위 이 사회의 '바람직한 시민들'이 자신과 평등한 존재로 받아들일 리가 없다. "나 자신이 그런 것처럼 존재 자체로 불법인 사람은 없고, 존재 자체로 무권리자인 사람은 없다. 하지만 투명인간처럼 없는 셈 치면서, 투명인간의 움직임만을 포착하려 드는 사회는 '우리는 너의 감정과 생각은 필요치 않다. 너의 손만 필요하다. 너의 등짝과 다리만 필요하다'며 사람을 온 존재로 받아들이지 않고 마치 기계처럼 일부 요소만 뽑아 쓰는 것을 당연하게 여긴다."[15]

하지만 투명인간으로 간주된 자들이 철저하게 무기력한 희생자들인 것만은 아니다. 아벤티누스 언덕의 평민들이 보여 주었듯이 그들은 자신의 말을 들으려 하지 않고 자신들의 모습을 보려 하지 않는 이들이 그들의 말을 듣게 만들고 그들의 모습을 보게 만들 수 있는 행동의 주체로 변모할 수 있는 것이다. 누구의 말은 합리적 의미를 담지한 유의미한 언어이고 누구의 말은 그저 본능적 쾌감과 고통의 표현에 불과한 목소리라는 감각적 경계를 침범하는 행동의 가능성이 투명인간에게도 있는 것이다.

평등을 입증하는 행위, 언어가 없다고 치부된 자들의 언어를 듣게 하는 현장의 구축은 "말하는 자들의 공동체 안에 전혀 셈해지지 않았던 자들을 도입하는 근본적인 불법침입을 전제한다."[16] 이 불법침입을 통해 바람직한 시민들과 배제된 투명인간들이 서로 말을 주고받는 공통의 무대가 비로소 마련되는 것이다. "말하는 자들의 공동체(서로 말을 주고받는 공통의 무대—인용자)는 그에 앞서는 폭력 위에 그 실효성을 정초한

---

15) 류은숙, 『사람인 까닭에』, 낮은산, 2012, 100쪽.
16) 랑시에르, 『정치적인 것의 가장자리에서』, 182쪽.

다. 사망자나 부상자를 셈하는 것과는 무관한 이 폭력은 비가시적인 것을 가시적인 것으로 만들고, 익명의 존재에게 이름을 지어 주고, 우리가 소음밖에 지각할 수 없었던 곳에서 말을 듣게 만드는 것이다."[17]

이 불법침입은 2500여 년 전 로마의 아벤티누스 언덕에서 일어났다. 그리고 인류 역사의 전 과정에서 권리를 빼앗긴 자들, 그 삶이 아무런 사회적 의미도 갖지 못한다고 간주되어 온 자들의 반란과 봉기를 통해서, 투쟁과 혁명의 형태로 그 불법침입은 반복되어 왔다. 말할 수 있는 자와 말할 수 없는 자를 나누는 경계, 권리 있는 자와 권리 없는 자를 나누는 경계, 자격이 있는 자와 자격이 없는 자를 나누는 경계, 사회적 의미를 가진 삶과 사회적 의미를 잃어버린 삶을 나누는 경계에 대한 이러한 불법침입, 폭력적 침범은 오늘날의 투명인간에게도 가능한 것이다. 그리고 그러한 불법침입은 또한 투명인간을 양산하는 이 체제의 합의에 대해 분노하는 우리 모두의 몫이기도 하다.

---

17) 같은 책, 182쪽.

각 글의 출처

* 이 책에 실린 글들 중 다음 네 편은 다른 지면에 실렸던 것들을 수정 보
완하여 옮겨 온 것이다. 각 글의 출처는 다음과 같다.

프롤로그_좀비, 신자유주의의 어떤 악몽

『복음과 상황』 258호(2012. 4)에 실린 「좀비와 신자유주의의 악몽」을 수정.

간주곡(1)_안전이 너희를 구원하리라?

『위클리수유너머』 80호(2011. 8)에 실린 「사사화된 공권력과 공권력화된 사적 폭
력」과 『위클리수유너머』 134호(2012. 9)에 실린 「사회를 보호해야 한다―공안정
국 2.0」을 수정 보완하여 하나의 글로 재구성.

간주곡(2)_돌볼 필요가 없는 생명, 살 가치가 없는 생명

『문화과학』 74호(2013년 여름)에 실린 「돌볼 필요가 없는 생명, 살 가치가 없는 생
명―자살의 사회적 차원과 자본권력의 동맹체」를 수정 보완.

6장_(불)가능한 권리와 인권의 정치

『문화과학』 75호(2013년 가을)에 처음 수록됨.

참고문헌

고병권. 「불안 시대의 삶과 정치」, 『부커진 R』 2호, 그린비, 2008.

그람시, 안토니오. 『옥중수고』, 이상훈 옮김, 거름, 1997.

김홍중. 『마음의 사회학』, 문학동네, 2009.

니체, 프리드리히. 『니체전집』 13권, 정동호 옮김, 책세상, 2000.

_____. 『니체전집』 14권, 김정현 옮김, 책세상, 2002.

데리다, 자크. 『법의 힘』, 진태원 옮김, 문학과지성사, 2004.

_____. 『환대에 대하여』, 남수인 옮김, 동문선, 2004.

_____. 『마르크스의 유령들』, 진태원 옮김, 이제이북스, 2007.

들뢰즈, 질. 『차이와 반복』, 김상환 옮김, 민음사, 2004.

_____. 자율평론 엮음, 『비물질 노동과 다중』, 갈무리, 2005.

랑시에르, 자크. 『정치적인 것의 가장자리에서』, 양창렬 옮김, 길, 2008.

_____. 「민주주의와 인권」, 박기순 옮김, 2008년 서울대 강연문.

_____. 『문학의 정치』, 유재홍 옮김, 인간사랑, 2009.

로베스피에르, 막시밀리앙. 『로베스피에르 : 덕치와 공포정치』, 배기현 옮김, 프레시안북,
    2009.

로크, 존. 『통치론』, 강정인·문지영 옮김, 까치, 1999.

루소, 장 자크. 『인간 불평등 기원론』, 주경복·고봉만 옮김, 책세상, 2003.

_____. 『사회계약론』, 이환 옮김, 서울대학교출판부, 2006.

루이 알튀세르 외. 서관모 엮음, 『역사적 맑스주의』, 1993.

류은숙. 『인권을 외치다』, 푸른숲, 2009.

_____. 『사람인 까닭에』, 낮은산, 2012.

르페브르, 조르주. 『프랑스혁명』, 민석홍 옮김, 일월서각, 2000.

리프킨, 제레미. 『노동의 종말』, 이영호 옮김, 민음사, 1996.

맑스, 칼. 『마르크스의 초기저작 : 비판과 언론』, 전태국 외 옮김, 열음사, 1996.

_____. 「루이 보나빠르뜨의 브뤼메르 18일」, 『칼 맑스 프리드리히 엥겔스 저작선집』 2권, 박종철출판사, 1997.

_____. 「헤겔 법철학 비판을 위하여 서문」, 『칼 맑스 프리드리히 엥겔스 저작선집』 1권, 박종철출판사, 1999.

맥퍼슨, C. B.. 『소유적 개인주의의 정치이론』, 이유동 옮김, 인간사랑, 1991.

멩케, 크리스토프 · 아른트 폴만, 『인권철학입문』, 정미라 · 주정립 옮김, 21세기북스, 2012.

문강형준. 「비인간적 고찰―좀비의 비/존재론과 윤이형의 '큰 늑대 파랑'」, 『파국의 지형학』, 자음과 모음, 2011.

바디우, 알랭. 『윤리학』, 이종영 옮김, 동문선, 2001.

_____. 『조건들』, 이종영 옮김, 새물결, 2006.

_____. 『사도 바울』, 현성환 옮김, 새물결, 2008.

바우만, 지그문트. 『쓰레기가 되는 삶들』, 정일준 옮김, 새물결, 2008.

박래군. 「한국 인권운동의 발자취」, 『월간 세상을 두드리는 사람』 13호, 2006년 7월.

_____. 「인권은 법의 지배에 의해서만 보장되는가」, 『월간 세상을 두드리는 사람』 29호, 2007년 11월호

박석진. 「유엔 인권위원회가 가고 인권이사회가 온다」, 『주간인권신문 인권오름』 2호(2006년 5월 3일자).

발리바르, 에티엔. 『마르크스의 철학, 마르크스의 정치』, 윤소영 옮김, 문화과학사, 1995.

_____. 『스피노자와 정치』, 진태원 옮김, 이제이북스, 2005.

_____. 『대중들의 공포』, 최원 · 서관모 옮김, 도서출판b, 2007.

발리바르, 에티엔 외. 『'인권의 정치'와 성적 차이』, 공감, 2003.

버크, 에드먼드. 『프랑스혁명에 관한 성찰』, 이태숙 옮김, 한길사, 2008.

셀라스, 커스틴. 『인권, 그 위선의 역사』, 오승훈 옮김, 은행나무, 2003.

소불, 알베르. 『상퀼로트』, 이세희 옮김, 일월서각, 1990.

슈미트, 칼. 『정치신학』, 김항 옮김, 그린비, 2010.

스피노자, 바뤼흐. 『에티카』, 강영계 옮김, 서광사, 1990.

_____. 『정치론』, 김호경 옮김, 갈무리, 2008.

신한열·김보성. 「산업연관표로 분석한 금융산업의 구조 및 경제기여도 변화」, 한국은행 조사국 금융산업팀 연구원의 연구목적 보고서 [https://www.google.co.kr/url?sa=t&rct=j&q=&esrc=s&source=web&cd=2&ved=0CDYQFjAB&url=http%3A%2F%2Fpublic.bokeducation.or.kr%2Fdownload.do%3FfilePath%3D%2F20081124%2Fadmin%2Fbok09%2F2007_18.pdf&ei=Xr8QUfa1EeS5iQe8vYDwAQ&usg=AFQjCNFUqYtfkQrgTmTrDl_Kc0Dtj

XOXBg&sig2=jWkkGrmuGBiyEmImuVr4UA&bvm=bv.41867550,d,aGc&cad=rjt].

아감벤, 조르조.『호모 사케르』, 박진우 옮김, 새물결, 2008.

_____.『목적없는 수단』, 김상운·양창렬 옮김, 난장, 2009.

_____.『예외상태』, 김항 옮김, 새물결, 2009.

아렌트, 한나.『인간의 조건』, 이진우·태정호 옮김, 한길사, 2005.

_____.『전체주의의 기원』 1권, 이진우·박미애 옮김, 한길사, 2007.

아리스토텔레스.『니코마코스 윤리학』, 이창우·김재홍·강상진 옮김, 이제이북스, 2006.

_____.『정치학』, 천병희 옮김, 도서출판 숲, 2009.

염준용.「금융산업의 경제기여도 분석」,『조사연구Review』 24호, 2008.

우드, 로빈.『베트남에서 레이건까지』, 이진순 옮김, 시각과 언어, 1995.

월러스틴, 이매뉴얼.『자유주의 이후』, 강문구 옮김, 당대, 1996.

이샤이, 미셸린.『세계인권사상사』, 조효제 옮김, 도서출판 길, 2005.

이진경.『미-래의 맑스주의』, 그린비, 2006.

_____.『철학의 외부』, 그린비, 2007.

_____.『불온한 것들의 존재론』, 휴머니스트, 2011.

_____.「혁명 : 부르주아 혁명에서 민중혁명으로」, 미간행 강의안.

장서연.「인권운동의 법률주의를 경계하며」, 주간인권신문『인권오름』 287호, 2012년 2월
    29일.

장진범.「에티엔 발리바르 : 도래할 시민(권)을 위한 철학적 투쟁」, 홍태영 외,『현대정치철
    학의 모험』, 도서출판 난장, 2010.

정정훈.「87년체제와 새로운 권력의 테크놀로지: 시민사회와 사법-기계」,『부커진 R』 1호,
    그린비, 2007.

_____.「헤게모니에서 시큐리티로―신자유주의 통치체제는 어떻게 작동하는가?」,『부
    커진 R』 4호, 그린비, 2012.

제퍼슨, 토머스.『토머스 제퍼슨 : 독립선언문』, 차태서 옮김, 프레시안북스, 2010.

조명래.「신자유주의적 산업구조조정과 신빈곤」, 한국도시연구소 편,『한국 사회의 신빈
    곤』, 한울, 2006.

조효제.『인권의 문법』, 후마니타스, 2011.

진태원.「대중들의 역량이란 무엇인가?」,『트랜스토리아』 제5호, 박종철출판사, 2005.

최은아.「경찰력강화와 인권(1)」,『주간인권신문 인권오름』, 2011년 2월 9일자. http://hr-
    oreum.net/article.php?id=1679.

최진석.「자크 데리다 : (불)가능성의 윤리와 정치」, 2011년 수유너머N에서 진행한 강연의

참고.

카스텔, 마누엘. 『밀레니엄의 종언』, 박행웅·이종삼 옮김, 도서출판 한울, 2003.

페인, 토머스. 『상식/인권』, 박홍규 옮김, 필맥, 2009.

푸코, 미셸. 『성의 역사 1권 — 앎의 의지』, 이규현 옮김, 나남출판사, 1994.

_____. 『감시와 처벌』, 오생근 옮김, 나남출판사, 1996.

_____. 『"사회를 보호해야 한다"』, 박정자 옮김, 동문선, 1998.

_____. 『지식의 고고학』, 이정우 옮김, 2000, 민음사.

_____. 『말과 사물』, 이규현 옮김, 민음사, 2012.

_____. 『생명관리정치의 탄생』, 오트르망 옮김, 난장, 2012.

퓌레, 프랑수아. 『프랑스혁명의 해부』, 정경희 옮김, 법문사, 1987.

프레드먼, 샌드라. 『인권의 대전환』, 조효제 옮김, 교양인, 2009.

하비, 데이비드. 『신자유주의』, 최병두 옮김, 한울, 2009.

헌트, 린. 『인권의 발명』, 전진성 옮김, 돌베개, 2009.

홀, 스튜어트. 『스튜어트 홀의 문화이론』, 임영호 옮김, 한나래, 1996.

_____. 『대처리즘의 문화정치』, 임영호 옮김, 한나래, 2008.

홉스, 토머스. 『리바이어던』, 진석용 옮김, 나남, 2008.

홍태영, 「프랑스혁명과 민주주의의 형성」, 『국민국가의 정치학』, 후마니타스, 2008.

Jacque Ranciére, "Who is Subject of the Right of Man?", South Atlantic Quarterly 103, 2/3(2004).

찾아보기